香港不屈

不能被磨滅的城市

Indelible City: Dispossession and Defiance in Hong Kong

林慕蓮 Louisa Lim

廖珮杏 譯

台灣・香港試讀推薦

讀林慕蓮的書稿時，像是跟著她的追索，認識了香港的前世今生。中、英混血的她，在港度過童年和部分成年歲月，她抱著專業的記者視角，寫出了一本極度有批判性、嚴厲檢視自己母國（包括英國與中國）統治政權的書。她認真地從英國國家檔案館到中國版的教科書裡，抽絲剝繭地告訴我們兩方政權是如何想抹除香港。但她又不只是一名記者，她擺脫所謂的客觀敘事，從過往參與的社會活動與移交前後的香港，尋找那些從香港本土長出的認同與定位，她企圖讓香港人說香港事，包括自己的香港故事。在黑暗全面壟罩香港的時刻，林慕蓮的文字透著對香港巨大的眷戀和認同，捲起許多香港未被充分認識的重要面向。是啊，我哋真係好撚鍾意香港。希望對於香港的書寫能一棒接一棒，讓文字的力量克服人們心中的恐懼與幽暗。

——《報導者》營運長李雪莉

林慕蓮是個中英混血兒，跟香港一樣；在香港成長的她，以新聞記者的身分見證了香港的變化，如今則回頭重述了一個多層次的香港故事，從亦顛亦狂的九龍皇帝開始談塗鴉書寫，談土地，談主權，無論她的筆如何悠然來回古今，都能扣回九龍皇帝，也能關照反送中運動的一切。原來九龍皇帝為信念而行動，就是香港人。這是一本從人物到文字都很精采，從個人到社會乃至歷史的書寫編織都很細密的作品，一如我記憶中香港的豐盈活力。唯閱讀時，有時撫心，偶爾嘆息。

——作家阿潑

資深記者林慕蓮在香港的成長背景，以及她在一個華人父親和英國母親的家庭下長大的獨特經歷，像是條引針，鮮活地織出了香港在主權移交的以前與以後。她把那些看似無聊的歷史事件，加上許多令人津津樂道的史料與傳說，證明了香港人身上留下的獨立、反叛、不安於事的性格，也找回那些時刻該屬於香港卻被遺忘、被歸屬的聲音與文字。二〇一九年六月，她帶著孩子在抗爭場上，親眼目睹這座城市如何以令人心痛的方式墜落，多元的顏色被抹殺了，能自由高喊的口號被禁了，曾經的希望好似都成了幻夢。但她的文字不只讓讀者感覺得到痛，也帶我們看見，香港人如何在壓迫之下，仍不屈地用個體行動，讓那些被抹去的記憶，再次立體鮮明起來，讓他們對自由與身分的認同，在催淚瓦斯的煙霧散去之後，仍繼續開花。這本書本身就是對遺忘的反抗，對當權者粗暴改寫香港歷史的反抗。她是記錄者，也是參與者。她袒露自己在這兩者角色之間的搖擺、自我懷疑，也讓整本書讀起來更真摯動人。

——獨立記者陳映妤

由林慕蓮來書寫香港，從某個意義上來說，或許再適切不過，畢竟她和香港一樣，都是「中英混血」。這本書揉合了作者的個人記憶、時事脈動和歷史敘事，卻以一位叫作「九龍皇帝」的塗鴉客貫串全文，每個章節都有令人意想不到的切入角度和元素，層層疊疊卻流暢縝密，是部讓人耳目一新又誠摯堅毅的香港故事。

——《報導者》記者李易安

對大部分香港人來說，香港歷史是我們缺失了的一塊。過去的傳說和歷史，感覺也相當遙遠陌生。直至經歷徹底改變香港命運的二〇一九年後，這片土地的人才開始尋找屬於他們的過去。從盧亭傳說、九龍皇帝、鴉片戰爭、英屬香港、中英談判及一國兩制，拉扯到近年的香港政治風暴，作者以自身角度，充滿情感地以近年發生的事穿插著香港的遙遠過去，為沒有根的我們構築了一幅認識香港歷史與宿命的重要拼圖。

——seayu，香港作家、《即食歷史》網站負責人

國際書評

迄今為止，關於這座難以磨滅的城市的最佳作品。它絕對真實、情感真摯，閃耀著政治敘事中罕見的光芒。一首不可多得的輓歌。

——艾未未

極為精采和原創的香港頌歌，充滿異彩和地方特色。就像喬瑟夫．米契爾（Joseph Mitchell）以獨樹一格筆法描繪紐約一樣，林慕蓮筆下的香港，十幾年後依然會繼續被傳閱，成為一幅不可磨滅的肖像。

——歐逸文，《野心時代》作者，美國國家圖書獎得主

我愛死這本書了。我以為自己已經很了解這座城市的歷史，但每翻開一頁都會得到新的啟示。林慕蓮深刻地探索香港的身分認同，令人耳目一新，別具一格。

——芭芭拉．德米克，《我們最幸福》及《吃佛》作者

林慕蓮的書我讀得很慢，因為回憶不斷纏繞著我，悲傷讓我止步不前。她考古挖掘著正在消逝的當下，敘說著迷人又令人心碎的故事，揭示隱藏在光天化日之下的不可磨滅的歷史，以及香港獨特的文化和意識許諾的未來，即使世界上最強大的獨裁政權正在努力抹去它。

——白傑明（Geremie Barmé），《中國遺產季刊》（*China Heritage*）主編

林慕蓮堅持不懈的探問，推動了這本充滿活力與愛意的書。她意識到，香港接下來需要的不僅僅是堅毅的勇氣，更需要有意識的想像力。

——《紐約時報》年度選書

（本書）呈現了香港人的無比韌性……展現了活力、動盪、試圖抹煞，以及人民的抵抗。

——《Shondaland》

該書顛覆了對香港歷史的既定觀點，並以引人入勝、詳盡研究的紀錄，敘說了香港長年以來追求主權的鬥爭。

——《紐約時報書評》

《香港不屈》來的正是時候，它深入挖掘這個地區的歷史，清楚描繪了這裡的發展軌跡。林慕蓮巧妙地穿梭各個時代，一路寫到了當今時刻，並且在書頁中捕捉到香港的靈魂。

——《新聞週刊》

（本書）巧妙地藉著一個有點瘋狂的書法家曾灶財的故事，探討了香港被抹去的歷史……林慕蓮的書帶有一種失落，卻又同時懷抱希望，希望香港未來能夠重生。——《紐約書評》

絕讚的書……絕佳的切入點，觸及了歷史、神話、行動主義，以及將一個地方稱之為家的意義……林慕蓮的作品此刻讓人特別切身有感。

——紐約公共電台廣播節目《On the Media》

優美且來得及時……（林慕蓮）填補了有關香港的書籍中一直缺失的空白：以香港人自身的角度，講述這座城市長久以來的抗爭歷史。

——《Commonweal Magazine》

林慕蓮帶領讀者走上香港街頭，來一場親密且如夢一般的旅程。她讓這座活力滿滿、複雜又富有多重文化底蘊的城市的層次顯露出來。……她將那些真實的和虛構的、被認可的和保存下來的，被抹去又重新發現的不同的歷史和敘事交織在一起，挑戰了官方的、國家強加的敘事。

——文學網站《LitHub》

林慕蓮以報導和回憶錄的方式描繪了她的故鄉香港的過去和現在……展示了她的城市和其市民鼓舞人心、複雜又叛逆的歷史。

——線上文學雜誌《The Millions》

令人著迷……為後殖民歷史注入生動且重要的新血。

——《出版者周刊》星級評論

精采的書寫……這是一部引人入勝的作品，是任何對香港感興趣的人的必讀之作。

——《圖書館雜誌》星級評價

林慕蓮這本香港歷史精采絕倫，必讀……從第一頁開始，本書核心主題是語言的重要性和香港人的聲音。《香港不屈》捕捉到的不只如此，它還記錄了受壓迫的人民的奮鬥……儘管如此，他們仍堅定地追求自由和文化認同。

——《書單雜誌》星級評論

推薦序㈠

不遺忘，燃點希望

梁嘉麗

這是一本關於香港歷史的書，也是關於林慕蓮個人經歷的書。《香港不屈》英文版於二〇二二年出版，所有訪問都是在《國安法》實施前做的。一年過去，書中的人物，有些身陷囹圄，有些更已流亡海外，時局不停變遷，記者手中的筆卻沒有停下來，但關於香港的事情，變化速度之快就連記者的筆也追趕不及。由《重返天安門》到《香港不屈》，她寫下的，就是中共最懼怕的事，記憶。

一九八九年那夜的腥風血雨，二〇一九年那個自由之夏，在她的文字裡，我們看見那些不願遺忘這些事的人，亦絕不可被遺忘的人。在書中，有一段是她憶述自己於二〇一九年六月十二日身處立法會大樓外的情況，那是她第一次吸到催淚彈，「耳朵刺痛不已，眼睛不停流淚」，這是屬於香港人的集體回憶。然後，在身處海外的每個晚上，她守在電腦前，螢幕同時播放著香港九個不同地方的直播，警暴、鮮血的畫面在眼前一再出現，她失眠、發噩夢，夢到警察在她身後追殺，卻發現早已分不清現實和夢境。

採訪期間，她談到一個「最恐怖」的時刻，就是十月一日的遊行活動，一名警察用槍指著她身旁的一個年輕記者，然後那個警察用槍口輪流對著在場的每一名記者，她說自己當時害怕得無法呼吸，雙手不停顫抖。這是一個關於記者的集體記憶，一段痛苦但無法磨滅的記憶。

也許有人會問，八九六四、二〇一九反修例運動，那麼痛苦的創傷，為何還要記住，還要把它寫下來。但此時此刻，還在牢內的人，那些只想讓香港變得更好的人，卻仍未放棄，作為記者可以做的真的不多，把發生過的事情記錄下來，也許就是我們只能做到的事。我們不知道寫下來是否還有某種意義，但至少，這些人和事，不能被洗擦掉，不能被說成「從未發生過」，不能隱沒於官方論述中，這只是一個卑微的願望。

誠如書中後記中引用戴耀廷的說話：「若我們真是有罪，那麼我們的罪名就是在香港這艱難的時刻仍敢於去散播希望。」繼續寫，不遺忘，燃點希望。

推薦序㈡

莫忘香港的真實名字

徐承恩

二〇〇二年二月的第五十二屆柏林影展，是電影史上獨特的時刻：宮崎駿導演的《神隱少女》，與另一部英國愛爾蘭合拍片同時獲頒金熊獎，成為首部獲得主要國際電影獎項的動畫。不過戲劇藝術的本質，就是虛幻與真實之間的皮膜：演藝人員運用想像力，透過意料之外、情理之中的虛構，指涉真實人生中的各種悲歡離合。戲劇既是天馬行空的幻象、亦是世道人生的影子，如此方會成為雋永的藝術。要達到這種層次，誰說非要靠真人演出不可呢？

這齣影片欲講啥物款ê代誌？話說少女荻野千尋除父母搬家途中，誤闖神明的世界。荻野夫婦因為貪吃而被變為豬隻，千尋雖然沒有和父母一起用餐，可是她的元氣卻也逐漸消逝。最終白龍出手相救，並教她到湯婆婆的浴場打工。但湯婆婆卻訂下苛刻的條款，藉著剝奪千尋的本名，意圖讓她一直為自己工作下去。幸而千尋再得白龍幫助，到豬舍探望父母後，又從同學的道別信中找到自己的名字。這畢竟是二十多年前的老電影，筆者在此也無妨劇透，原來白龍與湯婆婆簽過契約，自此忘掉自己昔日的名字，成為浴場壓迫結構的一部分，並因為幫助湯婆婆偷竊而受到詛咒。其後千尋為求解開詛咒，與新結識的朋友踏上冒險歷程，又令白龍喚起了自己的名字。人類憑著記憶，反倒為神明帶來了救贖。

哪裡有壓迫，那裡就有抵抗，威權以遺忘殘害蒼生，庶民以記憶追求解放。《神隱少女》以魔幻的神話故事，道出人世間權貴與民眾圍繞著回憶的角力；在虛實皮膜的另一邊，則有林慕蓮的偵察報導。在《重返天安門》，作者圍著中國這個老去的國度、在天安門屠殺的事實與真相當前，探討記憶與權力、遺忘與順從的大哉問。林慕蓮對共產黨政權不無批判，卻未有陷入「政權愚民」的俗套，事實上中國民眾本身，與北京政權同樣是問題結構的一部分。比如是第四章論及的Feel君，這位大學生到香港旅遊時，曾經很認真地去探索天安門屠殺的真相，甚至也有過一些思考。可是他回到中國後，看到校園宏偉的建築、考慮到順從與叛逆之間的利害關係，來之不易的啟蒙，也就一點一滴地消逝。最終他與大部分中國人一樣，為了事業的前景而刻意選擇遺忘。Feel君甚至不惜以今日之我打倒昨日之我，學懂如何為北京政權的暴行開脫，甚至嘗試申請加入共產黨。

Feel君的轉向，也許可以歸咎於黨國資本主義的壓制：要麼是繼續在社會底層掙扎求存、要麼是與權貴共享經濟高速增長的成長，這種體制上的壓力對普羅民眾而言無疑就如千斤頂。可是Feel君在一絲愧疚之餘，卻也同時展露出無法掩藏的自豪感。五千年中華錦繡文明的神話，再加上在所謂「百年屈辱」當前對富強的執迷，使帝國崇拜不知不覺間成為十四億中國民眾的共同信仰。隨著中國在二十一世紀擺出「大國崛起」的姿態，戀慕帝國榮光的中國人，就流行起敬奉北京政權的拜物教：個人自由在實現偉大復興的中國夢當前，都是微不足道的；順著帝王之道共享做中國人的榮耀，才是識時務的俊傑。

香港在二〇一九年的起義，響亮地在國際社會當前向中國的帝國夢說不。最終特區政權在中國的指引下對民眾濫用暴力，並趁二〇二〇年新冠疫情爆發的契機，壓下香港人爭取自主和公義的勇武抗爭。北京政府於其後把《國家安全法》強行加諸於香港，並對抗爭者、反對派和異議者秋後算賬。他們有的身陷囹圄、有的官司纏身、有的趕赴海外避秦。如今身在獄中的運動領袖戴耀廷，在二〇一八年曾經如此預言：「當這時刻來臨（按：中國共產黨倒台前），香港也會面對差不多是滅頂的危機……若我們能應對得到這危機，香港才有真正的機會實現民主。」這句話如今已經應驗了一半。

六四天安門屠殺慘案至今三十四年，中國人已經有意無意地選擇集體遺忘。那麼在一代人的時間過後，香港人還能夠守護抗中自決的記憶，克服險阻實踐民主嗎？這正是林慕蓮這本新書要探討的問題。

雖然部分年紀較大的香港人，依舊死抱著過時的大中華心態，可是年輕世代都已確立「香港不是中國」的自主意識。而那些死抱中國認同的香港人，亦多只會在文化的層面上認同和欣賞中國。除卻權貴以及貪慕虛榮的宵小，香港人大多渴望與中國的政治體制保持距離，畢竟他們或他們的祖先，都是為了逃避中國的政治動盪，才選擇以香港為安身立命之所。北京政權要在這個富裕的經濟體收買人心，嘗試建立中國那種帝國拜物崇拜，恐怕並不能像天安門屠殺之後那樣一蹴而就。

可是香港在過往的二千一百三十四年，都處於東亞大陸帝國的邊陲。如此任何與本土相關的記憶，無可避免都會受到強大的現實扭曲力場影響。香港一帶的嶺南地區，素來被來自黃河流域的帝國視為蠻荒之地。被稱為「南蠻」的原住民，在帝國的眼中都猶如禽獸；一切的侵略和宰制，反倒是以禮法教化四海的功德。這樣香港及鄰近地區的原住民，有的被殘酷屠殺、有的被迫遷徙到東南亞各地、餘下的則隨著威迫和利誘忘記了自己的名字：他們學著侵略者的語言、模仿帝國核心的禮儀、在家譜中把自己的部族說成是侵略者的後代、還整天在爭辯彼此之間誰更正統。西方人來到東亞，也是傻傻分不清楚，把這片擁有特殊歷史的地域併納為China proper（按：漢地、中國本部）的一部分。雖然香港其後成為了英國的殖民地，可是舊帝國滅絕身分記憶的暴政，繼續以不同的方式造成傷害。

香港及鄰近地域原住民的哀歌，就只能在殘存的時間裂縫中，向後世做出各式各樣的暗示。原住民被宰制、壓迫、殘害的悲痛經歷，就在民間傳說中幻化成盧亭這類的神怪生物。過往那些欠缺民俗學素養的正統史家，自然會對這些「怪力亂神」嗤之以鼻，但身分記憶的種子終究還是保存了下來。在二十世紀後期，香港雖然受到英國的殖民統治，卻也因此能暫時免受中國黨國帝國主義的摧殘。就在中國的極權以舉國之力，竭力拔除埋在嶺南的記憶種子時，身處香港的種子卻隨著經濟急速增長，以一九七〇年代起相對寬鬆的社會環境，在沉睡千百年後再度茁壯成長。曾灶財的九龍皇帝墨寶雖然荒誕不經，卻也具體展現出香港追求個體自主的 zeitgeist（按：時代精神）。這種憑自信顯我本色的主體意識充斥著香港文化的大小角落，就如曾經璀璨的香港電影那樣，「盡皆過火、盡是癲狂」。

這種狂狷的自我，自是不容於正經八百的主流歷史敘述。珍惜本土文化的同道們，也只得以各種非常手段各顯神通，甚至需要為正當的理由走上偏鋒。當代歷史學家已經有辦法透過歷史人類學的分析，在史料的字裡行間找出長期被無視的證據，道出盧亭神話背後隱藏的原住民悲劇。可是盧亭傳說之所以能走進史家的視野，還得歸功於何慶基於一九九〇年代末策展的《香港三世書》系列：在一系列的藝術展覽中，策展人刻意把傳說和真實一同堆疊在展版的描述中。何慶基若非是位知名的藝術家，他恐怕會因為這次展覽而「違反學術倫理」，從而落得身敗名裂的下場。而保育九龍皇帝墨寶的過程，幾乎令曾灶財的人生同樣傳奇，隨著林慕蓮緊湊的文筆，讀者不免會對墨寶的著落感到焦慮，然後發現愛惜與破壞往往只有一線之差。

香港記憶的承傳既是如斯艱難，擁抱帝國的無行文人自會運用霸權生產的知識，以智者的傲慢踐踏珍貴的回憶。比如研究五四史的陳學然，就強調「緊靠中國大陸」的香港「過去百年源源不絕地靠南來者擴大」，藉此嘲諷香港人之所以會追求自立自主，都只是「基於對歷史的無知」。罵人無知者、多為反智人，這種自以為聰明的論述，剛好忽略香港

zeitgeist最重要的特質：那就是滿懷自信地抱緊自我意識、咬實牙根憑一己之力決定自己的命運的意志。不管是哪裡出身的人，只要抱著這種精神融入香港本土社會，他就是個新造的人。既然舊事已過、都變成新的了，這些勇敢的人群自然能夠獨當一面，以自主自立的精神構建異乎中國的新社會。那些想要摧　香港獨特記憶的朝廷鷹犬，以所謂「血濃於水」的血緣和鄉情，哄騙香港人忘卻自己的名字、與「父祖之國」簽訂賣身契，這一切背後的理據，其實不過是那種老掉牙的種族主義、擴張主義俗論。

不過縱使香港守護記憶的歷程荊棘滿途，又要面對居心叵測的擴張主義和帝國主義，最終能夠令香港人忘掉自己名字的，就只有香港人自己。在過去好幾十年，有為數不少的香港權貴為追求名利，以虛假的情懷強迫民眾愛慕別人的國家、又巧言令色為惡貫滿盈的北京政權塗脂抹粉，就像昔日那些杜撰家譜掩飾身分的嶺南部族那樣。二〇一九年的起義，無疑令為數不少的香港人醒覺起來，使他們展露真我本色、喚起自己真正的名字。可是要理解自己名字的涵義，卻是這一代香港人畢生的功課。當香港人高呼「手足齊上齊落」時，他們是否能夠理解這句話背後的社會民主意涵？他們會否因此丟棄虛擬自由主義那種市場萬能論的迷思呢？香港過往一直自詡為「亞洲國際都會」，並因此看不起日本以外的東亞友鄰，甚至以輕藐的態度看待東南亞的人群。可是香港人在二〇一九年曾舉起「天下圍中」的口號，要與普世支援自由民主的力量共同抗擊中國的威權擴張，那麼他們是否也應該學會放下昔日的傲慢，結交東亞和東南亞抵抗中國的陣營，與他們成為平等相待的密友呢？憶起自己的名字，就當活出配得上這個名字的樣式，如此方能避免再次遺忘。而這正是海內外香港人在歷史洪流下必要的修養。

如今身處香港最黑暗的歷史時刻，有幸讀到林慕蓮這本敘述香港身分的著作，就如久旱逢甘雨、他鄉遇故知。只要記憶未曾消逝，即使在威權籠罩的蒙昧歲月，仍必會有義人守護火種和亮光。世上只要有人仍然能夠守住自己的身分，我們最終必然能夠曉得真理，而真理也必叫我們得以自由。

人類紀年一萬二千零二十三年九月二十九日　癸卯中秋

寫於近畿家中

獻給那些真係好撚鍾意香港的人們。

我不認為我有辦法拿回土地。

——九龍皇帝

紅色郵筒上你的憤怒字跡／點燃了我們心中一直在的火焰。

——王詠思，〈九龍皇帝〉①

---

① “Your furious characters”: Jennifer Wong, “King of Kowloon,” in *Letters Home* (London: Nine Arches Press, 2020).

目次

中文版序

去年我的書問世之後，短短一年裡，香港已經面目全非，而且變化速度快得驚人，我無法想像這一年裡香港多少事物被破壞、多少異議被噤聲，多少歷史被改寫。香港如今被籠罩在沉默的陰霾之中，而當愈少人出來批評，中共就愈能肆無忌憚地改造香港。香港正在被瓦解，而且腳步不斷加快。

我在開始寫這本書的時候，關心的其實不是現在，而是過去。我想要重塑香港的歷史，讓香港人自己講述他們自己的故事，而不是繼續由殖民統治者代替他們敘述。當時我並沒有料到，中國共產黨會如此迅速地試圖改寫現在，它不僅強行改變視角，甚至還扭曲焦點。中共這些作為讓人迷失方向，我在這本書記錄下來的每一個當下時刻，反客為主成了重中之重。

自二〇一九年的抗議運動以來，許多東西都一一消失了：政黨、工會、報紙、書籍、藝術品、各種口號和抗議的歌曲。時間過得愈久，消失的東西只會愈多。不久之前寫下的書頁，如今讀來恍如隔世，只覺滄海桑田。我感覺自己生活在一個被毀滅又被重建的世界，這座城市像被撕開了一道裂縫，露出潛伏在底層的暗影社會。

在所有消失的事物之中，最令人痛心的是香港的人。比如被關押牢中的四十七名泛民主派人士，因為他們二〇二〇年曾參與初選而遭控「顛覆國家政權罪」，現在還在遙遙無期的審訊階段。同樣消失的還有《蘋果日報》創辦人黎智英先生，他面臨一連串的指控，目前正被單獨拘禁。除了他們，還有數不清的民眾在參與了抗議活動之後下落不明，以及數以千計的香港人自願放逐自己，流亡海外。這些都讓香港變得日益貧瘠。

這本書出版之後的一年以來，北京方面加強了對香港人的壓制力道，甚至針對八名海外運動人士發出了價值百萬美元的懸賞。我在墨爾本見到了他們其中一人，他的名字叫劉祖廸。他臉上靠近眼睛的地方有一道疤痕，是他在英國被不明人士攻擊所留下的，那次的攻擊嚴重到差點讓他失明。他說，這道疤是某種榮譽的象徵，他每次照鏡子都能看到。

這些公然的恐嚇行為，其實也顯示了中國有多麼恐懼。中國共產黨最害怕自己所統治的人民，害怕他們在團結中找到力量。這就是為什麼它試圖消除香港獨特的歷史、身分認同、文化和語言。它想要粉碎香港人，擊破人們在抗議運動之中與彼此建立起來的緊密連結。在香港發生的一切，對台灣和全世界來說是鐵錚錚的警示寓言。

今年初，我的中文譯本出版社總編富察延賀在訪問中國期間被拘留了。這毋寧又是一記警告。富察引進了許多西方著作譯本，包含許多近代歷史著作，讓華語世界讀者接觸到新的思想和觀點，為台灣人架起了瞭解中國和其他世界的知識橋梁。我很榮幸成為他的作者之一，並且希望讀者記得，富察為了捍衛出版自由正付出巨大的代價。他目前被關押隔離在中國，他的困境充分顯示，中國共產黨是多麼恐懼思想的力量。

讓中國懼怕的事物，還包括記憶的力量，但是香港人最擅長的就是記憶。其中的典型例子就是一九八九年天安門運動的血腥鎮壓。在中國，人們被禁止公開紀念；但在香港，人們每年自發地舉行悼念守夜，為當年在中國境內被殺害和監禁的人點亮燭光。如今，這份記憶的責任落到了新的香港僑民及海外支持者的肩上，我們必須想辦法不斷記得此時此刻在我們的城市所發生的一切。

在過去的一年裡，我曾到文學季、圖書館、大學和中學校園分享香港的議題。我上過廣播，也到課堂、社區中心去演講，甚至有一次分享會的地點是在一家中餐廳。我意識到，這座城市正在我們眼前不斷變化，而且變得愈來愈陌生。我離開香港愈久，就愈發認不得這座城市。但我也很清楚，這完全是北京擅長的手法；那些仍留在香港的人無法再公開發言，而其他生活在海外的人則被邊緣化，變得無足輕重。

各形各色的人來聽我演講，也有人在閱讀我的書之後寫信給我，我從他們身上學到很多。他們之中有些是香港人，原先覺得自己相當了解香港的歷史，結果出乎意料地發現他們還漏掉了更多新的細節。當然還有許多是跟我處境很類似的人，他們有的是混血兒，有的在香港長大，或在香港住過數十年，或是有家人住在這座城市，如今我們都因為失去了一個「家」而感到失落。

然而，無論我們身在何處，為自己發聲依然深具力量。某一次我到紐西蘭參加活動，地點位在奧克蘭市中心一個著名的劇院，這個空間宏大無比，我光想到自己要站上那個舞台就超級緊張。當我從舞台上向觀眾席望去，我看見席間坐滿了紐西蘭民眾，其中大多是中產階級的中年白人。但是在演講後的問答時間中，有四位彼此不認識的香港人站起來分享了他們自己的經歷。他們都在討論他們失去的東西，他們的每一字一句都是在挑戰中共強加的敘事控制。我聽著他們的分享，感受到這個空間的情緒愈來愈滿。就在座談結束之際，突然一句呼聲從大廳的後方響起，迴盪在整個空間：「香港人加油！」

這句話其實被我原封不動地印在書封上。這本來是一句在歡呼的時候喊的加油口號，後來變成了抗議的口號，如今，這句話被貼上了煽動的標籤，面臨香港政府的審查。幸而隨著每一本售出的書，每一本流通在圖書館的分身，我們心中那微小但重要的反抗意志、彼此相繫相持的希望和心願，將繼續傳達到世界的每個角落。香港人加油！

英文版序

雖然我在香港度過了幾乎整個童年和成年後的一段時間，但我並非土生土長的香港人，現在也不住在這個城市。身為旁觀者的我，確實能比其他人更坦率的書寫，但是，我的自由絕不以犧牲我的消息來源為代價。如今要書寫香港，得先練習減法。除非書中有另作說明，否則幾乎所有訪談都是在二〇二〇年六月港版《國安法》落地之前進行的，但是因為該法案涉及甚廣，且具追溯性，為了保護我所交談的人，我不得不將一些名字和細節刪除。

這種剝奪受訪者身分的做法，著實令人難受也很遺憾，因為我寫這本書的本來目的，就是要讓香港人自己講述自己的故事。然而在《國安法》的時代，書寫香港獨特的身分認同變得危機重重。事實上，現在很多香港一流的作家也苦於找不到詞語，甚至找不到平台公開表達自己的想法。這本書的付梓，要感謝所有與我交談的人，無論是具名，還是沒有具名。我希望在顧及他們的人身安全之餘，也能完好如實地呈現他們口中的真實。

前言

（九龍皇帝是）香港最後一位自由人。

——馮敏兒

我蹲在香港一座摩天大樓的屋頂上，陽光火辣辣地烤著我的頭，汗水滴進我的眼睛。我正在描畫一幅大概有八層樓高的抗議布條，而且寫的詞彙還全都是粗話，不禁讓我以為自己是否已經決定轉行不當記者了。熱浪在空氣中翻騰，眼前密密麻麻的屋頂緊密相依，像極了俄羅斯方塊。我上來樓頂是為了採訪一個祕密的藝術合作組織，他們專門繪製支持民主的巨大直幅標語（香港稱為「直幡」），並且以打游擊的方式掛到香港的山峰上。我在旁邊看著看著也忍不住手癢起來，跟著拿起畫筆加入他們。

這是二〇一九年的秋天，中國國慶日前一天。一九四九年十月一日中華人民共和國建立，明天它將慶祝七十週年紀念。好幾個月來，數以萬計的人走上街頭示威，這是香港有史以來規模最大、持續時間最長的反政府抗議運動。在歷經一百五十五年的英國殖民之後，香港於一九九七年回歸中國，實現了史無前例的主權移交。雖然當時北京承諾，在二〇四七年之前，香港可以繼續原來的生活方式五十年不變，但是現在中國正威脅通過立法，背棄當初的承諾。

這群祕密書法家一直忙著部署他們的攀岩隊伍。他們都是選在深夜的時候攀上香港的懸崖峭壁，因為這樣等人們早上醒來，就能看到巨大的標語，敦促他們「上街反惡法」或「保衛香港」。在局勢低迷的時候，這些巨大布條幫忙重振抗議運動的士氣。我打從心底佩服這些標語製作者的大膽和勇氣，可惜我一直不知道他們是誰，也不知道如何聯繫他們。有人知道我對他們相當著迷，那天早上突然通知我，邀我到現場看他們怎麼組織行動。這麼千載難逢的機會，我當然一口答應。

我們所在的頂樓超級曬，但是位置夠隱密，空間也相當寬敞，足夠讓巨大的布條整個攤開來乾燥。現場聚集了七位標語畫家，我答應不透露任何可能暴露他們身分的細節。不過最讓我驚訝的是，我原以為這些人會是一些年輕的運動者，結果沒想到是一群有點年紀的男女，而且他們工作期間幾乎不發一語，默契十足，顯然對彼此相當熟悉。他們迅速地攤開一片厚厚的黑色棉布，然後輕踏著腳步將布整平，看起來像在屋頂上跳一首輕快的集體舞蹈。接著，他們沿著邊緣放上石頭固定布料。然後，一位年長的書法家拿著白色粉筆，開始在布料上勾勒四個巨大的漢字輪廓。他的動作流暢而優美，像極了舞動的毛筆，在布料上輕盈地移動。

最後一個漢字現形時，我忍不住噗哧笑了出來。書法家在這幅布條精心繪製的四個字是：「賀佢老母」，乍看之下字面上是在說「恭賀他的母親！」但實際上是借用了廣東話常講的髒話「屌你老母」，非常粗俗難聽，差不多等同於「幹恁娘」的意思。布條的標語其實是在罵「賀你媽的國慶活動啦！」這不僅是挖苦北京即將舉行的大型軍事閱兵，也是在強調香港人不認為自己是中華人民共和國的一部分。這句口號像一記大不敬的耳光，雖然聽起來像半開玩笑，但極有可能惹上大麻煩，繪製標語的人如果被抓，是很有可能坐牢的。

看著他們拿起油漆罐，靜靜地蹲在布條旁邊塗顏色，我在心裡與自己天人交戰。幾個月以來，我的兩種身分不斷地在拉扯著我，我不僅是香港人，也是一名記者，努力地想遵守報導的中立原則。但是，隨著我所熟悉的世界逐漸崩解，一切都變得不再確定，要繼續保持中立變得愈來愈困難。從表面上來看，這座城市仍然活力充沛，熙來攘往的人群在摩天大樓林立的街道上湧動，過斑馬線的時候提示音會嗶嗶作響，頭頂上的ＬＥＤ招牌爭奇鬥豔搶奪目光，空氣中的氣味融合了中藥店刺鼻的魚乾腥味與攤販濃郁茶葉蛋的桂皮香氣。但是，在這些紛沓嘈雜的感官感受底下，這個社會的運作機制正在改變。我無法再撇開眼。

警察不再是保衛人民安全的人，而更像施展暴力的暴徒，隨意毆打或逮捕在街上的孩子，那些孩子可能只是剛好穿了特定顏色的衣服，或者在特定的時間出現在特定的地點，有時甚至無緣無故。法院不是中立的法律仲裁者，而是有自己的政治判斷和行動，它們會取消民選議員的資格，監禁和平的抗議者。政府官員不再是制定和執行政策者，不再直接與人民互動，而是躲到幕後去不讓人看見，僅由警察代表它們對人民施加暴力。一夜之間，世界整個天翻地覆。

各種已知的交戰規則似乎不再適用，連新聞工作也是如此。警察非但沒有把記者當作平民一樣保護，還特意專門攻擊記者。他們朝我們噴胡椒噴霧，丟催淚彈，對著我們使用高壓水槍，洗不去的藍色化學藥劑灼痛了我們的身子，他們還將槍口對著我們，毆打我們，逮捕我們。我們原本都穿著標有「記者」中英文字樣的螢光背心和頭盔，但我們很快就注意到，這反而讓我們的頭部和身體成了最顯著的攻擊目標。

香港地狹人稠，到處是迷宮般的公寓大樓、密集的巷弄和市場，幾乎很少人不被政府針對抗議動用的強力鎮壓手段波及。近九成的民眾曾被催淚瓦斯熏過[1]，比如只是夜半出門買魚蛋粉當宵夜，或是週日下午沿著海濱散步，甚至只是坐在家裡頭，街上刺鼻的煙霧就飄了過來，從窗戶的縫隙或是空調的通風口滲進屋子。香港有三分之一的居民出現創傷壓力症候群。[2]有時候感覺就像這個政府正在對著人民發動戰爭。

這段時間也深深影響了我個人的層面。我是哪裡人的這個問題，對我來說一直很複雜，因為我是個中英混血，雖然出生在英國，但在香港長大。我五歲的時候，因為我新加坡的父親要擔任公務員，舉家搬到了香港。自我有記憶以來，香港一直是我的家。雖然我並不是土生土長的香港人，但我是香港製造的。香港人擁抱的那份刻苦耐勞的精神和頑強的毅力，也在我的血液裡流淌。香港人將其稱為「獅子山精神」，這個名字取自香港電台製作的一系列電視劇，故事真實反映了獅子山山腳下，香港基層市民的生活境況。由於這個小山頂的岩塊像極了一頭蹲踞的獅子，因此被人稱為獅子山。對我來說，所謂獅子山精神，就是無懼對手有多強大，我都願意為了保護自己在乎的價值而戰鬥。

我曾經在中國生活並從事記者工作十年。我內心的某種愧疚感驅使著我，去寫下我認為需要公開講述出來的故事，無論那些故事在政治上有多麼敏感。我離開北京時開始寫一本書，一本關於中共如何在一九八九年血腥鎮壓抗議運動，以及它如何成功地將這些殺戮從集體記憶中刪除的書。我很清楚，這本書會讓我很多年都不能再回中國，但是我也同樣清楚，這是一個必須講述出來的故事。在新聞報導方面，我很常碰觸也很擅長報導抗議運動，但我從未想過，有一天會有一場運動如此全面地影響了我所鍾愛的家鄉。當這件事開始發生，我毫不猶豫地決定要報導它。我在墨爾本新聞系教課，有一段時間我請了研究休假回到香港。抗議活動爆發時，我就住在香港。休假結束我又回澳洲教書，但我定期飛到香港進行短期報導，直到新冠疫情封鎖了我們的邊界。

在這種種情況之下，要如何做出合乎道德的新聞報導呢？到目前為止，我一直無條件地遵循公認的新聞報導做法，盡可能地將自己從故事中抽離。但是，如果我已經是那個故事的一部分了，我還有辦法做到這點嗎？我為此苦苦思索了好幾個月，沒有得出明確的答案。

那天在屋頂上做採訪，這個問題其實迎刃而解。我知道所有該繼續當旁觀者的理由，但我也知道我不會這麼做。我的內心驅使我站起來，走過去為自己拿起一個油漆罐。我知道我正在越線，從恪守中立原則的記者，變成一個自願參與其中的抗議者，這麼做違反了二十五年來我所遵從的新聞專業倫理。但那一刻我也意識到，我其實並不在乎。我並不同意抗議運動所做的每一件事。我本能地反對任何使用暴力的行為，無論警察使用了什麼手段，我只要看見抗議者朝警察扔磚塊或投擲汽油彈，內心依然會感到驚駭。但是隨著抗議活動展開，繼續當個順民安守本分的想法每一天都在瓦解。我們永遠只能活在當下，未來充滿了各種不確定性，無法事先預知，而過去也已經變得無關緊要。因此，我為自己拿了一罐油漆，將刷子蘸入黏稠的白色油漆中，成為了團隊的一員。

我從「賀」這個字開始幫忙，一開始並不是相當有趣，因為這基本上像在玩放大版的著色本，你必須照著限定的範圍內塗滿顏色，只不過範圍大上好幾倍。這工作並不難，但我的手有點抖，我必須非常專心才不會超出線條。太陽熱辣辣地烤著我的脖子後面，額頭上的汗珠時不時滴落到布料上。但是漸漸地，著色讓我整個人像進入了冥想狀態，我的所有心思都專注在手上這份小任務上，完全忘記了應該採訪其他人。「文字的力量」深深地攫獲了我。

與此同時，還有另一件事情默默牽引著我。多年來，我一直對某位身世成謎的人物深感著迷。沒有人料到他後來會成為本土的偶像。他曾在垃圾站工作，有著一口殘缺不齊的爛牙，經常打赤膊，精神健康也有問題。但是他在公共場所留下了寫得歪歪扭扭、像小孩子學寫字的書法之後，成了家喻戶曉的人物。起初人們會謾罵他，到後來開始追捧他。他的本名是曾灶財，但是每個人都稱他為「九龍皇帝」。多年來，曾灶財深信九龍半島凸出的那塊土地是屬於他家族的財產，但是在十九世紀被英國人給偷走了。他想像自己是大片土地的統治者，統領範圍甚至擴展到香港島和新界。沒有人知道為什麼他會這麼相信，但是他的信念變成了一種狂熱。

一九五〇年中期，九龍皇帝瘋狂地到處留下他的書法字跡，指責英國偷走了他的土地。除了控訴的內容，他還費盡心思寫下他家族總共二十一代人的族譜，有時不僅寫下名字，還寫下失去的地名，偶爾出現大罵英國女王的粗話。九七年以前，他抨擊的對象是殖民的英國政府，九七年英國將香港歸還給中國之後，他改為針對中國。

九龍皇帝書寫的地方不是紙張，而是揮著狼毫筆在他失土的牆壁和斜坡上，像皇帝一樣留下墨寶，主張自己才是這塊土地的主人。他精心挑選自己落筆的地點，他只在皇室的土地，或是主權移轉後為政府所有的土地寫字。他特別鍾愛電箱、柱子、牆壁和高架橋的橋墩。在那些舟車勞頓的通勤者和疲乏倦怠的退休人士眼中，他的文字像在變魔術，本來前一天還在，隔一天便消失了，原來是被一群穿著橡膠靴，帽子上披著薄毛巾遮陽的政府清潔人員洗掉或用油漆覆蓋掉了。但是，一夜之後，他的文字又回來了，好似從未消失過，宛如在玩一場打地鼠遊戲。而且這個打地鼠遊戲持續了半個世紀，遍及香港各地。

明明九龍皇帝的書法寫得極糟，但是卻帶來了相當大的迴響。他只接受過兩年的正式教育，他寫下的每個字都讓人看出他幾乎是個文盲。他歪扭蹩腳的字體暴露了所有缺點，真正的書法家會試圖遮掩，但是讓人印象深刻的也是這些缺陷。他的字跡展現出某種原創性，大方承認了人類的不完美，像是在鼓舞人們勇敢說出「我他媽的不在乎」。他打破所有的規則，拒絕傳統中國文化的約束。這部分其實也是很香港。香港就是一個過渡的中間地帶，一個充滿各種越界的地方，同時也是一個避難所，接納甚至頌揚那些在中國大陸不被接受的異議分子。

二〇〇七年，九龍皇帝因心臟病駕崩了，他生前在公共場所總共創作了大約五萬五千八百四十五件的作品。[3]多年以來，他的字跡慢慢寫進了我們的腦海中，連同日常生活中軍綠色的天星渡輪和摩天大樓天際線，一起成了香港身分認同的一部分。對許多人來說，他們無法為自己發聲，而且會本能地感到不適，九龍皇帝的作品第一次表達出他們的處境。「這有點像我們的政治現況，」一位評論家這樣告訴我，「土地曾經屬於英國，現在屬於中國。它應該屬於中國，但大多數香港人不認同中國政府。某種程度上，他們仍然認為香港是一個殖民地，是中國的殖民地。所以曾灶財做的事情，其實就是他們想做的事。」九龍皇帝說出了他子民的心聲。

二〇〇七年他過世了，報章媒體同聲地哀悼。**九龍皇帝駕崩，每個人都懷念他。**[4]**……九龍皇帝駕崩，他的人民在哭泣和哀號。**[5]**……九龍皇帝駕崩，他的墨寶是充滿詩意的傑作。**[6]**……九龍皇帝駕崩，筆者感到難過，香港失去了一位傳奇人物。**[7]**……九龍皇帝「駕崩」後由誰承繼呢？**[8]他的作品從街頭消失，但也開始出現在蘇富比的拍賣場，而且價格一路飆升，成為了香港最有價值的藝術家。

幾年前，我腦中閃過一個念頭，我想要寫一本關於九龍皇帝的書。雖然這顯然吃力不討好，但我卻始終放不下這個念頭。他的家人一直拒絕接受記者採訪，關於他的具體事蹟少之又少。但我依然固執地展開我的探尋之旅。我跑遍建築工地、公共房屋，也去了新界的村莊，試圖找尋任何曾經認識九龍皇帝的人。我在香港生活了四十年，這些地方卻是我第一次拜訪。在這個過程，我看見了許多不一樣的香港。我成長的香港是一個在泡泡中的泡泡，我這趟追尋九龍皇帝的旅程打破了那個泡泡。

我費盡心思找到了一群古怪的人，有人曾跟著九龍皇帝一起塗鴉、有人唱過關於九龍皇帝的歌、有人寫過九龍皇帝、或甚至只是知道他。我開始注意到，這個故事愈來愈背離了我原先的想像。一開始我的目的只是想確認，他主張自己擁有土地所有權的這件事是否為真。我原本認為只要做夠多的採訪，就能還原出具體的細節。但是所有的受訪者幾乎在所有事情上都有各自不同的詮釋跟理解，就連對於目前現有、少量的傳記資料，或是他是否患有精神病，大家的想法都有很大的差異。更糟糕的是，他們在採訪中花了很長的時間在相互攻擊。我平時使用的新聞採訪技巧，全都派不上用場。

與此同時，隨著我深入挖掘九龍皇帝的故事，我也更加了解香港的故事。為了確認他的土地所有權主張，我開始研究英國殖民者如何占有和徵用土地。我很快意識到，為了理解這些事情，我還必須理解香港是如何變成英國殖民地，這段歷史非常的錯綜複雜。我原本沒有打算爬梳更古早的歷史，但所有對九龍皇帝感興趣的人都不斷談到宋朝的男孩皇帝，他們在十二世紀的時候逃到了香港。最後我也開始對香港殖民時期之前的歷史產生興趣，這段歷史可以追溯到六千年前的新石器時代中期。不知不覺中，九龍皇帝帶領我回到了歷史最初的地方。

在這段追尋之旅中，我認識了許多香港不為人知的故事，包括創世神話和傳說、真實和虛構的歷史、從紀錄中被抹去的反抗故事，以及未曾有人講述的勇氣故事。這些故事改變了我對香港歷史的看法，因為我之前一直認為，香港歷史非常簡單易懂，只不過是一連串板上釘釘的事實所拼成的敘事。但真實的歷史並非如此，那些被隱藏起來的歷史，挑戰了過去那套國家強加的單一敘事，乘載著不同的觀點與色彩。它們將香港人放在故事的核心，甚至將香港人重新納入有關主權移轉的關鍵談判之中，重新挖出過去這些香港最重要的聲音。這些隱藏的歷史讓我了解，近年來的各種起義行動並非孤例，而是延續長久以來強占與反抗的故事。這也是我最終寫下的故事。

不過，儘管我的書寫焦點轉向了，但我也發現九龍皇帝已經深深影響了我，他成了我觀看香港故事的稜鏡。就像稜鏡將白光折射出彩虹一樣，在二〇一九年大規模街頭抗議運動展開之後，九龍皇帝的故事也折射出各種各樣的敘事，以我未曾預料的方式照亮了香港。無論是九龍皇帝的故事，還是抗議運動的發展，都是小小的大衛對抗鋪天蓋地的歌利亞，都是用渺小的生命對抗無理的強權。無論是抗議運動的發展，還是九龍皇帝的故事，都變成了誰有權力抹除香港，誰有權力講述香港的故事。綜觀整個歷史，香港人在官方的歷史紀錄中不是被邊緣化，就是被整個抹除。香港人從未能夠自己講述自己的故事。唯獨這位可憐又悲傷的老皇帝是例外，作家馮敏兒曾說，他是「香港最後一位自由人」。[9]

對我而言，九龍皇帝意料之外地從我原本要寫的主題，變成了寫作的指路明燈。香港政治的陀螺不斷地旋轉滾動，我注意到這之間有個規律。每次有重大事件發生，我往往已經認識其中的關鍵人物，而且都是在我追尋九龍皇帝的途中認識的。二〇一六年，一位名叫陳雲的大學教授，因為直言不諱地發表政治觀點而被大學解雇，我記得他是一本關於九龍皇帝的書中第一篇文章的作者。[10]二〇一四年，雨傘運動持續占領街頭十一個星期，訴求更全面的民主。立法會議員陳淑莊因為參與雨傘運動而受到審判[11]，在那之前我已經認識她了。因為我們都同樣對九龍皇帝感興趣。二〇二〇年，香港最受歡迎、專門諷刺時事的電視節目《頭條新聞》，因為涉及政治內容而被喊停，我寫信慰問節目主持人曾志豪。他曾寫過一篇關於九龍皇帝的報紙專欄，我去採訪他之後跟他成為了朋友。有時候冥冥之中，九龍皇帝引領著我走出荒漠之地，帶領我去認識了香港最有趣的思想家。

這些事情都並非巧合。那些思考過或書寫過九龍皇帝故事的人，都必須面對九龍皇帝最在意的議題：領土、主權和失去。在其他人連想都不敢想的時候，九龍皇帝就公開提起了這些問題。他為自己取名叫九龍皇帝，這個名字本身就是對香港殖民者的當頭訓斥。他才是最初的主權者，九龍是他的土地；他是乩身，是說真話的人，是神聖的苦行僧。

隨著年月過去，這本書愈來愈難寫。二〇二〇年六月，北京試圖訂立香港的國家安全法，這本書中寫的主權和身分認同，在政治上突然變得非常敏感。任何關於主權或自治的討論，對法律來說就是意圖在搞分裂。倘若九龍皇帝活到現在，大概會被視為國家安全的威脅。香港人持續不斷的反抗，無論這個反抗有多麼微小，都是在追隨著已故的九龍皇帝的腳步。

今日的九龍皇帝是誰呢？是昔日那些住在圍村裡，擁有這片土地的古老氏族嗎？是那些改變了城市面貌的摩天大樓裡的跨國公司嗎？還是那些遠在北京，試圖透過立法和武力，將自己的意志強加給香港人的共產黨領導人呢？或者，是那些用自己的肉身占領九龍半島街頭，試圖奪回屬於自己的歷史和空間的平民百姓？如果故事是一枚稜鏡，那麼我們選擇從哪個角度切入，就會決定我們看到什麼答案。

第一章

字

香港是一種消失的文化，這種文化之所以會出現，就是因為它總有一天要消失。

——亞巴斯（Ackbar Abbas）

二〇一九年香港的盛夏酷暑，熱氣蒸騰，牆成了武器。數以萬計的人們走上街頭抗議《逃犯條例》修訂，他們深怕這樣的法律一旦通過，香港的生活方式就要畫下句點。他們抄起黑色簽字筆和便利貼，將各地的牆面妝點得色彩繽紛，上面寫著各種標語：**「我們愛香港！我們是香港！香港永不放棄！」**這些牆不只是發出不滿的吼聲，同時也將社群聯繫在一起；牆上的那一則則訊息，都是在一次次地昭告著，香港跟中國不一樣，香港有自己獨特的身分認同。

很快地，便利貼的數量暴增滿溢，開始擴散到一座座的天橋上，充斥一條條地下道，甚至出現在商店櫥窗、街頭路牌、欄杆和廣告招牌上，宛如一窩野放的蜂群，在這座城市四處授粉、拓殖。連人行道上也開始形成馬賽克的圖樣，有人將數十張Ａ４大小的影印傳單，頭尾相連地黏在政府總部附近的路面上。人行道和地下道儼然成了異議分子的臨時藝廊，匿名的深切呼籲，在有限的空間中爭奪著珍貴的露出機會。這些張貼的位置，通常有戰略的考量，比如貼在人來人往的地方。即使貴為國家主席的習近平，頭像被人印成黑白文宣貼在通勤要道上，來來往往的人也只能往他臉上踩。紙地毯是一群群黑衣人士組隊完成的傑作，他們以慢跑的方式，一次鋪設好幾公里。先是由第一批人跑在最前頭，負責在路面上噴膠水，第二批人跟在後面，交錯著丟下黑底和白底的宣傳單，他們跑過的地方逐漸形成了棋盤一樣的圖案，第三批人接續在後，邊跑邊用手中的長傘將海報牢牢壓在膠水上。如果你現場看到，你會被他們流暢的流水線作業迷得目不轉睛。「香港加油！有些人接受現實了，但我們才不。」很快地，黑衣抗議者還開始直接在街道、高速公路分隔島和電車候車亭噴上塗鴉口號。許多是英語口號，比如 Fuck the police.（港警去死。）Chinazi.（支納粹。）If we burn, you fucking burn with us.（如果我們被燒死，你他媽的也會跟著一起死。）①公共空間的牆面，成了匿名的發表空間，存放著人們發自內心深處、最危險的情緒和想法。

港府宣布提出《逃犯條例》修正，引發各界強烈反對，抗議噴湧而出，因為這條法律將允許把犯罪嫌疑人引渡到中國受審。意思是，無論什麼國籍的人都很可能落入共產黨主導的法律體制，而這個體制充斥著濫權，沒有無罪推定。新的送中條例，將粗暴地破壞香港人所珍視的最基本原則。新的送中條例，將危及香港的司法獨立、法治和身為政治避難所的地位，而這些都是香港成功的原因。英國人當初雖然沒有賦予香港臣民完整的公民權、英國的居留權、或是普選權，但灌輸了像是自由、民主、人權的公民價值觀，香港人以近乎宗教的方式尊重這些價值觀。香港人不願意不戰而敗。

我目瞪口呆地看著這些人們創造的一切，尤其是那些顛覆性的漢字大剌剌地展現在公共空間裡，把這座城市重新改造成一個不斷推陳出新的民粹思想露天藝廊。這些展覽被人稱為「連儂牆」，取名自布拉格的一堵牆。一九八〇年代約翰・藍儂過世後不久，就開始

① 譯注：香港話稱為「我要攬炒」。

有人在那面牆上塗滿了反主流文化、反建制的塗鴉。香港最早的連儂牆出現在二〇一四年，當時被稱為「雨傘運動」的一系列支持民主的抗議活動正如火如荼，人們開始在政府總部旁一個圓柱型混凝土樓梯的牆面上貼便利貼。當時我每天都會去看看那座牆，這一次我也不例外。但很快地，便利貼多到漫出了牆面，各地開始也長出了「連儂路」、「連儂天橋」和「連儂人行道」，繁殖速度之快，我數都數不清了。

＊＊＊

在中國，書面文字的歷史可以追溯到大約三千七百年前。有一些學者甚至認為，在漢語還沒有發展出來之前，漢字就已經以符號的方式出現。[1] 最早的例子可以追溯到西元前十六世紀的商朝，當時人們會以鋒利的工具在龜殼或牛肩胛骨刻下一種象形文字，史稱「甲骨文」。這類碑文記載的都是各種各樣的國家事務，比如什麼時候適合種植莊稼、哪一天是舉行儀式或是發動戰爭的良辰吉時。負責占卜的「貞人」會先將龜殼加熱，直到龜殼裂開來，然後根據裂縫呈現的圖案推斷出答案。所以一開始的漢字，其實是政治權威跟宗教權威在使用的東西。要說起來，「字」是由兩個元素組合在一起，上面一個寶蓋頭「宀」代表房子，下面的「子」代表孩子，組合在一起的意思是「屋中的新生兒」。也就是說，「字」最初的意思是「生育」、「出生」，後來逐漸引申為「養育」、「愛」、「教育」、「治理」和「管理」之意。「字」是一切的源頭，借用已故的漢學大家李克曼（Simon Leys）的話來說，漢文化之初即為「字」。

中國傳統文化中，書法是所有藝術形式中最精萃的代表，也是展現權力的工具。在歐洲的公共廣場隨處可見名人的雕像，在中國則是刻有書法的石碑或石板。時至共產黨統治的中國也是如此，比如在報紙的刊頭或是建築物的匾額上，都可以看到毛澤東主席微向右躍起的獨特筆跡。中國現任國家主席習近平的簽名甚至仿效毛主席的書法風格，彷彿只要繼承了毛體字，就能吸收到毛澤東一部分的權力一樣。[2]皇帝的書法寫得怎麼樣，可以看出他們肚子裡裝了多少學識，審美和作詩的能力又是如何，同時也暗示了他們的領導風格。欣賞書法本身就是一種藝術，真正愛好書法的人，不光只是單純地閱讀文字，而是會在腦海中臨摹書頁上飛揚的筆跡，李克曼形容這是「與不斷舞動的筆跡之間充滿想像力的交流」。[3]

不過，「九龍皇帝」公然挑戰了這個傳統，曾灶財識字不多，卻大剌剌地到處留下他的筆跡。我在香港長大，生活中常常在公共空間裡遇見他的書法字。這些書法字沿著燈柱爬行、穿過牆壁、出現在路的邊緣和天橋，當你搭乘小巴士飛馳而過的時候，它們就在你的視線邊緣閃閃爍爍。九龍皇帝本人也是風景的一部分。常常可以在街上看見他拎著塑膠袋，拄著拐杖跳來跳去的身影，尤其他那雙宛如螃蟹一樣的腿格外醒目，人們遠遠地看到他無不退避三舍。他經過的時候，帶著小孩的父母甚至會把小孩的眼睛遮起來，一邊小聲地罵「癡線！」②他甚至變成了青少年訕笑人的代名詞，例如以「你九龍皇帝啊！」來取笑那些動作慢、很奇怪、很窮或是被排擠的同學。

有關曾灶財生平背景的資訊相當簡略，唯一公認的是，他出生自廣東省高要縣（現為肇慶市）的蓮塘村。[4]九歲開始上學，兩年後輟學。十六歲的時候，他越過邊界來到香港，在彩虹邨和獅子山附近種菜當農夫。後來又到一家建築材料公司當工人，也曾在一處垃圾回收站工作。一九五六年，他娶了文福彩。文福彩出身新界新田村，文氏家族自宋朝就開始定居於當地。夫妻倆生了八個孩子，其中三個不幸夭折。

無論我怎麼問，始終沒有人能確切地告訴我，九龍皇帝究竟是哪一天、因為什麼原因開始到處留下書法字。有些人說是他某次回到老家，準備把妻子的名字寫進族譜，結果意外找到一些祖傳的文件，發現原來九龍半島過去曾經是他們家族的土地，直到香港被割讓之後，這塊土地也連帶充了公，但他們的家族卻沒有獲得任何補償。不過，我採訪過的人全都沒有見過這份文件，事實上，也沒人去過他的村子。他其中一位仰慕者，曾試圖尋找他的出生地，結果在當地走遍了各個村莊，卻始終沒找到那個蓮塘村。

我聽過的另一個版本是，一九五〇年代中期左右，某天曾灶財途經牛池灣的三山國王廟，卻被一輛汽車撞倒在地上，好不容易等他睜開眼睛，首先映入眼簾的是寺廟外的燈籠，上面方方粗粗的兩個大字：「國」、「王」。這兩個字成了九龍皇帝傳奇的根基，無論是哪種版本，故事都跟這兩個字息息相關。「國王」顧名思義是一國之王，但他有時候會寫成「國皇」，意思是一國的皇帝。雖然他的稱號翻譯成英文都寫成「King of Kowloon」，直譯是「九龍的國王」，但在中文世界，他的「正字商標」是「九龍皇帝」。

九龍皇帝大約是一九五六年左右開始在公共場域寫書法，一開始他還被看作是怪人，甚至被認為是公物破壞王。據說，一九六〇年代他曾因為用一塊石頭砸碎了一間郵局的窗戶，而被送進青山醫院，青山醫院是出了名的精神病院，他在那裡待了十八個月。獲釋之後，他繼續他的塗鴉行動，用厚厚的黑色顏料在政府財產上寫下他的憤恨不平。先不談他可能有精神方面的問題，但其實他這樣到處寫字是有根據的，他曾說道：「中國的皇帝一直都是書法家。」[5]一九七〇年，他第一次上了當地的報紙，文章提到他在公共場域到處留下「諭令」。文章形容他住在山坡上的一個木屋，他稱這個地方為他的「皇宮」。「皇宮」外頭放著一個木製的看板，上面寫著四個大字：「國泰民安」。[6]一九八〇年代某一天，他在工作中發生了事故，一個巨型垃圾桶壓壞了他的雙腿，以至於他從此不良於行，得拄著拐杖。

一連串的命運，讓他在眾人的眼中，變成一個身負殘疾，而且精神狀況不穩定，又全身臭烘烘的老頭子，可是他的內心始終自認為是個皇帝，而且他也把自己活得像個皇帝，

② 譯注：正體字「黐線」，也常寫作「癡線」，原意指電線黏在一起，導致線路失靈。後引申為對人表示否定的口頭禪，罵人的行為不正常或是有毛病，類似台灣會說的「神經！」

有時候他甚至自詡為中國以及英國的皇帝。他視所有人為他的子民，這樣的情懷讓他有時候會說出：「身為皇帝，我不能跟你們平民接觸。」

一九九〇年代初，攝影記者吳文正（Simon Go Man-Ching）[7]正就讀香港理工大學，對香港街頭的獨特塗鴉感到深深著迷，他開始記錄曾灶財在公共場所留下的字跡。當時有傳言皇帝已經過世，吳文正像個城市的獵人一般，花了兩天的時間追到了皇帝的下落。他在某面牆上的塗鴉中找到皇帝的地址，原來他住在「翠屏邨」。那個地方是觀塘區一棟十八層樓的公共住宅（香港稱「公共屋邨」），觀塘是九龍的工業區以及工人階級的聚落，與香港島的北岸隔海對望。

自那之後，吳文正自願當起了第一任「書僮」，每隔幾週就來覲見皇帝，為他帶來書法用具、燒肉飯和罐裝可樂。曾灶財並沒有與家人同住，有人說他的太太會每天給他送飯，但據曾灶財本人的說法，他的家人已經與他斷絕關係了。「我妻子來看我，說我瘋了。她說破壞郵局是犯大罪。」他對某個電影劇組說道，「他們說我拖累他們，還說我會死在監獄裡。」[8]

吳文正認為他不過是個孤單寂寞的老人，常常盡量滿足他的願望，甚至尊稱他「皇帝」。有一次，吳文正忘記帶筆墨了，他開玩笑地賠罪說，身為忠誠的子民，犯錯就應該要殺頭來彌補過錯。皇帝一本正經地回覆：「你個頭好好哋，唔駛斬喔。」攝影師朱迅也是他的追隨者，他回憶起他們曾經一起乘坐計程車。他們爭論著該在哪個地方下車，才不會停在黃線而觸犯交通規則，皇帝板起臉來說：「我是皇帝嘛，要在哪裡下車都可以。」對皇帝來說，任何常規都不適用在他身上。吳文正認為，皇帝主張土地主權是否具正當性，並不是重點，「我認為這是個人的故事或歷史，」他說，「對皇帝來說這件事很重要，但對我來說就沒有意義。」

皇帝的家人對外界的關注很是排斥。其中一個兒子曾警告吳文正最好立刻離開皇帝的住所，否則他就要報警。藝評人劉建威亦是皇帝的書僮之一，他記得某次去拜訪的時候，是一位兒子來應門，他稱曾灶財「死咗喇！」家人都對皇帝的言行深感羞恥，很反對曾灶財繼續寫字，據說也從未藉此拿錢。但無論家人怎麼阻撓外界的聯繫，也阻止不了曾灶財繼續寫字，甚至也無法阻止他將他們的名字融入到自己的作品中。皇帝稱他的妻子為「皇后」，還煞費苦心地寫下「太子們」的名字。他的兩位女兒都移居海外，一個去了英國，一個去了荷蘭。他有時會提到她們是跟英國女王或荷蘭女王喝茶去了。[9]偶爾，他也會在作品中隨意使用一些英語單詞，比如「reach」（到達）或「snowman」（雪人）。

一九九七年，就在香港回歸中國之前，曾灶財有過一場書法展。這場展覽引發各界熱議，宛如一場荒謬劇，許多人視之為笑話。藝術界對此也相當震驚；當時也沒有賣出半件作品。展覽的隔天，他又回到了街上，一如既往地繼續到處標記自己的領地。

隨著時間流逝，他的作品從原來的不被看好，到後來開始受到重視。二〇〇三年，曾灶財的作品出現在威尼斯雙年展，成了獲此殊榮的首位香港人。他還開始在一些當地的電影中客串演出；有人為他做了一首歌，有人為他寫詩，他一件寫滿書法的骯髒上衣甚至出現在蘇富比的拍賣廳上。他一筆一劃寫下的書法字，逐漸成為特色商品，從街頭爬上了床單、內褲和托特包，甚至出現在威士忌酒瓶、T恤、星巴克的牆壁和運動鞋上。但是，皇帝一直很清楚自己的角色。他很少接受採訪，在二〇〇五年某次訪談中，他說道：「我不是什麼藝術家，我是皇帝。」[10]

他在牆上留下了落落長的字跡，其實是寫給他所失去的土地和家人的情書。儘管家人一再反對，他依然持續在街頭寫字。直到二〇〇四年，他不小心在自家引起了一場小火災，旁人為了安危起見，把他送進了一家養老院。

這麼多年來，他傳達的訊息始終如一，成了香港人最熟悉的風景。我們的過去充滿爭議，我們的未來又充滿變數，但是九龍皇帝卻始終都自稱自己是我們的君主。他在過去半個世紀以來，一直不斷重複講述著他的土地被剝奪的故事，這部分開始和我們經歷的事情產生共鳴。雖然很多人都把九龍皇帝的故事當作一場鬧劇而一笑置之，但他持續抵抗的那份勇氣，讓原本一個笨拙畸形的丑角，看起來像某種求道者，日復一日不斷宣示自己擁有這塊土地的主權。若說他是藝術家，他比班克斯（Banksy）和哈林（Keith Haring）更早出現在街頭，而且他大膽的主張和持續書寫的毅力，目前少有人可相比。他這樣一個患強迫症、精神和身體都有問題的退休老人，竟能每天早上起床出門去挑戰兩個全球大國，這種超級巨大的權力不對稱，連大衛與歌利亞都望塵莫及。

九龍皇帝的傳奇一直很吸引著我，特別他的人生仍有許多待解之謎。就連他最親近的人，也無法斷定他是否真的有智力問題。有人說他患有精神分裂、有人說他是多重人格障礙，或是妄想症。但也有人說他一點問題也沒有，而且麻將打得很好，常常和鄰居打麻將。有人說他很有禮貌，也有人說他瘋言瘋語。身為記者的我，最愛挖掘那些深藏在暗處的故事，所以九龍皇帝身上的種種神祕，以及他的存在的象徵性意義皆深深吸引著我。我同時也感受到，我和他之間有某種內在的連結。

一九九〇年代初，我在北京學中文，那是我第一次接觸到書法。後來出社會後，我的第一份工作是在一家國營出版社當翻譯和編輯，我又再度開始寫書法。當時，我就像個中國宣傳機器裡的其中一顆小齒輪，每天都在「潤飾」大量難懂又可笑的宣傳。結果某一天我發現，許多被我修掉的錯誤都被我的編輯恢復成原狀，因為要是真的糾出那麼多錯誤，恐怕先讓他顏面無光了。我在那裡還有一份任務，是幫忙翻譯一位赫赫有名的總體經濟學家的著作集，著作內容相當乏味，我只翻譯了其中一章，剩下的全由一位朋友花了好幾個月完成。就在這部巨著終於完成之際，這位經濟學家卻突然失去高層的青睞，這個翻譯計畫也跟著戛然而止。

說起這份出版社的工作，雖說工作內容大抵相當無趣，但以一個國營單位來說，這個工作沒有占用一天太多的時間。我們甚至有兩個小時的午休時間，我的同事們都會利用這段時間去買菜，或者去工作單位的澡堂洗澡。上午和下午還各享有半個小時打乒乓球的休閒時間。我想找一些事情來填補這些空檔，所以又開始練起書法。空閒的時候，我就拿出薄薄的牛皮紙來練習，寫下一堆歪歪斜斜的毛筆字。英語中的「character」，同時有兩種意涵，一個是符號的意思，一個是指一個人的性格，這大概不是巧合。我喜歡書法的寧靜質樸，也喜歡書法的概念，我們從一個書法字所展現的平衡和美感，可以看出一個人的內在自我。所以看到自己書法還寫得搖搖晃晃、歪歪扭扭，想想是有點擔心。

每週有一個時間，我會捲好我的牛皮紙，塞進背包裡，然後騎腳踏車去我的老師家。他是個很嚴厲且專斷獨行的老先生，走老派路線。他開頭就把話講得很白，他說他為了收我這樣的老外學生，已經大大降低自己的標準了。要說他是在鼓勵我好好努力，是有點言過其實。這是我們的默契，他屈尊讓我繼續上課，但至於我會不會進步，他其實不抱太大期待。

寫書法重點在於控制，尤其是控制駕馭狼毫筆的力道。乍聽之下好像沒什麼困難，但做起來著實有難度，因為不僅要非常專注，還要了解如何控制肌肉，同時具備一定的藝術能力。這門藝術有一套嚴格的章法；每個字都有一系列的筆劃，下筆的時候必須按照正確的筆順。每一個筆劃都有各自的名字，需要特定的技巧。

以「橫」這個筆劃來說，在外行人的眼中像是在紙上隨意畫下的一條破折號。起初我完全小看了這看似單純的「橫」。好幾個月以來我都沒有注意到，單單一條橫線，就隱含著外人很常忽略的眉角。首先，書法家落筆的時候，會將毛筆微微傾斜下壓，讓落筆處形成一個俐落的斜度，然後筆觸從左往右推過去，到要結尾的時候，稍微收斂力道輕輕上提，接著來到最關鍵的一步，你的筆尖必須對齊右上角，微往右下壓之後將筆尖往左推回去，讓尾端形成一個優雅斜度，與最開頭的落筆處相互呼應。

墨汁的濃淡調整，又是另一項困難的任務。墨條通常是短短胖胖的方條型，散發著煤煙的味道，書法家磨墨條的時候需要加入合適的水量，水太少，墨汁會太黏稠；水太多，又會讓原本烏黑的色調稀釋得太淺，一到紙上會化為一灘毫不受控的水澤，在薄薄的宣紙上暈開。書法，是一種絲毫馬虎不得的藝術形式，每一個元素都必須是完美的，這樣結合起來才能創造出完美的形態。任何一丁點錯誤都無所遁形，一下筆就沒有重來的機會，即使要救也救不起來。你無法隱藏弱點，也無法偽裝。寫書法，宛如苦行僧的修練，對初學者來說尤其痛苦。我花了好幾週，嗯老實說是大概好幾個月的時間，試圖掌握「橫」這個筆劃。但不論我怎麼寫，我的「橫」看起來就是少了點靈動的風采，它們永遠不會流動，也不會飛翔，我愈努力想寫好，它們看起來就愈步履艱難，零零落落。不論每次下筆再怎麼小心翼翼，寫出來的橫劃依然無法流暢自如，最終都變成了歪扭無力的顫抖細線。

我繼續苦練書法，可是時間過了一週又一週，練習紙用掉了一綑又一綑。我一看老師的表情就知道，我的表現依然無法讓他滿意。倘若我是中國學生，我肯定被留級，但老師最終很同情我而讓我晉級，讓我可以從只有一筆橫劃的漢語數字「一」，進階到寫「二」，然後再進一階寫「三」。結果到頭來我還是繼續在寫橫劃，而且是愈來愈多的橫劃，挑戰的難度也愈來愈高，這使得我對晉級的興奮之情冷卻了下來。因為我不僅要每一筆橫劃都寫得穩穩當當，還要同時考量所有橫劃彼此是否和諧共處。

寫書法，某部分來說也像是一種冥想。書法是一套心理和精神層面的活動，寫書法的同時會反映出書寫者各方面的人格特質。七世紀就有一篇文章說得很直白：「所謂多力豐筋者聖，無力無筋者病。每個作家如何消化和呼吸能量，都將體現在他的書法中。」[11]也就是說，我無法寫出完美的橫劃，不僅表示我毫無藝術能力，也顯示我的性格，包括專注力、道德品行和內在力量都出了問題。我渴望涅槃一般的平靜和平衡，但我的猴子心性和顫抖的雙手出賣了我。

我知道，這似乎是我的一種慣性。一直以來，我總是不知不覺地開始學一些我非常討厭的技能或愛好。這麼多年來累積了很多例子，包含但不限於演奏小提琴、賞鳥、跳傘，最近我還開始跑步。只有跑步是我非常討厭，但又依然持之以恆練習了整整六年。也許，我就是習慣挑選我並不擅長的喜好，所以最後都失敗了也不是太意外的事。像是我音感太差了，無法拉好小提琴；我太沒有耐心了，無法享受賞鳥的樂趣；我太害怕了，根本不敢跳傘；而雖然我繼續跑步，但我跑起來卻像隻罹患關節炎的鴨子。不過我喜歡換個角度想，我認為即使自己不擅長某件事，也要努力學習去挑戰它，這才是勇敢。

我開始學書法的時候，我父親曾默默為此感到得意。我的祖父林鏡秋是個讀書人，所以父親也希望自己生的三個女兒裡面，至少有一個能把書香傳承下去。一八八〇年代，我祖父對當時的政治腐敗非常反感，他決定離開在福建廈門的家鄉，搬去新加坡。當時孫文為了推翻中國最後一個封建王朝「大清」，創立了同盟會推動革命。我的祖父加入成為創始成員，而且到新加坡開起鞋店之後，還常資助革命，把店鋪的盈餘和鞋子捐給軍隊。祖父總共有四位老婆，其中三位住在同一個屋簷下。他們生了眾多孩子，人數多到家譜難以備載。我父親林寶財是小老婆最小的兒子，先不算其他同父異母的兄弟姐妹，光他自己就有六個兄弟，一個姐姐。每次家族聚會的場面都浩大非凡。上一次我去新加坡跟直系親屬吃頓飯，與會人數就高達六十人，現場頓時成了愉快熱鬧的認親大會，大夥興致勃勃地問著彼此認不認識那個誰誰誰。

當年二戰時日本入侵了新加坡，還試圖掃蕩知識分子。任何讀書人的痕跡都可能引來殺身之禍，所以家人只好將祖父的畢生心血燒得精光。我父親年紀最小，最不會引人懷疑或注意，所以燒東西的任務就落到了他身上。祖父所有的作品最後只留下一首五言絕句，內容複雜得沒有人能讀得懂。我父親和他兄弟，還為了爭奪祖父的一座硯台，吵得臉紅脖子粗。我父親對祖父的記憶並不多，但記憶中祖父的模糊身影一直讓他有種憧憬，希望自己晚年的時候也能夠像傳統文人那樣，在文房四寶的圍繞下閒適地提筆揮毫，毛筆拂掃過宣紙留下美麗的字跡，像個夏日的船夫在河面上划槳那般流暢。我開始練習書法時，父親曾贈我一塊漂亮的硯台，硯台上雕著一尾從水花一躍而起的凸眼金魚。但父親和我大概都很清楚，這座硯台不太可能加深我的書法造詣。

雖然我父親的書法也寫得歪歪扭扭，沒什麼力道，但我的字更像是鬼畫符，光是想到要拿給他看就感到害羞。我甚至也完全不想把自己的字拿給同事或中國朋友看，總擔心他們會在心底暗笑，這麼沒教養的東西竟然還敢拿出來，丟不丟臉啊？不過，九龍皇帝大概沒有那麼多內心戲，他完全不甩中國文化幾千年來的傳統。即便人們都認為他的字跡歪扭得跟六歲小孩寫的沒兩樣，他依然故我地繼續留下「御書」，宣示他對這片領土的主權。九龍皇帝寫的字有大有小，很不一致，有時甚至會重疊，在我老師眼中這肯定不及格，因為傳統文化推崇的字，是要像模子刻出來那般規矩平整。但他從不管這些。他是皇帝，他說了算。

九龍皇帝非但沒有隱藏自己的短處，反而大方地公開展示自己的醜事，這一點都不尋常，而且一點都不「中國」。我對此相當有感，因為我是混血兒，每次面對父母分別承繼的兩種文化，就覺得自己像孤魂野鬼一樣無所依歸。在我父母的年代，雙方的家庭都不喜歡孩子跟外國人結婚，而且都覺得自己的族裔在香港社會有固定的角色。但我的父母違背了這一切期待。我父親是華人，卻成功地在殖民地擔任公務員，他成了最矛盾的身分類別：華裔外派人員（Chinese expat）。③我母親則是時髦的英國人，廣東話說得很不標準，卻是第一批研究香港本土文化遺產的專家。當時的香港是中英兩個文化的過渡地帶，我的父母在這裡創造了一個新的、有時甚至是不舒服的生活空間。

我自小在香港長大，身邊都是混血的歐亞人。我們許多人的父親是殖民政府的行政人員或警察，所以都住在富裕的「半山區」，這裡還住著許多外國人和商人。半山區顧名思義就是「山頂」下的半山腰處，山腳是中環的政府總部。從二十世紀初開始，這裡的法律一直是將「山頂」保留給歐洲人住。我們就這樣生活在小泡泡裡，沒有注意到我們自己的歷史有什麼異常之處。

我們不算是本地人，很多人甚至不會說廣東話，但我們有權認為自己是香港人，而且一點都不覺得奇怪。當時候絕大多數的香港居民都來自其他地方，我們認為自己是香港特殊政治定位下的自然產物，超越過去那種陳腐且固定的身分認同。我們不斷改變形態、不斷切換語言，從而塑造了我們的世界觀。對我們來說，香港似乎處於英國和中國之間的統治真空，如此不尋常的地位反而體現了我們的身分認同。我們在家裡，每天都要當兩邊文化的翻譯者和中介者。我們是混血兒，是中西文化的混合體，就像茶餐廳賣的鴛鴦奶茶一樣。茶餐廳提供的是融合了中國文化的歐洲料理，這樣的中西文化融合，創造出獨一無二的香港飲食文化。

九龍皇帝的作品，是我們童年的一部分；人行道旁的小神龕、刻有英國皇室徽號的紅色郵筒，以及五顏六色的霓虹燈招牌，也都是我們童年的日常風景。九龍皇帝的作品一直都是街景的一部分，我甚至沒有想過它為什麼在那裡，反正它一直都在。直到有一天，書

③ 譯注：通常是殖民地的公務人員。

法字消失了。而隨著字跡一點一點地消失，我心中的失落也一點一點地擴大。

這份失落曾讓我動起了占有的欲念。我曾經差一點買下九龍皇帝的作品。我非常喜愛那幅作品，但價格對當時的我來說負擔不起。

一九九六年，香港回歸前一年，我剛進入香港無線（TVB）旗下的明珠台擔任記者不久。這家地方的電視台預算很低，後來還淪為政府喉舌，廣受民眾討厭。我的薪水少得可憐，但當時年輕氣盛，一直覺得自己很富足。某一次，我走上某條通往中環的陡坡，進入一間狹小擁擠的畫廊，拜訪在那裡工作的朋友。畫廊的牆上掛著一幅九龍皇帝的作品，我當下就愛上了。這幅作品分成兩部分，第一部分是照片，拍的是一座寫滿九龍皇帝字跡的灰色電箱，矗立在有著灰色穹頂的香港太空博物館前面。另一半是一塊灰色的木板，上面寫滿九龍皇帝獨特的字跡。

我不斷回去藝廊探望那件作品，夢想著要把它買下來。這幅作品要價一千三百美元，折合港幣約一萬元，幾乎是我一個月的工資，完全不是我能夠負擔得起的價格。藝廊老闆很快就發現了，但他總擺出輕蔑又傲慢的姿態，對我不理不睬。照理來說我應該早早就打退堂鼓，但我卻情不自禁地一直回到藝廊，在作品面前流連忘返。每次來藝廊，老闆都會多說幾句這件作品的壞話，例如有一次他神祕兮兮地說，這件作品很難保存，沒有人知道怎麼維護那塊木板，墨水可能會褪色，買了只是浪費錢。另一次又說，拍照片的是策展人劉建威，把照片和木板拼起來變成作品的也是劉建威，嚴格來說這是劉建威的作品，不是九龍皇帝的作品，所以大概不值那個價。我父母也很喜歡收藏，屋子裡擺滿各種古怪的物品，有酒店房卡、鞋帶、餐廳火柴盒那種一文不值的小東西，也有文革時期的郵票、宜興紫砂茶壺，和初版美術書籍這種貴重品。他們非常了解收藏者的心，照理來說我可以跟他們借錢買，但是因為某些原因，我從未開口。這件事我至今都相當後悔。

單純講錢的話，這是一個很虧的決定。雖然九龍皇帝在他的首次展覽中一件作品都沒賣出去，但後來因為稀缺的關係，這幾年來他的作品價值水漲船高。二〇〇九年，同個系列一件類似的作品，在蘇富比拍賣以二萬七千五百美元的價格賣出，折合港幣二十一萬二千五百元，這個價格是拍賣前估價的七倍。附帶一提，作品狀態始終完好如初，絲毫沒有褪色的跡象。它現在的價格大概又翻得更高了。

我心中更幽微的那份失落，則比較難說清楚。九龍皇帝的作品，意外打開了我內心一直沒有注意到的一些情緒。他的作品給了年輕時候的我許多慰藉，當時我的生活總是一成不變，單調乏味。但在那個充滿希望和樂觀的時代，其實有很多值得期待的事情。我們的城市一直不停地在建造。它不斷地向外發展，利用填海造陸，進行大規模土地開墾；同時也不斷地向上興建，打造出一棟棟拔地而起、閃閃發亮的摩天大樓。這是一種信念，一種人類在克服困難時展現的堅定不移。從上往下看去，香港這座城市像是從山坡往下一路拓殖，往外拓出了水平的空間，同時往上蓋出垂直的空間。九龍皇帝未經許可就直接在公物上書寫，既呼應也改變了我們野心勃勃的城市風景。

但是，在香港主權回歸中國之後，這座城市卻變得愈來愈陌生。香港面臨著大大小小的侵蝕，其中最明顯的就是日益增多的大陸遊客擠滿了街道。為了紀念一些新的國定假日，比如中國的國慶日，許多大型的紅色共產主義風格橫幅與標語，開始唐突地在香港街頭冒出。二〇一九年六月的抗議活動爆發後，這座城市再次面臨天翻地覆的改變，它變成了戰區，湧入成群頭戴著面罩、全副武裝的鎮暴部隊，這些部隊乍看之下像極了反烏托邦動畫的反派。你可能只是午休時候出門買個三明治，就被催淚瓦斯伺候，或是被逮捕或槍擊。如今，街頭已經看不到九龍皇帝的作品了，它所乘載的那些回憶，那些昔日時光的信任和期待，對我來說也消失了。

許多年來，我一直在中國做全職記者，同時還要照顧兩個小孩，光顧著打理眼前的事務，時間就耗光了，沒有辦法再做其他事。二〇一一年，我回香港做報導，我坐在父母的小窩，一邊喝著咖啡，一邊讀著報紙，我注意到一則公告訊息，近期有一場回顧展，名字取得很不合語法，叫做「九龍皇帝的文字樂園」，英文取名叫「Memories of King Kowloon」。我利用採訪工作之間的空檔，抽空前往。

原本我期待是場令人驚豔的展覽，但實際上我對現場的空虛震驚不已，總覺得好像少了一點什麼。現場的每一間展間都很暗，光線都從展品背後打亮，試圖營造戲劇效果。首先映入眼簾的是一幅巨大的香港立體地圖，上頭插著許多發出橘紅色光芒的小圓柱，標記著九龍皇帝作品的所在位置：總共五萬五千八百四十五件作品，分別散落於八十個地點。

前後算起來五十一年的創作歲月中，就用掉一千一百七十公升的墨汁。[12]有一間展廳名為「皇帝的寶藏」，英文名叫「The Treasures of the King」，裡頭展出的是他的遺物。一些沾滿墨汁的毛筆和漏墨的簽字筆，像宗教聖物般了無新意地收藏在有溫控功能的玻璃櫃中。其他展品像是生鏽的掛鐘、髒兮兮的毛巾、剩下半罐的墨汁瓶、被壓扁的可樂罐等等，這些原本是一個老人日常生活裡製造的垃圾，在這裡皆成了可以拿來販賣的商品。

在第三個展廳中，每面牆都掛滿了一幅幅用白色畫框裱起來的作品，這些是他晚年在養老院的創作。他原本使用的墨汁因為又髒又臭，全被院方沒收了，所以接下來他都改用麥克筆在紙上寫字。下一個展廳名為「皇帝的創作疆土」，英文名稱是「Original Works of His Majesty」，顧名思義應該要展出「皇帝的原創作品」，但實際上的展品卻是布滿九龍皇帝字跡的皮靴、玻璃罐、T恤、塑膠玩具等等。皇帝原本的畫布是牆壁，但牆壁不可能搬進藝廊，也不可能拿來賣，所以人們拿著這些五花八門的物品來給皇帝作畫。

還有一個展廳裡，立起了一座座被玻璃罩起來的石碑，每座碑上都釘著一份報紙，上頭記載著他於二〇〇七年死於心臟病。最後一個展廳，則全都是香港年輕藝術家和藝術系學生的致敬作品。其中一件作品是整團肉色的小陶俑圍坐一圈，中間的人物神似星際大戰的賈霸（Jabba the Hutt），下巴的肥肉連著下垂的胸部一起攤在肚子上。另一件作品則是用濃稠墨汁畫成的油畫，畫的是一隻像狗的生物流下巨大的眼淚；還有一件是攝影作品，畫面中的藝術家打著赤膊吊掛在天花板上，拙劣地模仿皇帝的創作。我四處逛著展間，內心感到茫然，這份茫然逐漸擴大成不解，甚至覺得自己被騙。展覽的主題明明是「九龍皇帝的記憶」（Memories of King Kowloon），但這些展品卻完全沒有展現九龍皇帝的藝術家本質。當你不再能感受作品背後那份堅持不懈的傻勁，你也就無法真正理解，究竟九龍皇帝抱持的那份使命具有什麼意義。

而那份使命，無論在形式上還是內容上，都預示了後來的政治運動。九龍皇帝比任何人都早了幾十年，將政治帶到街頭上，帶到人民面前。雨傘運動之後，一位年輕的設計師這麼對我說：「他是最早的占領者！」雨傘運動的時候，香港人為了要求更多的民主，占領了香港一些重要的街道長達七十九天。許多年來，九龍皇帝的影響藉由牆上的書法字，一點一滴地滲入這座城市的命脈，進而遍布到整座城市。

儘管他的創作量驚人，但他去世之後，寫在公共空間的作品很少保存下來。大部分的作品幾乎是一完成就被清理掉了，所以他過世的時候，就有人呼籲應該要保護殘存的作品。但政府對他作品的藝術價值態度曖昧不明，先是直接用「墨跡」而非「書法」來稱呼他的作品，而且一開始只保護天星碼頭的一根石柱，那根石柱被人用粗製的透明塑膠板框起來。後來才又有另一根在兒童遊樂場附近的燈柱，被人裝上了塑膠保護罩。但是，針對皇帝其他作品進行保存的呼聲，卻一再被忽視。二〇一七年，碩果僅存的一座留有書法字的電箱，竟被熱心過頭的政府承包商給抹上了白漆。最終還留在公共空間的作品已所剩無幾，只有極少數的作品雖褪色了但狀況大致保存完好。最後一次統計是剩下四處，其他作品則在經年累月風吹日曬之下，早已變得面目全非。

然而，即便皇帝的字跡消失了，消失本身也是一種象徵，因為「消失」觸動了香港人心中終極的恐懼。南北直線距離只有十一公里的香港島，注定要被納入大中華區。已有無數的學術文獻在探討香港的位置多麼曖昧未明、香港正在逐漸消失，以及香港只能存在一段特定的時間之中。這是一個借來的地方，過著借來的時間。在眾多有關香港的著名論述中，其中一個來自文化評論家亞巴斯（Ackbar Abbas），他在一九九七年出版的著作中就曾寫道，香港是「一種消失的文化，這種文化之所以會出現，就是因為它總有一天要消失。」[13]

皇帝的作品注定面臨消失的命運，那一面面貼滿便利貼的連儂牆也是。在抗議運動剛開始的時候，我偶然在一面連儂牆上看到了一句話，源自於電影《V怪客》：「也許警棍可以壓制言論，但話語永遠保有強大的力量。」後來我們所看到的現象即是如此。鎮暴警察被派去對付抗議群眾，他們先是動用了胡椒噴霧，然後依序升級成催淚瓦斯、橡膠子彈、海綿彈、一般水砲、含有藍色化學藥劑的水砲，藍色的水灼燒和刺痛著人們的皮膚；不久他們開始祭出聲波武器，讓人們頭暈目眩甚至嘔吐；最終，無可避免的，他們用上了真槍實彈。抗議的群眾當然也開始以各種物品回擊，他們先是丟磚塊，接著升級成彈弓和弓箭，然後開始丟起汽油彈以及自製的炸彈。

沒過多久，連儂牆也遭到了破壞。在爆發抗議之後不久，支持警察的抗議者拆除了立法會附近那個最初的連儂牆，他們將海報從牆上撕下來，丟在地上踩踏。後來又有大批身穿防護裝備、手持盾牌的鎮暴警察，被派往新界大埔站那個宛如地下迷宮般的「連儂隧道」，他們的任務是清除那些據報洩漏警員個資的便利貼。[14]某日凌晨四點，甚至有人在鄰近中國邊界的港鐵粉嶺站一座人行天橋縱火，燒毀了現場的連儂牆。[15]另一日的三更半夜，四百名白衣人成群結隊突襲了大埔連儂隧道，他們大費周章地以外國國旗覆蓋住牆上的便利貼，譏諷這場運動的幕後推手是來自敵對的外國勢力。他們最後還留下了數個葬儀花圈，上面附著民主派議員的照片，明目張膽地祭出死亡威脅。[16]不久，連儂牆的所在地開始有鬥毆事件發生，親政府的支持者到處干擾民眾，阻止他們張貼便利貼。[17]抗議活動進行了三個月後，還發生一名大陸人在新界將軍澳的連儂牆襲擊了三個人。[18]該名男子先是走近路人詢問他們的政治觀點，然後趁對方回應的時候，突然大喊：「我忍唔住啦。」接著持刀刺向他們。

目前全球正掀起一場鬥爭，一邊是自由民主價值，一邊是日益集權的共產主義政權，香港人為了捍衛自己的理想，直接將自己投入這場全球戰場的前線。如今，隨著海外各地出現愈來愈多的連儂牆，前述的各種衝突也開始出現在世界各地的街頭和牆邊。在美國、澳洲、加拿大，連儂牆附近經常可以看到暴力衝突。常常是因為來自中國大陸的人經常帶著大聲公唱國歌，與親香港的抗議者起衝突。這個地圖上的彈丸之地，如今憑藉著信念的力量，成功動搖了世界最新的超級大國。從沒有人期待過這個地方可以成為一個國家，但這個時候這些連儂牆卻成為了談論民族主義的地方。但真說起來，這樣的對話早在幾十年前就開啟了，只是當年沒有人正視皇帝提出的訴求，直到近年才慢慢接納。如今，在輿論和武力的針鋒相對之下，這樣的對話被拉上了公共領域，風險也已經高到無人承受得起。

第二章

祖先

世界上流傳著許許多多虛構的香港，這些虛構的故事是真是假並不是很重要，重要的是它們如何被編造出來。

——董啟章

我在某個因緣際會之下，買了《香港地圖繪製史》（*Mapping Hong Kong: A Historical Atlas*）這本大書，此後無論到哪裡都帶著它。它就像個護身符，陪著我走遍世界各地。這是一本介紹地圖繪製的書，蒐羅了所有已知的早期香港地圖，記錄著香港在進入人們視野之後，一路以來的變化。香港位於中國南部沿海，位置總是飄忽不定，而且常常被畫成不同樣子，直到西方繪測人員到來，才被牢牢釘在地圖上。第一張地圖大約於一四二五年左右繪製而成，是中國海軍上將暨探險家鄭和的航海圖，他帶領龐大的船隊離開家鄉到遠方探險，最遠曾達非洲東海岸。海的中央那些畫著許多橫條紋、模樣像大石的山脈，就是一個個的島嶼。香港當時還沒有名字，不過已經可以看到一些熟悉的地方被標記出來，例如小蒲台島，我的家人曾搭著中式帆船去那裡玩，享用一盤盤煮熟的蝦子和新鮮的清蒸魚。第二張地圖大約是一五五三年繪製，也沒有提及香港的名字。這張地圖精心手繪出波浪表示海洋，還畫著小小的方形堡壘，磚瓦屋頂上飄揚著旗幟，甚至還附注了一些有用的資訊，比如「蠻族居住的地方」或是「蠻族船隻停泊處」。

十六世紀晚期，在明代的政治人物郭棐繪製的地圖上[1]，才首次出現「香港」（發音為heung gong）這個名字，位置坐落在幾塊突出海面的尖石群下方。這是漢語世界已知最早提及香港的紀錄。[2]地圖上還畫著堅固的雙桅船隨著海浪擺動，應該就是葡萄牙一五五七年殖民澳門的遠洋船隻。在那之後，香港在地圖上的身影又消失了。無論是英國的達德利伯爵（Earl of Dudley）一六四六年繪製、並寫著精緻花體字的地圖，還是一七二三年以雕版印刷製成的中國地圖，即使都繪出了清晰可辨的海岸線，依然不見香港的名字和島嶼。[3]隨著時間推移，香港島又時不時地開始出現在人們的視野中，它有各種不同的名字，比如「紅江」[4]、「紅香爐」、或是「紅香爐山」。[5]香港之所以叫「香港」，有一說是當地盛產一種木頭叫做「莞香」，是島上的主要出口品，所以「香港」顧名思義就是運送香木出口的港埠。[6]一七六〇年，東印度公司的水文測繪專家在地圖上稱香港為「泛春州」（Fanchin Chow），這個名字也同樣出現在一七八〇年海特船長（Captain Hayter）手繪的地圖上，而且同時寫著更令人熟悉的名字「泛春洲或香港」（Fan-Chin-Cheou or He-ong-kong）。[7]這張地圖最有趣的地方在於，上面以潦草小字寫著「布滿岩石的海岸」，有些沿岸的面貌似乎是繪者自己想像出來的，而且還誤將大嶼山寫成「喜鵲島」（Magpyes Island）。

在這本地圖書中，香港就像一隻難以掌握的奇妙生物，隨著製圖師的興致，在不同的時間地點以不同的名字，宛如海怪般從波濤洶湧的浪尖中浮出水面。英國統治之後，「香港」這個概念改變了。一八四二年的香港指的是一座島嶼，但到了一八九八年，擴展到包含了香港島本身、九龍、新界以及其他二百六十三個離島。[8]這個地圖冊後來啟發了董啟章，他寫了一本不同凡響的書，名叫《地圖集》（*Atlas: The Archaeology of an Imaginary City*）。這本書在香港主權移交前夕以中文出版，他在書中以文字描繪出一張張香港地圖，有一些是真實的，有一些是想像的，令人不禁想起海特船長繪製的那張奇幻精采的地圖。[9]董啟章在書中寫道：「世界上流傳著許許多多虛構的香港，這些虛構的故事是真是假並不是很重要，重要的是它們如何被編造出來。」[10]

西方世界最常虛構的香港，也是我小時候烙印在腦海裡的香港。猶記得當年我穿著黃白格子的棉質連身裙，盤腿坐在教室裡，正目瞪口呆地聽著台上亨廷頓小姐在講課，腳下的木地板吱吱作響。亨廷頓小姐長得很高大，我的身高大概只及她的膝蓋處。我記不太清楚學校都怎麼教香港的故事，不過亨廷頓小姐大概是這樣開頭的：從前從前，香港還是一塊光禿禿的荒蕪礁石，上面除了一個小漁村之外，什麼都沒有，島上的居民也幾乎都搬光光了。然後有一天，英國人來了，一切都改變了。英國人帶來了學校、醫院、警察、法院、政府，以及最重要的貿易。人們開始移居到香港，追求一個更光明的未來，大家一起把香港打造成亞洲的國際之都。

這是英國人腦海中的香港。巴麥尊子爵（Lord Palmerston）在出任首相之前，曾任英國的外交大臣。一八四一年的時候，他曾形容香港是「一座連房子都沒有的荒蕪礁石」。這一番形容，自此不斷出現在無數的議會辯論、書籍、電視節目和雜誌文章之中。這樣的敘事不僅剝奪了香港殖民前的歷史，也使得香港人對自己的祖先感到陌生。根據這樣的說法，香港人原來是一群無根的移民，他們為了英國創造的商貿機會，才來到這塊多岩的無主之地。我們這群在殖民地長大的孩子，從未想過要質疑這個版本的歷史。我們接受了這套敘事，相信是因為大英帝國的關係，香港才不會永遠只是一塊貧瘠的礁石。

北京也有一套自己的敘事，一整代的中國學童也從未起過疑心。他們都深信，香港自古以來就是中國的領土，只是後來在帝國侵略者的砲艦外交下，才被割讓了出去，但是大清從未認同這份「不平等條約」的存在。這個版本是我偶然在我兒子的課本上看到的，他在墨爾本每個週末都會上中文學校。事實上，我孩子在美國上的週末中文學校，學的也是同一個版本。課本的出版者是中華人民共和國的國務院僑務辦公室。[11]

課本裡有一課寫的是「遊香港」的故事，敘事者是一位中國孩子，她到香港去拜訪親戚。[12]在抵達香港的隔天，家族一行人就驅車登上了太平山頂，舉目所見是島上的岩石山丘，一棟棟的豪宅點綴其間。豪宅的主人是來自英國的移居者，他們看上了山區的涼爽空氣，而且不准中國人住到這裡來。現在，這裡成了名聞遐邇的旅遊勝地。早前人們得搭乘顛顛簸簸的地面纜車上山，如今可以乘坐平穩順暢的「山頂纜車」登頂，沿途俯瞰林立著摩天大樓的港口，景色令人目眩神移。故事中的一家人正眺望著地平線，孩子的舅舅指著遠方的香港會議展覽中心說道：「一九九七年七月一日零時，就是在那兒，中英兩國政府舉行了香港回歸中國的主權交接儀式。」一旁的姨媽接著說：「香港現在是中國的一個特別行政區，實行一國兩制，港人治港，高度自治。首任行政長官是董建華。香港人有信心把香港建設得更美好。」這時，表妹從雙筒望遠鏡望出去，大喊道：「你看見沒有？那兒有一面五星紅旗。」她指的當然就是中國國旗。後來，舅舅開車送他們下了山頂，一起在市區觀光購物。街上熙來人往，氣氛熱鬧繁榮。晚餐後，他們又驅車前往九龍，回望著對面的港口，香港島閃爍著五彩繽紛的燈火，映照在水面上熠熠生輝，夜裡的香港看起來更加美麗、更加迷人。

這段敘述笨拙到讓我笑了出來，我兒子則對這個故事一點興趣也沒有。後來我才意識到，這個故事只是冰山一角，背後有一套更複雜精細的運作，遍布在世界各地的華人社區，目標是在孩子還小的時候就讓他們接收一套特定的敘事。這個故事刻意遮掉了某些很關鍵的部分。這個故事刻意不提英國的殖民，因為很可能會讓人看到中國過去多麼的軟弱，所以故事都將重點放在光明的未來。紅色的五星旗在遠處飄揚，似乎讓香港更蒙上了一層童話般的防護罩，在這個防護罩之下，香港會比以往任何時候都更加繁榮、穩定。帝國主義殖民者都是邪惡殘暴的，香港和香港人民已從那些人的魔爪中被拯救了出來。

我的母親送了我一本《香港歷史概要》（*An Outline History of Hong Kong*），我從中讀到了另一套敘事。這本精裝書的紙頁很薄，封面上印著香港熟悉的天際線，以及一個大大的老式鐘面，我每次看到它，腦海裡都會浮現滴答滴答的聲響。這本書開篇第一句話，就奠定了整本書的基調：「香港自古以來就是中國版圖的一部分，自一八四〇年代起，成為英國長期侵略中國的犧牲品。」[13]作者劉蜀永是中國社會科學院的歷史學家，一九九六年來到香港。他筆下的香港歷史成了權威，得到國家批准。[14]在這套歷史敘事裡，香港自古以來是中國的一部分，但卻被人從祖國的手中強行奪走。

這個香港根本從來就不是一塊荒蕪的礁石，而是中國傳統的寶庫，早在一八四〇年代英國造訪之前，這裡就住著數以千計的居民。這本書詳細介紹了一千多年以前，大約是宋朝的時期，已經有人定居在新界，當地最老的儒家書院①也是在那個時候所建，比廣州一些著名大學都還來得歷史悠久。[15]而且書中一再強調，香港自秦朝（西元前二二一至西元前二〇七年）開始，就已經劃入古中國的管轄範圍之內。[16]

有關香港起源的故事，其實還有第三個版本，只不過這個版本不再是出自哪個殖民地的統治者之口，而是在香港人之間口耳相傳，本質上更像一個神話。這個故事講述的是一種半人半魚的生物，人們稱之為「盧亭」。盧亭長著魚的頭，下半身則是人的模樣，背上長滿閃亮的魚鱗，而且還有條魚尾巴。他們既非魚也非禽，為了躲避危險，時常在陸地和海洋之間顛沛流離。

這個神話的由來有許多版本，有一說是盧亭人其實是東晉叛將盧循的追隨者。盧循率領十萬大軍起義反抗東晉，他先是攻占了廣州，當上廣州刺史，又率兵一路打到長江；西元四一一年他們從番禺興兵北上卻不幸兵敗，盧循自殺，而餘下的殘兵潰逃到大嶼山這個比香港島還大的島嶼，躲進洞穴裡生活。劉蜀永寫的官方歷史也引用了唐朝（西元六一八至九〇七年）的一段記載，描述盧循的殘兵餘將「過著野蠻人的生活，以取食牡蠣等貝類維生，其棲身之所由貝殼堆疊而成。」②[17]更令人津津樂道的是，這些人因為吃了太多生

① 譯注：即力瀛書院，是香港最早見於歷史記載的學校，位於新界錦田桂角山（今日的雞公嶺），由北宋進士鄧符協於西元一〇七五年（神宗熙寧八年）建成。鄧符協是錦田鄧氏（新界五大氏族之一）的先祖。

② 譯注：奔入海島，野居，惟食蠔蠣，壘殼為牆壁。

魚，導致身體產生變異，結果變成了魚頭人身的種族。這些盧亭人被認為是香港的原住民族，他們是一群反叛者的後代，天生就流淌著起義者的血液。

坊間還有更多關於盧亭人的傳說，眾說紛紜，各異其趣。有人說他們住在大嶼山的茅草屋，後來為了躲避水神，將自己紋身成龍的樣子。[18]也有人說，他們是蜑家人（一種以船為家的漁業民族）的始祖，雖然歷經了漢化，卻始終飽受歧視，連「蜑家人」這個名字本身就帶有貶義。有關盧亭的文獻還可追溯至清朝。[19]十七世紀，住在廣州的嶺南詩人屈大均就曾描繪過盧亭人的長相，在他筆下，盧亭人有著黃色的眼睛，全身覆蓋著焦黃色的短毛。另一位詩人鄧淳，則描寫盧亭人住在大嶼山的岩穴之中。

我在香港長大，卻從來沒聽過盧亭的故事。我的母親相當熱中於香港本土文化遺產，她時不時會拉我們去參加當地的慶祝活動。我們一邊看著在搖搖晃晃的竹製舞台上搬演的歌劇，聲音震耳欲聾，一邊吃著某種黏糊糊、我也不知道是什麼的食物，反正有人煮了好一大鍋，盛放在琺瑯製的超大碗公裡。那些戲劇演的總是中國的傳統故事。我們很常看到某個背上插著錦旗，一臉凶狠的大鬍子將軍在場上飛奔而過，或是調皮的孫悟空眨著眼睛，嘻嘻竊笑，在響片喀噠喀噠、銅鈸鏗鏗鏘鏘的音樂中翻來滾去。我的一位親戚是受古典訓練的京劇演員，她正經八百地在台上表演，角色似乎都跟我們在那些搖搖晃晃的舞台上看到的戲班大同小異。自始至終，魚人從來不在表演的劇目中。

然而這個魚人的角色，多年來都一直沉潛在我的意識中，然後突然在某個時候，盧亭的故事開始隨處可見。電視節目《香港玄案》在二〇一一年有一集節目，就是試圖追尋盧亭人的神話。[20]香港本地劇團「天邊外劇場」則製作了一套系列大作，四年五部盧亭的戲劇，二〇一八年還曾至愛丁堡參展演出。此外，我還看過一部描寫盧亭的線上動漫；就連港星周星馳也斥資拍攝了一部《美人魚》電影。

二〇一九年香港藝術館重新開放，它之前花了四年的時間，耗費數百萬美元進行大翻修。香港藝術館的地理位置極佳，就坐落在九龍的海濱，鄰近天星碼頭。有鑑於我在香港逛博物館的經驗總是充滿失望，所以我去參觀新館的時候，心裡並沒有抱持太多期待。結果才剛踏入大門的那一瞬間，我就感覺到這次我會看到不一樣的東西。這座建築很聰明地採用大片落地窗，讓香港令人屏息的地平線景色直接盡收眼底，遊客可以坐在館方放置的折疊椅上，一覽無遺地欣賞海港特有的工業風貌，遙望著遠方的小小漁船，在一艘艘低矮寬闊的駁船之間小心穿梭，駁船上運送的沙子總是堆得老高，一旁還有氣宇不凡的綠色渡輪，不避風雨地往返於香港和九龍之間。藝術館的窗子成了畫框，框起了這幅令人矚目、由香港人共同打造的海港風情。

我搭著電扶梯上樓，然後發現了盧亭的身影。在一面牆板上，有人以黑色的墨水畫下盧亭的身姿，他微微的駝著背、背對著觀眾，站在砌著磁磚、廊柱式的早期殖民地建築群之間，審視著腳下前殖民地香港光禿禿的山丘。他站的位置恰好可以俯瞰窗外的海港，彷彿是在跟現代的香港對話。雖然盧亭的尾巴畫得很生動，但姿勢看起來卻流露出一絲懇求的意味。這個展品還搭配了藝術家林東鵬做的一系列投影，他將十九世紀的石版畫結合成動畫。而與目光低垂的盧亭並排在一起的展品，是維多利亞早期的英國人形象，後者戴著帽子、穿著一絲不苟，手持著雙筒望遠鏡，望向光禿禿的山丘，山腳點綴著方形的殖民式建築，這面山坡展現出香港的另一個面貌。這位藝術家寫道：「歷史猶如眼鏡，給我們視角，而藝術則如鏡子，讓我們看見自己。」[21]在這面鏡子中，香港人顯然認為自己就是那個被動的、垂頭喪氣的盧亭，而這個被人遺忘的原住民祖先，與一旁帶著圓頂硬帽的英國殖民者形成鮮明對比。

我完全迷上了這諸多莫衷一是的神話。而且每一個版本我都看得出問題，每一個版本都為了各自的政治利益，而刻意抛掉某一部分的事實。但與此同時，我也為了曾經輕信某套說法而感到尷尬，我時常在想，難道我以前真的全盤接受那個荒蕪之地的說法，連一絲懷疑都沒有過嗎？我記得我母親曾帶我去大浪灣看一些刻著幾何圖樣的岩石。岩石上頭那一圈又一圈的螺紋，年代可以追溯至三千年前的青銅時代。這些石刻很明顯證明了香港在史前時代就有人類活動。但我大概陷入某種認知失調，一方面相信香港過去就是個荒蕪之地，一方面又同時認為這些石刻是貨真價實的古代遺跡。我在香港的成長過程中，不斷聽著香港過去就是塊荒蕪之地，因為敘事的權力完全掌握在大英帝國手中，走到哪裡都是這套版本，久而久之這個神話變成了事實。

身為一個被結構支配的作家，這些敘事很明顯有許多破綻，吸引著我繼續追查下去。

好比說那些岩石雕刻。我想要親眼看到實體證據，證明我所聽聞的那些故事是虛構的。於是我開始利用週末時間，走訪一些考古遺跡。我忙碌地在遺跡周圍繞啊繞，伸長著脖子仔細打量細節，我的小孩則在一旁生悶氣，挑剔東挑剔西，一直吵著想待在家打電動。我們所有人都很清楚，只有我在重溫我自己的過去。

某個週六，我又拖著孩子們去一趟九龍的深水埗，那一帶多是工人階級聚居的地方。我們要去參觀一座大概建於東漢時期（西元二五至二二〇年）的古墓。我原本以為這座古墓會坐落在某個偏僻的荒郊野外，就像英國鄉村那些草木叢生的墓園一樣，與大自然融為一體。但我壓根忘了，香港人口這麼密集，哪來這麼大的隱密空地。果然，我們抵達的時候，就發現古墓突兀地長在一大片公共住宅區的中間，比周圍的高樓大廈矮了一大截。古墓的旁邊，恰好是一座綠蔭盎然的公園，公園裡的亭台樓閣坐著一群老人，他們在欣賞飼養在籠中的小鳥鳴唱。

我們參觀了古墓旁的展覽館。原來這座古墓是一群工人在一九五五年無意間發現的，當時他們為了在這裡興建住宅區，準備夷平山坡。展覽的安排有些雜亂無章，一半的牆面空間都在展示深水埗公共住宅的歷史。這一點都不有趣。孩子們不斷地嚷著這裡沒什麼好玩的。結果出乎我們意料，古墓本身其實一點都不無聊。我們從透明塑膠罩往裡頭窺探十字型墓穴的面貌，我們看見橘黃色的磚頭往中間砌成一個穹窿圓頂。有一些磚頭上刻有幾何圖案，有一些則印上字樣，顯示磚頭是產自廣東的番禺。這些細節讓孩子們全看得津津有味；磚頭上的菱形標記和龍紋雕刻，多少增添了些個人色彩，不禁讓我們開始想像，兩千年前的人拿著工具一筆一劃地刻出細緻的花紋，是怎麼樣的光景。

這座東漢古墓，是香港迄今發現的唯一一座漢墓。而且有趣的是，裡頭並沒有人類遺骸，找到的都是飲食容器、儲物罐和陶製房屋模型等五十多件陪葬品，與西北方一百二十公里外的廣東漢墓所出土的文物大致類似。考古學家猜測，這些物品應該都是在廣東生產，然後被運到了香港，這使得各界更加好奇，究竟這裡是誰的墓，以及為何葬在此處。歷史學家夏思義（Patrick Hase）提出了一種解釋，他認為這墓屬於南越帝國的某位官員。[22]「越」是對中國南方沿海一帶非漢族民族的總稱（亦稱百越），橫跨的領土幅員廣大。南越是其中一支，於西元前二〇四年建立了南越國，領土涵蓋現今的廣東、廣西、雲南、越南的部分地區，以及香港和澳門。

南越的皇帝在其統治期間（西元前二〇四至一一一年）已有鹽業專賣政策[23]，後來被漢朝征服之後，被漢武帝的制度所取代。漢武帝於西元前一一九年所建立的鹽官制度[24]，時至今日是世界上最悠久的專賣制度。一九九九年，夏思義發表一篇論文提及，駐守在當地（即後來的九龍城）的南越官員，主要工作是打擊走私和非法造鹽，負責保護專為朝廷生產海鹽的鹽田。[25]有趣的是，夏思義並不認為漢人來此定居是因為這裡生產鹽。他反而認為，正因為寶貴的鹽田被劃為嚴格管制的區域，所以有將近一千年的時間都禁止平民在此居住。[26]中國的歷史學家也說該地區有士兵看守。[27]根據後來一份文告，夏思義甚至猜測，在鹽田工作的人員可能都是囚犯和奴隸。[28]

在談論古墓歷史的時候，很常出現這樣的推測性說法，比如說當地居民是被征服的人、他們的土地被剝奪、受到帝國軍隊的奴役，這些說法在夏思義論文發表的當時就已經觸動政治的敏感神經，二十年之後更是如此，因為這些說法在古墓旁的小博物館裡都隻字未提。不過，在劉蜀永那套受黨支持的敘事中，這座古墓確實有其重要之處。他認為，這座古墓的存在，「有力地說明香港地區與廣東大陸的文化具有同一性，並且都受到中原文化強烈的影響。」[29]換言之，這座古墓坐實了香港自古以來都屬於中國的論調。

離開古墓博物館之後，我們走進了附近的茶餐廳，喝著熱呼呼的焦糖色奶茶，吃著黏糊糊的港式法式吐司，吐司內餡夾著一層花生醬，外層裹了一層金黃色的糖漿。我們一邊吃，一邊推敲著那位不見蹤影的古墓主人的神祕身世。這座古墓的意義目前有兩套解釋，一個是認為它證明帝國征服和統治的歷史，另一個是認為它證明了香港自古隸屬於中國，這兩套說法明顯相互矛盾，讓我不斷左思右想。但這兩種說法也可能同時為真，也就是說，很可能香港自古以來被中國統治，然後逐漸與中原文化同化。雖然這樣想的話，香港在中國歷史上的地位就又變得不一樣了。這麼一座古墓讓我們清楚看到，要去詮釋一個背負兩大競爭帝國歷史包袱的過去，在政治上來說會製造多大的危機。而且很明顯的，香港才不是什麼荒蕪的礁岩。香港自遠古以來沉積著深厚的土壤，嚴密守護著它祕密的歷史。

考古學家范玟澔（Mick Atha）和他的妻子葉可詩（Kennis Yip），花了大半輩子在挖掘這片土壤。他們曾在香港進行多次考古發掘工作，主要集中在離島南丫島。這座小島甚至比「香港」出現在中國地圖上的時間更早，可以追溯到一四六四年[30]，當時被稱為「Pak Lo Mountain」或「Pok Liu」。[31]他們不單只是專攻某一個時期的歷史，而是關注整塊區域的地理遺址，一層一層地挖掘這個區域的歷史，並且借鑑商業考古的成果，了解每一個不同年代的特色，一點一滴拼湊出一幅更全面的圖像。某個冬日早晨，我搭著渡船穿過熙熙攘攘的海港去拜訪旼澔，二十五分鐘後我抵達了南丫島。

我小的時候，就很常跟家人搭乘渡船到南丫島，我們會先落腳一座名叫榕樹灣村的小村落，然後頂著大太陽跋涉五公里，翻過島上的丘陵地，走到索罟灣的小型碼頭。半路上，我們還會在一間可以遙望海灘的餐廳用餐，享用外表酥脆的燒乳鴿和生菜包鵪鶉鬆。旼澔來自里茲（Leeds），是位和藹可親的英國人，留著銀色平頭。那天他親自來碼頭接我。我們一起走進村裡的狹窄小路，我發現，這裡新建了一個巨大的發電廠，但除此之外，南丫島跟我童年時候的記憶幾乎相差無幾。我們慢慢地走著，沿途閃過了許多小型卡車，還遇見一隻下巴微凸的癩痢狗。每走一段路，旼澔就會停下來用生澀的廣東話跟路人打招呼。他們之中一些人是當地漁民，旼澔有時會雇用他們來幫忙挖掘，他們幫忙在垂直的土層挖出層層分明的斷面。「這些傢伙在船上很習慣用手拉扯魚網，」他告訴我，「他們也很熱中划龍舟，垂直刨土的動作跟龍舟賽划槳很類似，都是在用上半身的力量。」他說話的同時，一邊將雙手握拳疊在一起，在身前反覆做著划槳的動作。

我們繼續往前走，突然在一棟兩層樓桃紅色磚房前停了下來，一旁的路牌寫著「沙埔舊村」（Sha Po Old Village）。這個村落建在某個遠古聚落的正上方，時間可以追溯到距今約六千年的新石器時代中期。跟這個聚落類似年代的遺跡在香港總共有八處。[32]這個沙埔村（其實就是「沙咀」③的意思）位在一個名叫後灘（back beach）的地方，也就是所謂「風暴灘」（storm beach），考古遺跡非常豐富。我們的腳下就是一處擁有六千年歷史的新石器時代遺跡，曾出土少量新石器時代中期精緻的紅色陶罐碎片、一些日常生活用的鵝卵石工具，以及兩把還沒完成的不對稱斧頭「石錛」（adze）的毛胚，以前的人拿來這個砍木頭。那裡沒有發現柱穴，或任何人類定居的證據，但旼澔認為，從這些少量出土的文物就可以看出，沙埔村可能是一些漁獵採集者很常搭船來的地方[33]，人群規模大概是兩到三個多代同堂的大家族，約十五到二十五人，這些人曾經多年來斷斷續續在此地逗留。[34]

在那之後，這個地方又空了一千多年，新的考古發現，年代可以追溯到大約四千年前的新石器時代晚期，而且這個地方一直到青銅時代（西元前一千五百年至五百年）都有人居住。[35]有趣的是，那裡還發現了一個外形完整的罐子，上面裝飾著菱形的圖案和一些貝殼。「史前時代的罐子一般都很脆弱，」旼澔說，「如果找到的青銅時代陶罐很完整，最有可能的解釋是，這是陪葬品。這個地方很可能是某人的墓地，陪葬的陶罐裡面或許有裝食

③譯注：即沙嘴，沿岸形成的沉積地形。

物。」而且有人從這個遺址出土的粗製陶器上，發現濺到些許熔化的青銅，證明了中國南方沿海地區有青銅鑄造。

後灘還有兩排鹽窯的遺址，年代可以追溯到魏晉南北朝到唐朝時期（西元二二二至九〇七年），與另外五十九個不同的產鹽地點遺跡相吻合，其中包括一百多個鹽窯。[36]這也表示，當時的香港根本不是人口稀少的小漁村，而是一個蓬勃的產業基地。旼澔告訴我：「如果你沿著香港海岸線航行，你大概會看到每個後灘都有產業活動，煙霧裊裊，海灘有人在做一些活動，還時不時看到有船載著鹽巴離開，這個地方有一些軍艦在巡邏。當時這裡應該是個活力十足的地方。」

事實上，從西貢的大廟灣發現的刻石就可以知道，香港曾經是鹽業生產中心。這塊刻有文字的巨石，是一九五五年一名建築師發現的，也是目前香港最早有紀年的石刻碑文，刻於一二七四年，內容記載了一位名叫嚴益彰的「鹽官」到此遊覽的事蹟。這位嚴姓官員是河南開封人，跟那位不知名的古墓主人一樣，被中央政府派來監督鹽業專賣。他工作的地點是當時規模頗大的官方鹽場「官富場」[37]，占地範圍覆蓋了香港大片地區，包含九龍、大嶼山和新界，橫跨海港的兩岸，西起青衣島和荃灣，東至將軍澳和西貢。

更多經年累月埋藏地底的歷史被翻出來，是在二〇一二年的時候，土瓜灣這個地方在修築新的地鐵站，施工人員在現場發現了一些宋代的石井、溝渠，以及一些來自福建和浙江的陶器碎片。一些學者認為，這些文物很可能來自官富鹽場。許多人認為當地是主要的鹽產地，這個說法對接下來要提及的三個時期至關重要，因為這會將香港近來的叛亂歷史置於一個更長的歷史脈絡之中。

第一個時期是一一八七年以前，大嶼山的大澳漁村住著一群原住民族，主要是蜑家人。即便到了二十世紀初，大澳還有許多居民繼續住在彼此相連的船屋上。時至今日，絡繹不絕的遊客擠滿大澳的街道，他們在ＩＧ上分享照片，例如興建在水面上的獨特棚屋，以及太陽底下那一排排圓形的藤編托盤④，托盤上面鋪著紫紅色蝦醬，是村莊最著名的特產，濃郁的發酵氣味瀰漫在空氣中。這個村莊曾經也有過鹽田，不過當地的居民並不服中央政府的管制，他們不甩專賣，自行生產鹽巴。劉蜀永的官版歷史描述了大嶼山的居民因為不滿中央試圖控制產業，至少起義了兩次。他寫道：「宋高宗時曾招降當地來佑等人，選其少壯者為水軍，寬其漁鹽之禁，稱之為醃造鹽。」[38]

到了一一九七年，南宋寧宗年間，島上的居民又開始非法採鹽，廣州政府派出軍隊打擊私鹽，但大嶼山的居民可不是被嚇大的。他們起兵頑抗，一路沿著珠江往上打，直搗廣州城。政府後來調派海軍過來鎮壓叛亂分子，根據歷史記載的描述，這場大屠殺腥風血雨，「盡執島民，戳之無噍類」。⑤[39]從這段簡述就可以看出島民獨立、反叛的特質，其實

④譯注：當地叫「窩籃」，一種扁平的圓形藤編籃子，直徑約一公尺，比起其他材質的托盤，可以更容易將水氣漏掉，很適合拿來曬東西。

⑤譯注：「無噍類」的意思是不留活口，不留可以活著嚼食的人。

與盧循和盧亭的傳說不謀而合。

第三個關鍵時期是在一二七六年，宋朝不敵蒙古人的凶猛攻占，被後者建立的元朝取而代之。在蒙古人攻占宋朝之際，宋朝的最後兩位小皇帝，八歲的趙昰和只有五歲趙昺，一同從首都臨安逃出，最後來到了香港。近期的研究顯示，他們很可能在官富場躲了五個月，但後來先後在流亡途中過世，趙昰因驚病交加而死，趙昺則是被忠心的左丞相（陸秀夫）背在肩上跳崖投海而亡。現在的九龍，還留有一座「宋王臺」，相傳是趙昺在他哥哥死後即位的地方；甚至還有個港鐵站以「宋王臺」為名，紀念該站在建設期間挖到了宋代古井和引水槽。

這位少年皇帝在香港逗留的事蹟，有記載在中國的史料之中，雖然在英國時期的香港前殖民史中被刪除，但已成了一種民間傳說。我母親非常喜愛的「盆菜」，相傳就是少年皇帝流亡時期出現的一種料理。當地村民為了讓少年皇帝享用他們最美味的食物，便偷偷拿一個大盆子，將珍貴的肉跟海鮮放在底部，上面鋪一層比較便宜的蔬菜。如今盆菜是喜慶節日裡的一道主食，每逢農曆過年，舞獅隊在巡遍整個村莊後，人們會聚在村里的廣場，圍著圓桌吃大盆菜。香港人很喜愛圍爐吃飯，桌上的每一道菜都在提醒著人們，過去香港收留了許多叛亂者和從權力中央逃出來的人。香港人一邊吃飯，一邊紀念著當年流浪在外的小皇帝。

當地的考古學家和歷史學家，正一點一滴挖出這塊地區起義的歷史。他們一面沿著海岸線挖掘土層，一面埋首於中國古代文獻，試圖把過去那段被英國人抹去的歷史拼湊回來。這段歷史並不是為眾人所皆知，而只能在學術刊物上憑弔。因為它既不符合英國官方的敘事，也不符合中國官方的敘事。

這段鮮為人知的香港早期居民歷史，其實在很多方面並不總是那麼隱密。這一點是我從旼澔那裡學到的。某一次我們經過一個地方，他突然興奮地跳起來，頭因此撞到支撐著冷氣機的壁架。那個地方是一個斜坡，上面蓋著許多兩層樓的民宅，路上還恰巧碰到一位菲律賓外傭，她正想辦法拖著兩個鬧脾氣的小孩往山坡上走去。旼澔告訴我，這個地區過去曾是一片種菜的田地，早在一九三〇年代，天主教神職人員同時是考古學家的范達賢神父（Father Daniel Finn）就注意到，這片區域到處找得到石英做的圓盤。[40]這些文物可以追溯到青銅器時代，似乎是某種珠寶[41]，顯示出當時的社會很可能發展出階級的概念，重視裝飾品，並且因此出現工匠這類的職人。後來又在一座名叫馬灣的島嶼，挖掘出男性和女性的骨骼，他們頭部的兩側皆找到裂開的石英圓環，很顯然就是耳環。

從一些貝塚，即以貝殼為主的古代垃圾堆中可以了解到，史前居民以魚類和一些貝類為食，也會吃一些如今在當地已不復存在的動物，例如大型野鹿和儒艮。專家用顯微鏡分析了從珠江口西側的廣東台山新村出土的一些石器，發現上頭有一些植物的殘留物，顯示當時居民會吃像是西谷米這類的澱粉，但並沒有找到其他證據，證明當時香港有種植可以製作出西谷米的棕櫚樹。從這些跡象來看，范旼澔認為早期的香港人是航海民族，而非以陸地為基礎的農業社會。「我強烈認為，我們需要改變對這些沿海地區居民的看法，不能再繼續以陸地人的角度去看待他們，」他說，「如果以陸地的居民角度來看，我們總是覺得島嶼很不方便、很遙遠、生活困難，但從航海人的角度來看，這個地方是中心位置，基本上海洋就是當時人們生活的重心。」

這樣的觀點，在二〇〇一年香港歷史博物館開幕的常設展「香港故事」大概看不到。大概因為英國人對香港自有一套看法，據曾參與該策展的一位國際博物館顧問說，直到一九八二年，政府才決定建造像這樣的博物館，幫助「無根的年輕一代」培養歸屬感。前後花了十六年，才終於在尖沙咀，離美術館的不遠處，建造了這間香港歷史博物館。[42]而「香港故事」這個展覽則花了六年的時間籌劃，標榜自己可以帶來最完整、正宗的香港歷史文化。

我二〇一八年造訪，首先直奔史前時期的展區，據調查稱，這個展區是整個博物館最不受歡迎的一區。[43]我對此不太意外，因為擺在展覽正中央的，是一些滿面滄桑的穴居人模型。像是某個留著長髮，蓄著大鬍的穴居人，正在整理攤在木製魚船上的魚網，魚網的邊緣因為綁著石頭而往地面垂墜。模型的旁邊有一串文字說明：「富有地方特色的嶺南古越族文化，在距今約四千至三千年間形成，至西漢才逐漸被中原文化所同化。古越族多以稻作農業或漁獵捕撈為主要經濟活動。」

短短兩句話避重就輕，略過了許多細節；事實上，考古學家和歷史學家並不認為有一個單一的古越族，也不是所有人都認為那個時期的香港人會種植稻作，兩者都沒有確鑿的考古證據。旼澔和可詩認為，古越文化和中原文化之間，應該有一個很重要的區別：前者住在該地區的沿海地區及河口，是以船為家的漁獵跟採集者，後者則是定居在廣東內陸主要河流集水區，以種植水稻為主的農耕社會。他們認為從考古證據可以看出，這兩個群體的生活方式截然不同，但彼此之間會交流和進行貿易。我才開始明白，香港歷史從史前時期開始，幾乎每個階段都充滿爭議。「永遠別以為考古學可以無涉政治，」旼澔告訴我，「基本上，過去的歷史就是政治議題，你得注意如何包裝它，以及如何呈現它。」

「香港故事」展覽的其他部分則顯得華麗而多彩，比如神功戲演員的介紹；現場還架設了以上千個假包子堆疊而成的高塔，試圖重現長洲太平清醮的包山。每年慶典在半夜鐘聲敲響的時候，都會有許多年輕人競相爬上包山，直到某一年發生倒塌事件，這個活動才被取消。博物館方精心策劃，仔細地展示出香港的歷史，像極了走鋼絲的雜耍員，小心翼翼地遊走在荒蕪的岩石和遠古的神話之間。展覽的敘事強調香港從一個小漁村逐漸發展起來，而後成為一個繁華的國際都市。這之中包含了它在鴉片貿易中扮演的角色，後來它如何以金融中心之姿崛起，當然展覽也敘說了香港在二戰期間淪為日本占領區的命運。除此之外，展覽介紹了當年為改善香港衛生條件，曾發起的「清潔香港運動」；現場還展出了一系列港英總督的禮服；以及一幅一九八九年百萬香港人走上街頭，支持中國民主抗議活動的照片。

我最近一次造訪香港歷史博物館的時候，現場策了一個題為「飛躍四十載，同發展·共繁榮」的臨時展覽，慶祝中國改革開放四十週年。這個展覽光明正大地，將香港完全放在中國改革開放的脈絡之下。櫥窗裡，陳列著椰菜娃娃公仔、忍者龜，和一隻巨大的鞋子，讓所有人看見，在中國建設成為世界第二大經濟體的過程中，香港企業家是一股重要的推力。某個展間的角落，特別設置一匹機器馬和一個巨大的螢幕，一位戴著眼鏡的中年男子認真地盯著螢幕，有模有樣地坐在馬鞍上，繞著虛擬的賽道小跑步，跳過障礙物。這是在展示著名的香港賽馬會，而且很恰巧地略過了一件事實：賭馬在中國大陸是被禁止的活動。

雖然展覽有許多吸睛之處，但感覺這個香港故事是在非常嚴格的指導方針下，由某個委員會拼湊出來的。這個博物館好比一場鬼打牆的記者會，無論提問者問了什麼問題，發言者只是不斷地重複回到某兩個主要論點。一套敘事倘若少了某些關鍵連結，就很容易分崩離析。這樣帶點荒謬的展覽，我在中國已經司空見慣，但如今在香港看到這樣的展覽，還是讓我嚇了一跳。然而，「香港故事」展已經成了過去。二〇二〇年，館方因為要翻修和改建的關係，關閉了香港歷史博物館。雖然博物館呈現的歷史文化描述並不完整，但在閉館前一天，依然湧進大量來參觀的香港人，大家都爭相拍下展覽內容，甚至有人高喊抗議口號。這些群眾都是自發前來的，大家都在擔心，博物館於二〇二一年重新開放的時候，香港的歷史已經被重塑和改寫了。[44]

說到由國家支持的歷史版本，勢必要提北京的下一個大計畫：大灣區。這個名字總讓人在腦海裡浮現一幅寬闊的海濱景色，比舊金山灣區更宜人、更陽光燦爛。北京畫出的願景，便是把香港打造成一個像矽谷那樣的經濟實體，橫跨中國南部沿海地區，涵蓋澳門和其他九個中國南方城市。這個把深圳和廣州都包含進去的超級大都會區，將自成一個市場，成為創新和經濟的中心。對香港人來說，這幅藍圖預示了香港將融入大中華區。對北京來說，這只是把香港放回中國版本的歷史敘事之中，因為香港只不過是另一座中國城市而已。

二〇一九年某個陽光明媚的冬日午後，我和朋友一起去流浮山旅遊。流浮山是一個小漁村，與深圳之間相隔一個海灣（後海灣），當地以蠔油和美不勝收的夕陽著稱。它鄰近香港島與中國內陸接壤的地區，但並沒有任何地鐵站，所以我們得在最近的地鐵站下車之後轉乘公車。公車飛馳在人煙稀少的鄉村道路上，經過了滿是垃圾和長滿藤蔓的灌木叢，我感覺像是回到了童年時光。

當我們抵達流浮山，映入眼簾的小村莊，樓房大多都是三層樓高，我們穿梭在狹窄的灰色小巷，看見一旁的扁平籐籃上正曬一顆顆肥美的牡蠣，空氣中的鹹味盈滿著我們的鼻腔。我們在這裡大快朵頤，享用了辣椒炒蟹、粉絲蒸扇貝，還有大得不可思議的牡蠣。飽餐之後我們向海岸邊走去，看到一位戴著迷彩帽的男子正坐在小船上，手裡忙碌地將一顆顆牡蠣剝進一個塑膠桶裡，腳下是成堆碩大的牡蠣殼。

真正令我瞠目結舌的，是他身後的景象。在後海灣的另一邊，相隔僅僅四公里遠，矗立著一棟棟高聳閃亮的摩天大樓。這座嶄新的城市名叫蛇口，活脫脫一個房地產廣告。身為駐中國的外國記者，對中國城市建設的快節奏早已多見少怪，但眼前這座全新的城市，依然讓我驚詫萬分。這個地區位於深圳郊區，過去是農田，後來發展成工業碼頭。二〇一五年，它與鄰近的前海一起被當局指定為自由貿易區。[45]短短幾年的時間，這裡就被建設成一個比香港更現代化的複製品，沿著海岸線放眼望去，盡是一棟棟全被玻璃鏡面覆蓋的摩天大樓。遠處建有一座亮閃閃的白色斜張橋，橫跨在海外的兩邊，連接著香港和深圳。

望著後海灣，我想起了十五年前，我在長城的影子下採訪已故建築師札哈．哈蒂（Zaha Hadid）的那一天。那天也是個陽光普照的冬日，但是冷風刺骨。我們驅車前往一個名為「公社」的高級住宅區，哈蒂在那裡辦午宴。哈蒂專橫、才華洋溢、氣勢凌人，為了穿上她那件美麗蓬鬆的羊皮大衣入鏡，她決定要在室外接受採訪，以長城為背景。只不過天氣實在太冷冽，我們只拍了五分鐘就開始發抖。在這短短的採訪中，她將中國比作建築師的白板，而讓這一切都有可能實現的，是城市規劃者的雄心壯志。「他們想要更多極端的建築，或者說讓他們名揚天下的建築。」[46]當我隔著海洋望著前海和蛇口景致，這句話閃過我的腦海。共同打造這片天際線的，有荷蘭的雷姆．庫哈斯（Rem Koolhaas）及其公司「大都會建築辦公室」（OMA），還有諾曼．福斯特（Norman Foster）等建築大師，根本是世界級建築師的遊樂場。[47]

凝望著這片後海灣，也讓我突然想通了一些事情。一九七九年以前，大家都還把深圳當成沒沒無聞的漁村，當年的村民大概也是以同樣的驚嘆和欽羨之情，看著香港這座大都市被建設起來。此刻我意識到，風水輪流轉，我們香港人如今變成了昏昏欲睡的村民。雖然這樣角色互換並非一朝一夕，而是多年累積下來的結果，但依然需要深切的心理調適。香港人習慣了認為自己比內地人更現代、技術更先進、生活更富有，但現在我眼前的景色，已經清楚地表明了舊日的假設已然失效。

相較之下，大灣區計畫是比較新的政策。二〇一六年十二月，中國在「十三五計畫」中首次提及這個名字。但基礎建設一體化的計畫，已經進行了幾十年，香港人大多對這類龐大的鐵路和公路交通網絡敬謝不敏，因為這些建設的目的，都是要將香港與中國大陸綁得更緊，消耗香港的資源。尤其以連接西九龍和廣州的高速鐵路最具爭議，這條鐵路耗資一百萬美金（約七百七十億港幣）。[48]打從一開始，就有許多人對建設鐵路的路線提出強烈抗議，因為這個計畫需要拆除新界的一個村莊，但抗議聲浪並沒有成功阻止工程。這條鐵路於二〇一八年九月開通，人們又開始擔心要設立聯合檢查哨。終點站西九龍站將有一部分列為北京直接管轄的「內地口岸」（mainland port），而且會派駐中國海關和移民官員，必須遵循大陸的法律，由大陸的警察負責巡邏。儘管這裡寸土寸金，但香港政府象徵性地僅以每年一百二十八美元（九百九十六港幣）的價格，將車站的那一區租給了中國政府。[49]批評人士認為，設立這樣的檢查站，就是在把這裡變成中國的一塊飛地，甚至是現代版的清朝「通商口岸」，當年西方列強就是用這個方式把中國土地的主權占為己有。對許多人來說，這條鐵路標誌的是港府失去了香港一小塊地區的控制。

在另一個特別行政區澳門，我們可以看到另一個更緊密融合的願景。自一五五七年以來，澳門一直在葡萄牙的治下。一九九九年，在香港回歸的兩年後，澳門也回歸了中國。而且由於澳門社會穩定、沒有任何公開的政治反對，再加上國庫充裕，它成了北京的寵兒。二〇一八年年底，一條耗資二百億美元（一千五百五十億港幣）、全長三十六公里的高速公路開通，連接起香港、澳門和珠海，成為世界上最長的跨海大橋，也是中國宏大的基礎建設計畫的一部分。不久之後，我和孩子們就乘車駛過大橋，飛奔澳門去度週末。那一次到澳門那個充滿沙子的小飛地，距今已經至少二十年了，但我依然記得那時候我們一起到賭場欣賞非洲音樂的時光。一八五〇年代，澳門賭博業被前殖民統治者葡萄牙人合法化，但自一九六一年開始，卻被香港億萬富翁何鴻燊（Stanley Ho）壟斷長達四十年，直至二〇〇二年為止。我們穿越了何鴻燊開的圓頂葡京遊樂場，賭場外觀看起來像個鑲著金色滾邊的婚禮蛋糕。而裡頭坐著一群穿著白背心的乾癟老人，正從襪子裡掏出錢放上輪盤賭輪。

自我上一次的造訪之後，澳門的一切都變了。何鴻燊的壟斷時期結束後，澳門僅用了四年就取代拉斯維加斯，成為世界賭場之都，而這主要歸功於來自中國大陸的遊客。在中國大陸，法律禁止人們賭博。如今，這塊飛地的地理環境、天際線、社會結構和就業機會，都被中國的資金重塑了。從邊境兩側一塵不染的巨大外港客運碼頭，便可以看出龐大基礎建設投資挹注的痕跡。寬敞的內部空間，充斥著雙面鏡子和監控攝影機。我們從客運碼頭搭車駛離，遠遠地看見海灣的對面，血橙色的太陽高掛在珠海嶄新的天際線上，天空因為石化粒子懸浮的關係散射著螢光色的彩霞。我有點搞不清楚目前的方位，便開口問了計程車司機，客運碼頭前方那片灌木叢是怎麼回事。他回答：「沒什麼！十年前，這裡還都是海，現在是新填的陸地！」我查看了地圖，這才發現有那麼多的地方被填海造出來，澳門昔日的形狀已經面目全非。

現在，這裡蓋滿了一個又一個的賭場，有假的義大利運河小鎮、假的艾菲爾鐵塔，隨處可見纜車、噴火龍和金色的穹頂，一個比一個浮誇，一個比一個富麗堂皇。威尼斯人（The Venetian Macao）是澳門最受歡迎的旅遊景點，澳門的旅客大半都會來這裡參觀。[50] 我們也不例外，但那次的經驗糟糕得很令人崩潰。要知道，拉斯維加斯的威尼斯人是以義大利威尼斯小鎮為藍圖去建造的，而澳門這座賭場耗資了二十四億美元，把自己打造成拉斯維加斯威尼斯人賭場的翻版，這裡有室內運河、假的天空，和高唱普通話民歌的中國船夫。每一處水岸都擠滿了中國遊客，所有人都在拍照，或是上社群平台打卡發文，每個人的手指都忙碌地在滑動、點擊手機螢幕。在寬敞的餐廳裡，大家為了搶座位，拚得你死我活，讓人彷彿置身在中國火車上爭相搶占餐車座位。明明是來這裡旅遊的，卻搞得像參加什麼考驗全身肌力的耐力運動。

當我們走出室外，進入真實的世界，沿著遊客常走的路線來到大三巴牌坊，那裡一樣早已萬頭攢動。二〇一九年，人口僅有六十六萬七千人的澳門，卻接待了三千九百萬的遊客，相當於每天超過十萬人來訪。[51]大三巴牌坊被擠得水洩不通，寸步難行，又讓我想起了中國一九九〇年代的那些遊樂園，人們在園區擠來擠去，只為了一睹縮小版的世界著名紀念碑。北京定下大灣區戰略，計畫將澳門打造成「世界旅遊休閒中心」[52]，澳門本身就像一個主題遊樂園，以經濟利益吸引大量人口，而且還訂立了嚴禁公民不服從的法規，懲罰政治的異議人士。[53]這提醒著我們，一套幻想出來的敘事所帶來的力量，不僅可以繼續保護過去的既得利益，還可以插手未來的發展。

一如澳門的命運，香港的未來也是朝著成為另一個大陸城市邁進，與之遙相呼應的，是被北京認可的歷史版本，兩者自成了一個封閉迴圈。當權者所劃下的特定未來，正經由政府資助的免費展覽，一針一線地織進香港的敘事之中。[54]這些展覽提供互動遊戲，幫助香港人理解大灣區的概念，並且透過博物館展出的歷史文物，將香港定位成中國海上絲路的中繼站。[55]那些受北京支持的香港政治菁英，積極擁抱這樣的願景，舉辦大量跟大灣區有關的唱高調論壇和研討會。一位資深官員甚至建議，香港立法會選舉的投票站應該設在大陸，好讓居住在大灣區的香港市民方便投票。這樣的做法分明是在模糊香港的政治邊界，讓「香港」這個概念變得愈來愈虛構。

如此精心的敘事操作在眼前展開，你一方面會驚嘆得目不轉睛，但另一方面又會不安地頭皮發麻。這根本完美詮釋了毛主席說的「古為今用」。雖然以香港的例子來說，因為現實中的動盪，使得過去、現在和未來被同時重塑。就像那些地圖上的香港，「香港」這個概念本身就很變化莫測，像是某個閃爍不定的海市蜃樓，隨著觀看的角度不同而不斷變化形狀。《地圖集》作者董啟章就曾寫道，這些虛構的香港究竟是真是假並不重要，重要的是它們如何被虛構出來；香港的歷史似乎也是如此。在殖民時期、由當權者強加下來的香港歷史敘事，或許更貼近事實，但可能不如香港人所自我認同的、完全神話版本的敘事來得讓人有共鳴。這讓我不禁好奇，在我童年時期完全不存在的香港盧亭神話，究竟是如何浮上水面，並逐漸根深柢固在香港人的印象中。後來我才知道，跟九龍皇帝的狀況一樣，這套敘事得以進入香港人的視野，要歸功於一位想像力豐富的藝術策展人。

我曾採訪過何慶基許多次，第一次是在一九九七年。那時，他已經是位名聞遐邇的藝術家和策展人，強烈的道德感驅使他製作出觀眾需要大動腦的展覽。當時，他一直在考慮為九龍皇帝舉辦一場畫展，但後來放棄了，因為他認為，一旦把九龍皇帝的作品移出街頭，就變得毫無意義。他轉而策劃了一場盧亭展覽，來表達對香港回歸中國主權的看法。他連續三年舉辦盧亭的展覽。

一九九七年的展覽名叫《香港三世書─九七博物館：歷史・社群・個人》，何慶基希望藉機探討香港人對這個關鍵時刻的反應。他邀請人們，提供自己覺得最能代表香港下一個五十年歷史的物件。例如有人提供民主黨議員的選舉傳單，有人拿來每年六月四日紀念八九學運死難者的守夜活動傳單，可以看出每個人都對政治壓力非常有感。展覽有三分之一在講盧亭的傳說，何慶基之所以會如此深受吸引，是因為盧亭神話具有「介於此彼之間」（in-between）和反叛的特質。「我希望尋找一個能夠代表香港的本土神話人物，」何慶基在電子郵件中告訴我，「我很重視神話，因為它通常代表著一種文化和身分認同。如果你去研究二十世紀初期愛爾蘭人與英國政府的鬥爭，你就會發現神話有多麼重要。」

他盡可能挖出盧亭屈指可數的歷史資料，然後用虛構的方式進一步補強歷史資料。他請香港兩位著名作家梁文道和董啟章，來編撰盧亭的背景故事，後者非常著迷於創作虛構的香港。對何慶基來說，這個展覽也是對香港歷史及其歷史書寫的一次嚴肅探索。「我經常強調，這不是為了好玩而想像，而是編造神話來做為某種隱喻，隱喻往往比正史能說出更多真實。」

為了讓盧亭更具象化，何慶基向幾位當地藝術家描述了他腦海中的盧亭，然後讓他們盡情發揮想像力。他告訴他們，這個半人半魚的生物跟西方的美人魚長得完全不一樣，盧亭的兩棲特徵是故意要跟中國長江的農耕稻作文明做出區別。他曾這樣寫道：「例如，我們說祖先是經海路來，而非陸路，以否定香港與大陸之間的文化聯繫。」[56]盧亭既非西方，也非中國，而是獨特的本土香港風味。其中一位藝術家所呈現的盧亭，像極了一隻長著人臉、正在哭泣的蝌蚪，脊椎上長著一副皺褶狀的鰭。展區中最引人注目的，是一尊真人大小的雕像，它看起來像隻滑溜、站立的黃綠色青蛙，長著一顆頗靈動的魚頭，臀部窄窄的、腹部帶點陰柔的線條，手上和腳上都有蹼。結果我幹了一件糗事，竟然直接告訴何慶基，這座雕像讓人看得毛骨悚然。他大概不是很以為然，在回信中寫道：「很抱歉讓你覺得它噁心，不過我其實滿喜歡的。」

他策展的初衷，就是要鼓勵大量描繪和幻想的創作，這樣就沒有任何個人可以聲稱自己能夠代言盧亭的概念。他在信中寫道：「盧亭不應該有一個最終固定的版本，而應該不斷地創作出新的模樣。我想把它留給人們自己去闡述或收束，這是從正史的暴政中解放出來的過程。」這場展覽以各種不同的方式，將所有的歷史、社群、身分認同都匯集到一隻半人半魚的盧亭之中。

隔年，何慶基策劃了第二場盧亭展覽，這一次他編造了古代文獻、考古文物，甚至成立「盧亭學會」來進一步補強神話。整個展覽極其所能地模仿香港傳統博物館的模式，搞出了白色的說明文案背板，使用了制式的解說語言，甚至也將文物擺在玻璃櫥窗裡展示。但是展出的作品刻意選得充滿趣味，例如一張魚形墓葬的照片、一條棕色的魚尾織品，讓遊客可以繫上扮裝成盧亭。何慶基在郵件中寫道：「這個展覽不僅僅是在講本土的神話，以及重建本土神話，它也是在探討誰有權解釋歷史，以及真實歷史的定義為何，還有誰有權書寫歷史。這同時也是在思考，負責確認歷史的文化機構的虛假權威。」

一九九九年，何慶基第三度舉辦盧亭展覽，這一次聚焦於一一九七年的大嶼山清島大屠殺事件。那隻站立青蛙的盧亭雕像，再一次成為展覽的一部分。此外，這次甚至搞了一趟實地考察，讓參與者加入考古挖掘行列，一起尋找盧亭文物。他寫道，這種模稜兩可和混淆虛實的設計，是為了挑戰觀眾。那整個概念都是在挑戰一件事：什麼是真實的歷史？在中國，他們有另一套關於六四的歷史，至於一九七大屠殺則完全從史實中抹去。」

這些展覽結束之後，盧亭在集體意識中安靜蟄伏了十五年。直到二〇一〇年代，隨著一場擁抱香港身分認同、致力守護香港自治和體制的本土運動興起，新一代的藝術家和創作家重拾了盧亭的概念，並將它帶往另一個全新的方向。劇作家黃國鉅是其中一位盧亭的追隨者。他在一九九七年取得德國哲學博士之後回到香港，參觀了何慶基第一年的盧亭展覽。他深受那年展覽的啟發，念茲在茲了二十年，某一天一家戲劇公司邀請他創作一系列關於香港的歷史劇。他立刻知道自己想要以盧亭為主角，來處理有關香港身分認同的問題。

二〇一八年，他推出了《漁港夢百年》的第三部曲「大夢初醒」，但我採訪他的時候已經是兩年之後，正好在《國安法》實施後不久。在我們談話之前，黃國鉅問我能否避免談論政治，我長年在中國工作，很習慣碰到這樣的回應，但這是我第一次碰到香港人提出這種要求。《國安法》的存在像條束帶，桎梏著我們的談話。黃國鉅有時候話說到一半會草草帶過，而我則刻意壓抑記者的習慣，不再繼續追問下去。為了彼此的安危，我們都在自我審查，在開口說話之前，都各自就在心裡權衡一遍話語的影響。想到香港人淪落至這樣的處境，我內心感到無以名狀的沮喪。

黃國鉅創作一系列的戲劇，藉著盧亭這個悲愴的角色，重新演繹了香港歷史。這個魚頭人，讓人想起雪萊的科學怪人，只不過他沒有強大的力量，也沒有殺人的衝動。他天真瀾漫、容易上當、容易輕易地相信他人。統治者教會盧亭說話，然後為了自己的目的利用盧亭。到了第三部接近尾聲的時候，盧亭厭倦了人類的政治，決定切斷自己的手腳，再次變回魚的模樣，像魚一樣生活。但在終章的時候，維多利亞港卻已經乾涸，逼得盧亭為了生存，只能又回復到人類的形態。

黃國鉅認為，無論是英國的荒蕪礁岩說，還是中國的從古至今說，這兩套相互衝突的敘事都阻礙香港人看到現實，所以他想將戲劇作為一面鏡子，讓香港人看見他們的過去。法國文學理論家羅蘭・巴特有言：「反抗神話最好的武器，也許是反過來將其變成神話，製造出一個人造的神話：然後這個被重新建構的神話，實際上將成為神話學。」[57]這一點上，盧亭根本是個完美的例子。

盧亭那麼容易上當、那麼被動，又被人欺負，選這樣一個可憐又手無寸鐵的角色，來當香港人民族神話的主角，一點都不尋常。我問黃國鉅，為什麼他選擇這麼做。他回答：「我們需要一些建國神話，比如維吉爾的史詩，看埃涅阿斯如何成為羅馬的建國始祖。因為在我們的意識中，香港過去一百五十年的歷史一直相當模糊。我們沒有英雄；我們沒有戰爭英雄；我們沒有偉大的政治家；我們沒有稱得上英雄的壯舉。我們不像中國歷史那樣，是各式各樣神話和傳說的寶庫。真要比喻的話，我們還真的是一塊荒蕪之地。」香港人創造的偶像，不是驕傲的國家所選擇的傳統勇士或強人，而是一群反英雄，這些受歧視的外來者以及受欺負的格格不入者，儘管遭到各種巨大勢力的壓迫，但他們努力起身反抗，而且會繼續反抗下去。

黃國鉅在視訊的時候告訴我：「盧亭是原住民。他跟華夏文明一點關係都沒有。在他眼中，來自北方的人是壓迫者、生活是農業的、陸地的。但盧亭是外圍的、邊緣的。」不僅如此，黃國鉅相信，無論是不是虛構，盧亭的歷史都反映著香港的特質，形象的原型就是反叛者盧循。「我們是那群被壓迫者的後代。這座島嶼一直是安全的避風港，是那些從不公義和暴政中逃出來的人的避難所。」

《漁港夢百年》第一部曲開幕，是以一場大屠殺為結局。從影片可以看到，舞台上擠滿了成群穿著漁夫褲、打著雨傘的魚頭人盧亭，然後突然一陣槍聲大作，盧亭猛地一跳癱倒在地上，雨傘也散落在地。這段影片如今再看，實在令人怵目驚心。我小心翼翼地問了黃國鉅，二〇一九年的街頭其實也發生許多暴力衝突，他現在怎麼看待當初他決定把大屠殺搬到台上。他告訴我：「這是歷史事實。宋朝時，鹽田發生叛亂，大嶼山的居民奮起抵抗，因而遭到屠殺。我無法預知現在接下來會發生什麼事，但這種事在中國歷史上經常發生。」

第三章
九龍

（九龍）對中國人來說，它不僅毫無價值，而且還是亂源的溫床和令人尷尬的所在。

——寶靈爵士（Sir John Bowring），

香港第四任總督（一八五四至五九年）

我被我母親拖在身後慢慢地從山坡往下走，我們準備要到中環。還記得那一天悶熱的不得了，一出門就全身汗濕。當時我六歲，為了這次的郊遊，我穿上最漂亮的夏日連身裙和時髦的涼鞋，只是我實在被熱到受不了，沿路哭鬧不休，逼得我母親決定先找一家茶店納涼，喝杯飲料再說。我們剛找到一張大圓桌坐下，對面的中國老奶奶竟然從茶壺裡抓出一搓還微溫的茶葉，直接朝我丟過來。我母親一反常態慌張起身，匆匆忙忙就將我帶離茶館，我被搞得一頭霧水，母親也不打算解釋。直到幾年後她才告訴我，那些老奶奶朝我扔茶葉，是因為她們不接受我的存在。她們不想看到我，想要把我趕走。

我們這些混血兒有許多名字，比如「雜種」（half-castes）、歐亞人，或是粵語講的「半唐番」，像我們這樣的人，至今在社會上仍沒有一個名分，我們的歷史是一段被消失的歷史。出生於一九一八年的歐亞人西門士夫人（Joyce Symons）講得更極端：「歐亞人太過與眾不同，以至於某種意義上他們並不存在。」[1]

西門士夫人提到，歐亞混血兒自己也會助長這種消失，把他們自己從人們的視野和官僚紀錄中抹去。早期的歐亞人，會學著說漢語、穿中國服飾、留辮子，「冒充」中國人。一八九七年，香港人口普查增加了「歐亞混血兒」這個類別，當時有二百七十二人自稱是歐亞人。四年後，人數略有減少，到了一九一一年，只有四十二人被認定為歐亞人。這些數字其實都不太準確，因為要承認自己是混血兒，實在過於困難，可是要選其他的類別也不容易。許多歐亞混血兒都是父不詳，所以冠上西方姓氏會讓人看出是私生子。然而，歐亞混血兒也經常被排除在中國傳統的宗族家譜之外。所以無論哪一邊都不行，他們乾脆讓自己隱形了。

在英國的時候，郵差曾經問我父親是不是愛斯基摩人；後來我的父母離開了英國，寄望著香港會是一個更適合養育混血兒的地方。他們的結合，在一九六〇年代末期一直是個大醜聞。我父親當年離開新加坡去英國，臨別之際他母親塞了一副麻將到他懷裡，並警告他：「千萬別娶英國女人。」我母親那方的英國家人，則一直希望她嫁給優秀的軍官，我的外祖父自己就是一位少將，參加過兩次世界大戰。所以當家族看到她竟然決定嫁給一位中國年輕男子，都感到困惑和失望。在受邀去陸海軍會所參加婚禮的路上，她的叔叔克勞德就在她耳邊低聲說道：「這不會長久的。」就連深愛我們這群小孩的外祖母，有時候也會跟我們哀嘆英國人的血統要被外國人稀釋了，這有多可惜。

他們抵達香港之後才驚訝的發現，當地也存在著很深的偏見，尤其對待他們這種西方女性嫁給中國丈夫的夫妻相當不友善。如果是西方丈夫娶中國妻子的話，可能就不會這麼引人注目和反感，事實上許多來殖民地當警察的西方男子都娶了中國太太。但如果是嫁給中國男人的白人女性就會被另眼看待，因為她們觸犯了性和種族的潛規則，在種族鴻溝兩邊的文明社會中都不受待見。我的父母後來加入了一個俱樂部，組織者是一群跟中國人結婚的白人女性，她們都受到社會的排擠。最初她們把團名取為「Mix-up Club」，後來為了避免被誤會成是跨文化濫交，急忙改為「M Club」。我們經常和這個組織的其他跨國家庭一起過節，小孩們到處蹦跳玩耍，父親們在後面叨唸我們的考試成績，母親們則相互交換中式食譜。

我們住在半山區寬敞的政府宿舍。那個社區甚至有一個帶草坪的小公共花園，在這個人口密集的島嶼有一塊綠地，這塊綠地象徵著地位的雲泥之差。我們的學校屬於英國學校基金會（English Schools Foundation）所建立的網絡的一部分，該網絡是為了讓殖民地公務員的子女，能夠接受跟英國當地一樣完整的教育。我小時候殷殷期盼著能夠早日上學去。開學第一天，我穿著黃白格子的棉質連身裙，滿面春風地把棕色的新書包掛在胸前。我非常的雀躍，因為班上一堆人是混血孩子。我終於找到了屬於自己的圈子。不過要是在遊樂場的話，還是得優先禮讓白人小孩，這讓我暗自羨慕起那些金髮碧眼的小孩。甚至幻想著把我的姓改成我母親娘家的姓。我花了好幾個小時，一遍又一遍地用我那支漏水的鋼筆，練習寫著「露易莎・德・馮布朗克」（Louisa de Fonblanque）。

這種尊卑的概念也主宰著課程設計，我們的課程充滿了維多利亞的風格。我們一早就先開始背誦主禱文，然後花無數個小時用彎彎曲曲的草書抄寫句子，以背誦詩歌的方式雕琢我們的英國口音。所以我們每個人的口音都相當純正，純正到可以去《唐頓莊園》當臨演了。我們的校長多琳・漢迪賽德（Doreen Handyside）小姐，簡直像從羅德・達爾（Roald Dahl）的書裡蹦出來的角色。漢迪賽德小姐身材圓滾滾的、頂著一頭捲髮，還是名高爾夫球冠軍選手，她會拿尺教訓一些調皮的男孩，下手又狠又準，跟她的揮桿技巧一樣卓越。我們偶爾會學到一些與中國有關的東西，但大多都是一些殘酷的習俗，比如纏足、納妾、或人力車夫的歷史。但如果是講到跟英國有關的事物，我們那些來自歐洲的老師則帶著敬畏的語氣。只不過他們還是會小心不要捧過頭，以免哪天我們全部人都決定搬去英國。事實上，我們全都被教成了徹頭徹尾的白人，口音聽起來像白人，思考方式也像白人。與此同時，學校教育為了不讓我們跟任何地方產生過於密切的認同，因此割裂了我們與現實世界的關係，使我們像是懸浮在某種殖民的亞空間中。

一八三五年，英國東印度一名公務員托馬斯．麥考萊（Thomas Babington Macaulay）寫了一份著名的備忘錄，被人稱為「麥考萊的紀錄」（Macaulay's Minute）。[2]他在這份文件中主張，最優秀的印度人應該接受適當的教育：「目前我們必須盡最大努力去形成一個階級，這個階級可以成為我們和我們所統治的數百萬人之間的傳譯者——這個階級在血統和膚色上是印度人，但在品味、觀點、道德和智性上是英國人。」我們這個「深膚色」一族就是麥考萊所謂的傳譯者，我們在血統和膚色上是中國人，但品味、觀點、道德和智性上是英國人。我想起我小時候曾經一度盼望自己能夠成為金髮碧眼的露易莎．德．馮布朗克，這讓我就更意識到英國王室的那套統治，不僅影響了我們的街道和體制，還在我們的意識中留下了不可磨滅的印記。

這樣的話，統治者最好不要教學生香港割讓的災難歷史，包括那兩場在世界大國之間引爆的重大戰爭，以及一場很早就從集體記憶中被抹去的短暫又血腥的區域衝突。自一九七〇年代中期至九〇年代，香港學校都不再教授香港的歷史。[3]我童年時期耳熟能詳的政治人物，也是香港在位時間最長的總督麥理浩（Baron MacLehose of Beoch），他在一九九〇年代的一次機密訪談中，曾被問及這個問題。他回應道：「任何一個華人，對於香港被英國統治的歷史，都會有一定程度的顧慮。」[4]從英國人的角度來看，割讓香港這件事其實充滿各種爭議，所以最好的做法就是不要再提起這件事，或是不要告訴香港人事情的經過。這也是為什麼，我們的歷史從學校的課程中被消失了。

我們的課本通常會詳細列出港英總督的名字和他們的政績。「至於中國人，沒有名字，也沒有面孔。」香港歷史學家高添強評論道。就這樣，香港人被排除在他們自己的故事之外。這也許精準反映了，在這段領土被割讓的歷史中，當地的人口其實也是一種負擔。最初主宰香港的人，要麼倉促行事或抱有惡意，要麼根本沒有考慮過這麼做會帶來什麼後果。他們不斷利用，甚至濫用國家的榮譽當藉口，刻意漠視香港人，使得種種問題就像首苦澀的旋律，多年來不斷地重複、膨脹。在這樣風險極高的地緣政治交易之中，沒有調解人、沒有理性的聲音、沒有其他的出路。英語和漢語這兩種語言之間的裂痕，逐漸擴大成彼此無法相互理解的鴻溝，最後演變成血腥的軍事行動，然後引發全面的戰爭，無數的人在其中犧牲了生命。

在歷經好幾世紀以後，香港才終於被製圖師釘上地圖，而後的第一批殖民統治者突然對這個新占有的島嶼異想天開，發明出香港是一個政治實體的概念，然後把這塊土地分割成一塊塊的地出售。[5]多虧了他們強烈的殖民欲望，香港才可能像今天一樣，成為世界上最偉大的城市之一。不過由於香港近代如此成功，使得人們很容易忘記，當初英國人的占領與其說是帝國的妙算神機，不如說是因為一連串個人基於錯誤判斷做出的行動，加上各種誤解和過度擴張共同導致的意外。香港在這一百年的起起伏伏之間，歷經了一次又一次的割讓，這些割讓過程其實很值得重新審視，因為這座城市目前的困境大多源自於此，而且多年之後，其造成的後果像漣漪一樣不斷擴大。

英國利用三次割讓的機會，一塊一塊地取得香港的領土[6]：先是一八四〇年代拿到香港島，一八六〇年代拿到九龍半島，最後於一八九八年以九十九年的租期獲得了與中國接壤的新界，以及其他二百三十五座離島。自此，香港島、九龍和新界這三大區域，組成了目前我們所知的香港。然而這樣的描述確實過於簡略，完整的割讓過程其實更為複雜、更反覆無常、更殘酷。事實上，甚至可以說是英國歷史上最可恥的事件之一。這三次割讓，每一次都伴隨著一場戰爭，香港被分成三大塊，每一塊都被當作戰爭的戰利品。也因此，如果要了解香港是如何走到今天這一步，我們必須從頭關照整個歷史脈絡。

前兩次的戰爭衝突刀光血影、曠日持久，導火線是英國試圖保護自家的商人在中國販賣非法毒品，所以又被人稱為鴉片戰爭。這兩場鴉片戰爭在當時引發極大的爭議。在第一次鴉片戰爭的時候，時任國會議員的威廉・格萊斯頓（William Gladstone）在議會上說：「這場戰爭，從源頭上就是場不公正的戰爭，其過程中充滿了算計，這會是有史以來第一場讓這個國家永遠蒙羞的戰爭。」[7]格萊斯頓後來在一八六八年當上了首相。

茶葉開始在英國蔚為風潮，要說回十七世紀的時候，在政治聯姻之下，葡萄牙的凱薩琳公主（Catherine of Braganza）遠嫁給英格蘭國王查理二世（Charles II），自此將中國茶葉傳入了英國，人們對茶葉的欲望和需求源源不絕；此外，英國人還迷上絲綢長袍，餐桌上也開始擺起青花瓷。但相較之下，清朝皇帝卻認為中國並不需要「蠻族」生產的物品，而只看上了白銀和金條，所以清廷把來中國做生意的英國商人全集中限制在廣州的港口，一年中只能在特定的月份經由壟斷貿易權的「公行」進行買賣，而掌管這個公行的官員是以腐敗聞名的「粵海關部監督」（Hoppo）。[8]英國迫切需要找到某種商品，來平衡這個極為不對稱的貿易逆差，而解決這個問題的關鍵就是鴉片。雖然鴉片嚴格來說是貿易的非法禁品，但卻被地方當局默許，因為地方政府仰賴從英屬印度運來的鴉片所繳納的進口稅。

後來是因為道光皇帝試圖消滅鴉片禍害，才導致了第一次鴉片戰爭，但英國人總是大義凜然地說，他們是在追求貿易自由和捍衛國家榮譽。皇帝本人也是個鴉片癮君子，但他還是命令欽差大臣林則徐去禁絕鴉片貿易。[9]林則徐正直清廉，處事風馳電掣。一八三九年三月十八日，他才抵達廣州八天，就要求英國商人交出鴉片存貨。他把外國商人都鎖進倉庫裡當人質，直到他們把鴉片交出來才放人。[10]英國人手中總共二萬多箱的鴉片全被上繳，被扔進三個裝滿鹽水的巨大池子裡銷毀。[11]英國駐華商務總監是位留著大八字鬍的海軍上校，名叫義律（Charles Elliot）。[12]他向商人承諾，英國政府一定會賠償他們的損失。[13]

這個消息於六個月後傳到了倫敦，內閣認定英國財產遭到破壞，英國政府因此陷入財政困境，所以中國人應該要為此付出代價。不甘國家榮譽受到不公正的對待和侮辱，他們決定發動戰爭，派遣了遠征軍四千人和十六艘戰艦要出馬討回公道。

一八四〇年二月，外交大臣巴麥尊子爵擬了一份條約草案，從中可以清楚嗅到這場戰爭瀰漫的濃厚重商主義。[14]該條約明確指出，英國應「放棄任何島嶼的永久擁有權」，並且將重點放在要求中國對英國開放五個貿易港口。但是在義律和他堂兄懿律爵士（Rear Admiral George Elliot）的指揮下，遠征軍奉令占領浙江沿海的舟山島，將此地作為討價還價的籌碼，然後向北前往渤海灣與中國談判條約，逼迫中國同意對貿易讓步。

一八四〇年七月四日，英軍只花了九分鐘就占領舟山，造成二百零八名中國人死亡，四百六十二人受傷，英國人則沒有兵員折損。[15]然而，中國的全權代表琦善不敢拒絕英方的要求，也不敢馬上答應，使得條約談判僵持了六個月毫無結果。[16]義律失去了耐心，於一八四一年一月七日在珠江三角洲的虎門海峽，發動第二次穿鼻之戰。英軍不到一個小時就占領了大角頭和沙角砲台，終於迫使中國在驚駭之中投降。根據一些當年與役的英軍描述[17]，戰役場面血流成河，屍體成堆，堡壘裡「滿是腦漿」，無數漂浮的屍體染紅了大海。[18]

四天後，在義律和琦善的談判中，首次提及了香港。我在倫敦郊區英國國家檔案館（British National Archives）中找到了當年往來的原始信件。這座菱形的檔案館以混凝土建成，走粗獷主義風格，任何人都可以在這裡找到許多珍貴文件，比如亨利八世（Henry

VIII）的信箋，或是十一世紀寫在羊皮紙薄膜上的法庭判決。我原本是要來尋找談判的紀錄，沒想到卻找到了一些新發現。我要找的信是一張張宛如薄紗的小麥色信紙，完整地裝在一份薄薄的馬尼拉夾中。我打開第一個信封，看見裡頭裝的是義律寫給琦善的信，日期是一八四一年一月十一日，也就是血戰之後的第四天。[19]信上寫的漢字小小的，還算整齊，不過看得出當初下筆相當倉促，有一些錯字被劃掉。儘管如此，這份文件對我來說依然像天書，因為它使用的是清廷的正式語言。不過我很快注意到一些驚人的事實。

義律在信中寫道：「今擬將尖沙咀洋面之所濱之尖沙咀、紅坎（紅磡）即香港等處，代換沙角。」有趣的是，「即香港」這幾個字並非直接寫在句子中，而是後來加上的，就寫在兩行文字間的空白處。顯然，香港自第一次被提及開始，在任何意義上都很邊緣。

四天後琦善回信，他寫的內容遠比義律的信更加精采。[20]信紙上蓋有三顆紅紅的大印章，而且不同於英國抄寫員的彆扭字跡，這封信的手寫字每一個都寫得又大又工整又漂亮。每一筆一劃都散發著博學和文化的氣息，但想也知道，收件者肯定對此全然無感。琦善在信中指出，尖沙咀和香港是兩個不同的地方。[21]他向義律提議在兩者之間二選一，而不是兩個地方都要。

義律只花了一個晚上，就決定選擇香港。據中國歷史學家的說法，他之前都寫「香港一處」（a site in Hong Kong），但在回信中已改口為「香港一島」（the island of Hong Kong）[22]，顯示英國在最後一刻提高了要求。[23]

這也就是說，後來會選擇香港幾乎是偶然的事。一八九五年，殖民地公務員歐德理（Ernest Eitel）曾形容香港的割讓「令所有相關人士感到意外」[24]，中國全權代表直到最後一刻，才勉強提出割讓香港的選項，而英國使節在別無選擇的情況下，不情願地接受了這個提議。這三張宛如蟬翼的信函，竟乘載著如此深沉的重量，讀得我震懾不已。如果義律最後選擇九龍而不是香港，或者如果琦善同意同時割讓香港和九龍，歷史將走上完全截然不同的道路。

根據英國的記載，在這次通信之後，他們私下達成了所謂的《穿鼻草約》，將香港割讓給了英國。[25]中國還要賠償六百萬銀元，作為英國鴉片被銷毀的賠償，並且重新開放貿易關係，以平等的方式進行官方協商。僅僅九天以後，一八四一年一月二十五日，英國皇家海軍砲艦「硫磺號」（HMS Sulphur）的艦長愛德華・卑路乍（Edward Belcher）登陸太平山腳下，自稱是這片土地「真正的首批占領者」。[26]他和他的眾船員一齊大聲歡呼三聲，為維多利亞女王的健康舉杯致敬。[27]第二天，停泊在港口的所有軍艦皆一致對空鳴砲，「歡樂之火」（feu de joie）的轟鳴聲響徹雲霄，傳達到了山頂。他們在登陸點舉行了升旗儀式，並把這個地方命名為「占領角」（Possession Point，即今日的上環水坑口）。英國的史書記載的，全是這一套敘事版本。

北京則對這段歷史有另一套截然不同的詮釋。據中國馬克思主義歷史學家的說法，這是一次武力奪取，「同時對清政府進行外交勒索」。[28]《穿鼻草約》無疑問題重重。而且中英版本有很大的差異，包括一些關鍵問題，例如指出英國人在香港的居留權是暫時的還是永久的。[29]在琦善給皇帝的奏摺中，他將《穿鼻草約》描述為「提議的條款」，而不是一項已成定局的協議。早在一九五〇年代，研究中國皇家檔案的獨立學者黃海昌（George H. C. Wong，音譯）就認為，其實英國對香港是非法占有。[30]照這樣來看，香港之所以成為英國殖民地，完全是因為義律把自己的願望當成了既成事實來說。

各方對《穿鼻草約》的反應都極度的消極。消息花了整整十週後才傳到倫敦，香港首任行政官義律立刻被踢下台。義律受到了眾人的抨擊，因為他不僅沒有成功讓中國開放港口進行貿易，還令人費解地選擇了香港。巴麥尊子爵憤怒地寫信批評義律，對香港的那句遺臭萬年的形容就是源自此信。他形容香港是「一塊連房子都沒有的荒蕪礁石」，「它永遠不可能成為一個貿易市場」。[31]在同一封信中，巴麥尊子爵對協議的正當性提出了質疑，他寫道：「即使這是所謂的割讓，在我看來它似乎有很多附加條件，並不是真的割讓本島的主權，這必須由皇帝簽署批准才算數。」[32]清廷同樣非常憤怒，將琦善革職並押回北平（今日的北京）處置，指控他叛國。[33]他的財產被沒收，本人則被流放到西藏。[34]

大約一週後，香港居民被告知他們的國籍已經改變了。根據一八四一年的人口普查資料，香港有七千四百五十位居民，其中包括二千名船民。[35]英國占領香港的事實，直到一年多後才得到承認和確認，也就是一八四二年八月二十九日簽署的《南京條約》。一八四三年六月二十六日，英軍登陸兩年多後，香港才正式成為英國直轄的殖民地。[36]也就是說，其實香港的身分打從一開始就是有條件的，而且充滿了不確定性。香港在不知情的情況下，甚至根本沒有經過同意的情況下，一夕之間就成了英國的臣民，繼續生活在一個看不到明確未來前景的邊緣空間。

英國人宣布其他沒被占領的土地，如今全都是英國皇室的土地[37]，但其實英方根本沒有這麼做的權力。[38]更多額外的土地被強制徵用，社區被連根拔起，人們開始打從心底對新政府萌生了敵意。即使英國人承認土地原有的持有狀態，依然犯下一些很基本的錯誤。他們並不了解中國傳統土地所有權的做法。[39]傳統上，土地承租制分為兩層，一層是底土（田骨）所有者，一層是表土（田皮）承租人。後者向前者承租土地，而前者則負責向中國政府繳納土地稅。但英國人卻認為底土所有者是「不合法壓榨」的稅主，因此他們經常否認這些人是土地所有權人，轉而承認表土承租者才是土地擁有者。那些勉強餬口的佃農，原本用低廉價格承租到表土使用權，現在卻突然背負起他們無力支付的巨額土地稅，而且付不出錢來的人會面臨懲罰。與此同時，傳統的土地擁有者則被剝奪了原有的權利，受到波及的包含勢力龐大的鄧氏家族，他們早在西元九七三年就定居在新界的錦田。他們坐擁香港、九龍和新界等區的大片土地，幾個世紀以來都以收租為家業，並定期向清廷政府納稅，結果到了十九世紀末，他們的土地卻都被英國人拿走。而這件事後來讓雙方付出高昂的代價。

一八四一年六月十四日，香港舉行首次的土地拍賣，為日後一百五十年的土地投機埋下了伏筆。殖民政府控制了土地的供給，還藉此哄抬需求，這種做法最後導致了災難性的後果。在這場首次土地拍賣會上，中環沿岸三十多塊土地被以平均每塊九十六英鎊的價格售出。[40]現場眾人從一開始對價格感到不敢置信，到後來也燃起強烈欲望，想要競標下一件拍賣品。當年某位觀察人士這麼描述道：「第一件拍賣品在拍賣單上是排第十五，以二十英鎊的價格賣給了韋伯斯特先生，當下不僅沒人反對，他還被嘲笑怎麼出這麼多錢。然而第十四號卻賣了二十一英鎊。」土地拍賣會辦完的六週之後，義律上校收到了被召回的消息，但那時的地基已然打下，華美的建築正一一拔地而起。

就在土地拍賣的前一週，義律宣布香港成為自由港，並開放貿易。儘管英國人的占領嚴格說來是暫時的，而且有條件限制，但透過拍賣土地的方式卻發揮了他們的優勢。每一天，這個殖民地都在不斷地拓展，開始出現商店、妓院、鴉片專賣店和市集、一家賭場，甚至賭場裡養了一隻會演戲的紅毛猩猩，她每天中午都會公開表演參加宴會吃午餐，還懂得敬酒跟抽雪茄。[41]而當支配的邏輯和帝國擴張的齒輪一旦啟動，一切就停不下來了。那些湧入香港的英國人和中國人，看上的就是此地無限光明的機會前景。香港宛如一張白紙，野心勃勃的投機者既可以在這裡建設一座全新的城市，還可以重新打造他們自己。

對英國人來說，統治指的是控制和管理當地的居民，而非治理。新殖民地第一棟建築是一間巨大的監獄，在土地拍賣會兩個月後完工。[42]在第一份都市規劃中，中央裁判司署和監獄占據了目前為止最大的一塊土地，主管著整個居住地。[43]許多想逃離麻煩的大陸人，以及任何不受歡迎的人全都跑來香港，香港因而贏得了安全港的名聲。在英國殖民的頭三十年，香港超過百分之八的人曾上過地方法院。[44]英國人非常注重正義，這一方面為這個新殖民地帶來了秩序，但另一方面也讓英國人更加認為，不斷湧入的中國移民素質糟糕透頂。

另一頭，倫敦已經下令停止建設當地，因為中央對於是否要花錢養一個島一直猶豫不決，不過接替義律、擔任香港首任總督的鷹派少將璞鼎查（Henry Pottinger，港譯：砵甸乍）[45]卻認為，這個定居地太過先進，交還給中國反而會傷到英國的名譽。[46]他後來承認，他「刻意違背了修改後的指示」，決定保留香港，因為他認為香港大有可為。[47]璞鼎查還利用他的軍事長才，沿著長江一路往上打，最後兵臨南京，威脅著要摧毀南京城。迫於英國的軍事優勢逼壓，中國簽下了《南京條約》，將香港永久割讓給英國。史實記載通常刻意避談中國方的傷亡人數，但一八四七年交給英國議會的一份報告指出，第一次鴉片戰爭中英方有六十九人死亡，四百五十一人受傷，中方則有一萬八千至二萬人死亡。[48]

說到這裡就很清楚，打從一開始關於香港割讓就有兩套截然不同的說法。對璞鼎查來說，香港是棵搖錢樹，是「未來貿易和財富的大集市」。[49]但在北京眼中，《南京條約》是砲艦外交強加給中國的第一個「不平等條約」，失去香港標誌著中國展開一個半世紀以來被列強羞辱的歷史，最終必須把香港要回來，否則這個國家受到的恥辱將永無緩解之時。

時至今日，從香港街道的命名就可以看到，早期的殖民統治者如何在公共空間上打上自己的印記，同時抹去他們留下來那些極為不愉快的記憶，手法令人嘆為觀止。比如有一條街名叫莊士敦道（Johnston Road），以昔日護理總督莊士敦（Alexander Johnston）為名，以前我們都會沿著這條路走去吃我父親最喜歡的上海餃子館。一八四二年，莊士敦頒布了一條宵禁令，除了守夜人以外，所有中國人都不准在晚上十一點以後外出，違者將被逮捕。[50]在接下來半個世紀的大部分時間裡，許多地方時常在實施宵禁。又比如我們開車去醫院會經過的般咸道（Bonham Road，又叫般含道），是以香港第三任總督文咸爵士（Sir George Bonham，又譯般咸）為名，他認為學中文會「茶毒心智」。[51]還有軒尼詩道（Hennessy Road），我以前在這條路上的一間小辦公室裡教小學生英語，工作相當乏味。軒尼詩道是以第八任總督軒尼詩爵士（John Pope Hennessy）為名，他認為中國人「不誠實，有潛在危險，常流連神祕的祕密社團，宗教信仰相當愚昧，只適合做一般職員、收銀員（shroff）、茶水員／女傭（amah）、家庭傭工／男傭（houseboy）、苦力（coolie）。」[52]他這番說法，其實也道出了當時普遍人們的想法。在了解這些背後的故事之後，我對香港的看法改變了，這些原本再熟悉不過的街道，其實都被畫在殖民統治和種族偏見的地圖上。

跑馬地的山坡上其實坐落著一大片墓區，俯瞰著跑馬地馬場。[53]跑馬地的背後也有一套故事。當年政府為了興建跑馬地，徵用了原本富庶的黃泥涌村的農地，結果讓村民在自己的土地上淪為乞丐。而山坡上散落著大約八千座墳墓的墓區，也在我的家庭生活中扮演著重要的角色。我母親在那裡度過了人生最精采的十年歲月。

我的母親是個怪咖。她原名叫派特麗夏・康斯坦斯・德・馮布朗克（Patricia Constance de Fonblanque），父親是個時髦的英國軍人。結婚之後，她變成了平凡的林派特（Pat Lim）。①她在準備初入社交圈的時候，就不顧父母的反對，毅然決然地跑去劍橋學歷史，讓她的父母相當驚恐。後來我們舉家搬到香港來，她開始迷上了香港的傳統文化。在寫完兩本文化遺產指南之後，她繼續研究墓地。[54]因為她幾乎找不到這方面的書籍，所以她決定自己寫一本。

在我童年時期的週末，我和姐妹常常鬱悶地跟在母親身後走，當地村民默默地看著我們，他們的狗則在一旁大聲咆哮。我們看膩了一堆塵土飛揚的祠堂，卻只能在原地踢腳，拍打在我們腿上盤旋的蚊子，而我們的母親則慢慢地仔細檢查數之不盡的公媽龕，一層又一層的祖先牌位上，記錄著家族的男性後代名字。我們對墓園裡種植的吉祥樹一點都不感興趣，對樹枝上垂掛著的一份份寫著願望和哀悼的紅包袋也無動於衷。我們非常嫉妒跟我們同齡的孩子，他們週末的時候可以在遊艇上曬日光浴，或是在休閒俱樂部「香港婦女遊樂會」打網球，而我們卻只能在漫天塵土的寺廟裡被熱得汗流浹背，那裡還有令人寒毛直豎的阿羅漢，和讓人作惡夢的鬼怪。

①編按：由於林慕蓮的母親沒有取中文名，此處以音譯「林派特」表示。

但我母親正忙著達成自己的使命。她想要拓寬文化遺產的概念，不要讓文化遺產只是侷限在宏偉的殖民建築，她認為應該要容納更多在地的遺產，比如土地公廟和一些地方寺廟。她想要恢復在地的遺產和歷史，把這些東西從殖民統治階級移轉到普羅大眾身上，開始記錄黎民百姓的生死日常。我的華人父親對此極為排斥，迷信帶來的恐懼讓他對墳墓敬而遠之，但我母親跟他保證，她只是想寫一本簡短的小冊子。十年之後，她原本要寫的簡短小冊子，已經膨脹成一本六百頁的大部頭，詳細記錄了整座公墓②的社會歷史。[55]「香港的成長方式深深吸引著我，但卻幾乎鮮為人知，」她告訴我，「香港所有的歷史都在這裡，但香港人從未意識到，也幾乎沒有人拜訪這個地方。」[56]

這座公墓的第一個墳墓，紀念的是一八四一年在第一次鴉片戰爭中犧牲的班傑明・福斯（Benjamin Fox）少尉。[57]雖然只是一個簡單豎立的甕，但從這點可以看出，鴉片戰爭在新殖民地占有重要地位。璞鼎查總督為了改善與中國的關係，曾經禁止鴉片船停泊在香港的港口，但由於不敵商業的迫切需求，這條禁令只實施了一年。一八四五至一八四九年間，四分之三的印度鴉片皆經由香港進口。[58]鴉片貿易的影響，持續迴盪在這座公墓之中。我的母親曾跟我講一個船長的故事。一八五〇年八月三日在一艘名為「安納泥馬號」（Anonyma）的鴉片躉船上，船長施密特「正在餵他心愛的鸚鵡。不知怎麼地，他突然一言不發地從椅子上摔了下來，沒了呼吸。」[59]威爾斯船長繼任他的位子，卻在一年又一天之後也走向了相同的命運，他突然陷入精神失常，舉槍自盡。

英國人想要一個不受中國管轄的貿易據點，今日的香港就是由此繁榮起來的。[60] 怡和洋行（Jardine Matheson）和寶順洋行（Dent's）等鴉片貿易商氣派的倉庫排列在海濱。昔日不受社會道德觀待見的鴉片商，在這個全新的殖民地全搖身變成了菁英商人，與他們合作的人個個大發橫財。早期富商例如盧亞貴（Loo Aqui）和譚亞財（Tam Achoy），他們是來自社會邊緣族群的蜑家人。在中國，他們享受不到和陸地人一樣的權利，但是在香港，他們建立了文武廟和東華醫院等機構，為湧入的中國移民提供法律、福利和醫療服務，因此博得公眾的讚譽。香港宛如一塊畫布，讓殖民野心能夠大肆揮灑；對來自英國與中國的移民來說，雖然很少人把香港當做永久的家，但是卻也讓這些抱持機會主義的勤奮移民得以重新想像他們的生活。

這塊全新的殖民地沿著島嶼北邊的海岸建設起來，都市裡幾乎全是歐洲人，很少中國人獲准購買大片土地。英國人在太平山頂的斜坡上打造他們的豪宅，享受著那裡涼爽的天氣，而中國移民則只能擠在狹窄的海岸區生活，沒有完善的衛生設施和排水系統。太平山一帶原本有個華人聚落，但是該區過去生活條件相當惡劣，在十九世紀爆發鼠疫之後，當局出於公共衛生考量③而拆除了這個地區。

②譯注：即紅毛墳場，現稱為香港墳場。

③譯注：即一八九四年的香港鼠疫。

這次事件引發了劇烈的反彈，華人和英國人之間隔閡愈來愈深，結果一八五七年發生一名中國麵包師在麵包中添加了砷，意圖殺害歐洲人。大約四百名歐洲人遭殃，所幸砷的量沒有添加太多，所以這些人中毒之後只是嘔吐，沒有人死亡。[61]一八五八年，香港第四任總督寶靈爵士（Sir John Bowring）曾寫過一段話：「我不相信香港有任何一個（英國）商人或店主，碰到中國人會說或聽懂當地方言，或甚至跟他有任何一絲祕密交情。」寶靈爵士這段話發人深省，讓人看見了統治者和被統治者之間隔著一道萬丈深淵，「我們在無知中統治他們，他們在盲目中服從我們。」[62]

如此深不見底的隔閡，跨越了時間延續至今。幾十年來，中國人都不准進入公墓，更不用說埋葬在那裡。殖民初期，香港的華人人口主要都是移民，都是為了躲避太平天國之亂和中國的洪荒而來的難民。雖然香港成了這些人的避難所，但這些人認為自己終歸是「旅居者」，香港只是一個中繼站，他們仍與自己的家鄉保持聯繫，對香港並沒有什麼獨特的身分認同。

殖民時代早期，香港是一個危險的地方。公墓的每一座墳墓都讓人看出，當時香港環境有多麼險惡，例如可憐的英籍警察郭查（Ernest Goucher）被一頭二點五公尺長的老虎咬死；拍賣商馬克威克（Charles Markwick）被勒死在床上，他的僕人則袖手旁觀；船長洛維特（Henry Lovett）被叛變的船員襲擊，腹部被深深地劃開，連腸子都露了出來。我母親不忘提到，洛維特船長的英國鬥牛犬在打鬥中試圖保護他，雖然鼻子和臀部都受了嚴重的傷，但最後仍活了下來。洛維特的遺囑執行人後來將這隻鬥牛犬拿來拍賣，開價五十美元，這對「買一隻狗來說非常貴，當時殖民地官員鄔勵德（John Wright）的金錶和金鍊也才二十三美元。」[63]我母親說這話的口氣，像極了平時她抱怨我亂花零用錢的口氣。

我母親在公墓的冒險，充滿了各種有趣的故事。有時她研究得太專心，沒注意到自己被鎖在墓園，嚇得她在一片漆黑中驚慌失措地翻牆逃跑。有一天，我還遇到一個我完全不認識的人，興高采烈地跟我說，我母親曾經躺在墓碑上休息，結果一些去墓地的遊客無意中發現了她，誤以為躺在石板上的銀髮白人女子是鬼，全嚇得落荒而逃。

跟所有著名神話一樣，故事總是起源於真實的事件。某個炎炎夏日，母親正在幫一個旅行團導覽墓園，但是她突然感到非常不適，便躺在一塊墓碑上休息。墓碑的主人名叫萊斯利（Richardson Barry Loxley Leslie），是一名不幸英年早逝的二十六歲警官，他在二戰香港向日本投降後的第二天，被搶匪槍殺身亡。我母親休息了半刻鐘後，以她堅忍的意志力振作起來，繼續完成整趟導覽。幾天後，她去看醫生，醫生告訴她，她躺在墓碑上休息的那時候，可能是冠狀動脈心臟病發作，狀況危急的話極有可能一命嗚呼。我們總是笑她，要是她真的在墓地裡掛掉，是多麼詩意又適得其所；她跟著開玩笑說，那這樣她的書很可能會大賣。

我是很晚近才逐漸意識到，我母親那邊的家人跟埋葬在公墓的那群英國人角色很相像。她的親人有的在當軍人，有的在當警察，曾經為香港而戰，甚至擔任管理和治理的角色，他們在香港被英國統治的許多時候都扮演著外圍的殖民推手。我的曾曾祖父愛德華・巴林頓・德・馮布朗克（Edward Barrington de Fonblanque），在第二次鴉片戰爭期間曾效力於英國遠征軍，我的另一個親戚甚至是一八九九年新界六日戰（Six-Day War）的導火線。我們一直都是殖民計畫的一部分，連我父親也是一樣，一九九七年香港回歸中國的時候，他在當公務人員。

第二次鴉片戰爭之後，九龍這塊曾灶財聲稱擁有的土地，被割讓給了英國，而愛德華・巴林頓・德・馮布朗克在那場戰爭中扮演了一個小配角。我曾曾祖父生於一八二一年，是名職業軍人。雖有聰明才智和語言天分，但根據《紐約時報》的訃聞形容，他在克里米亞戰爭期間根本是巧婦難為無米之炊。後來，他因為他的部隊中暑而成了眾矢之的，被迫提早退伍，並且改領半薪。我花了好幾個小時閱讀他寫的那些沒沒無聞的著作，驚訝的發現，生活在保守維多利亞時代的人，竟然有這麼多的八卦醜聞。他曾興高采烈地吐露，妻子會犯下的最嚴重罪行並非紅杏出牆。我細細地讀著，原來他的私生活這麼多采多姿，某一次甚至差點成了當時最驚世駭俗的坎貝爾夫人（Lady Colin Campbell）離婚案的共同被告。

一八五九年底，他被派往日本，協助駐中國的英國遠征軍採購三、四千匹戰馬。他寫了一本講述自己在日本和中國經歷的書。[64]誠如他在書中對自己的描述那樣，他在任務中的表現並不出色，他承認自己對這兩個國家都不是很了解，也沒有任何相關統計資料和任何內線資訊。事實上，他跟其他許多英國人一樣，都不信任那些自稱是中國專家的人，他這麼寫道：「說到中國，少數因為長居在那或經過認真鑽研而對該國有一些認識的人……他們的判斷都變得很扭曲，不是因為太過喜愛，就是太過厭惡，導致他們無法提供真實的證言。」[65]他的書基本上寫的是第二次鴉片戰爭下的悲慘回憶錄，而在這場戰爭中，他大多時候都在很邊緣的位置。

在日本這個與外面世界隔絕了兩個世紀的國家，曾曾祖父的每一項交易都需要經過幕府將軍的批准。雖說法國人也是遠征軍兵力的一部分，但英國人都超討厭他們。他不僅要跟法國人競爭馬匹，還得跟狡猾的日本馬販討價還價，日本人為了拿到好價錢，會在馬的牙齒上塗記號。當他好不容易買到了幾匹馬，日本的馬夫卻拒絕訓練牠們，因為只有配雙刀的武士才有資格騎馬。後來他把馬匹運去中國，船隻卻因為颱風來襲而折返。等船開回到日本港口，他卻發現辛苦買來的三百匹馬，有二百三十匹不幸死亡，這些馬匹「因為受到驚嚇而幾乎崩潰，也因為在破碎的木箱中翻滾而受傷，被傷口折騰到抓狂，所以開始互相攻擊，直到某一方死亡或筋疲力竭才罷休。」[66]一八六〇年，戰爭終於落幕，他到天津監督馬匹的拍賣，當時總共拍賣了一千匹馬，賣出的價格只占了成本的一小部分。

這場戰爭結束了，但中國的百年國恥才正要開始：英法聯軍先是把清朝皇帝洛可可風格的別墅洗劫一空，然後將北京圓明園夷為平地。曾曾祖父那時也在中國，但並沒有在現場，不過他花了很多篇幅在描述當時的場景：「黃金佛像或金塊，或是同樣用金子做的酒壺、洗臉盆、花瓶，有的是用珍珠做的，或其他珍貴的寶石，還有用銀做的，令人好奇他們尺寸多大，閃著什麼樣的光澤。」[67]曾曾祖父對這樣的掠奪非常不苟同，他認為搶劫是最容易敗壞紀律和打擊軍隊士氣的行為。

正如同當初占領香港完全是偶然的一樣，吞併九龍也同樣不是第二次鴉片戰爭開打的目標。地圖上被人畫下一條筆直的線，此線以北是清朝的領土，以南是成為英國的領土九龍，這條線便是今日的「界限街」。雖然英國人承認九龍在軍事和戰略上頗具價值，但他們也認為這裡是充滿海盜、強盜和罪犯的避難所。[68]寶靈爵士曾這麼形容：「（九龍）對中國人來說，它不僅毫無價值，而且還是亂源的溫床和令人尷尬的所在。」[69]

但話說回來，九龍半島的割讓，實際上的過程其實同樣比史書記載的還要複雜得多。事實上，在一八六〇年十二月簽訂《北京條約》之前，九龍已經被英國控制了九個月，巴夏禮爵士（Harry Parkes，香港又譯為白加士）三月十九日已就租借的問題與中方代表進行了磋商。而這位年輕的駐廣州領事，正是第二次鴉片戰爭引爆的源頭。他在日記中記錄了他與兩廣總督勞崇光之間的交易，過程隨意到讓人吃驚，他甚至才剛跟一群英國將領和他們的夫人共進午餐，而且喝了不少酒。他寫道：「下午時分，我去找勞先生，我的信就裝在口袋裡，我說服他同意整個計畫，雖然我全身都是酒臭味，但我心裡相當愉快。」[70]九龍每年租金只需五百銀兩，巴夏禮自此以自己的名義把持了土地長達九個月。現在回想起來，這段過程的每一個環節都很不尋常。明明當時中英兩方處於戰爭狀態，英國人還在尋覓土地來訓練軍隊對抗中國人，而且巴夏禮明明是讓戰爭升級的罪魁禍首，卻又可以順利地達成協議，在最後拿下了九龍。

我的曾曾祖父雖然認為《北京條約》是一項不錯的條約，但他對條約的前景不是很以為然。他在書中寫道：「先不管我們的外交人員多麼自命不凡，中國的每一個讓步其實都是因為被我們的軍隊和水兵逼迫就範的，一旦軍事壓力解除，讓使節和領事自行維護或履行條約義務的時候，他們的態度將如何變化還有待觀察。」[71]如何確保北京履行條約義務，一直是香港困境的核心問題。

香港逐漸長成國際化的港口城市，其中是有賴於基督教傳教士創辦了學校和大學，為港人提供西方教育，而現代中國之父孫文利用了這一點，他在香港就讀醫學校的時候，就開始密謀推翻清朝。在香港可以討論在中國不能討論的思想，讓人們開始懷抱對中國未來的新願景。某些歐亞家庭甚至有辦法顛覆傳統的社會期待，例如何東家族靠著驚人的財富打破原本的規則，搬到了原本只開放給歐洲人的豪華山頂社區。香港是個充滿各種可能性的天地，卻同時也是容納各種越界的空間。

《南京條約》為其他國家瓜分中國勢力範圍提供了範例，在接下來的半個世紀裡，日本、俄羅斯、德國和法國皆紛紛來搶占中國境內的土地。這些領土被稱為租界，各國的公民可以在這些租界裡自由生活，享有治外法權。同個時期，大英帝國又拿到了構成今日香港的第三塊土地，這也是香港最大的一塊土地。一八九八年四月，英國駐大清國公使竇納樂爵士（Sir Claude MacDonald）負責進行談判，為了防衛香港的軍事需求，英國方強迫中國將界限街以北、深圳河④以南的一大塊土地，連同附近二百三十五個島嶼一起租給英國。這塊土地被稱為新界，占今天香港陸地面積的百分之九十二。雙方談判只花了兩個月的時間，最終在一八九八年七月一日簽訂了《第二北京條約》，又稱為《展拓香港界址專條》。

這次條約之所能如此迅速地談成，部分原因是竇納樂爵士處事草率馬虎[72]，他開始談判的時候甚至連最新的地圖都沒有。[73]在強大的民族情緒之下，中國絕不允許任何永久割讓，但他們願意以擴大租界範圍來交換，而且跟其他西方國家在中國的租界一樣都是以九十九年為限期。竇納樂爵士大概認為九十九年租期基本上幾乎等同於永久割讓[74]；他在簽署協議時並沒有提及這塊土地未來狀態如何，可能也是因為他無法想像未來中國會強大到有辦法來向英國要回這塊土地。竇納樂爵士的這番預設，對一個世紀後的香港居民產生了巨大的影響。

這一次的割讓，為英國帶來了數量更龐大、更穩定的人口，也就是「五大氏族」，其中一些人在一千年前就在當地定居。雖然這些家族是傳統的地主，但英國人卻視他們為黑道和強盜家族。[75]在一八九九年四月中旬正式移交主權之前的九個月之間，政府甚至沒有事先與這些家族溝通過治理方針。這樣的誤判埋下了禍根，在移交之後，新界果然爆發了一些抗英動亂，雖然歷時都相當短暫。

另一個引發抗爭的因素則跟我的某位遠親有關，也就是時任警務司長的梅含理爵士（Sir Francis Henry May）。他對當地信仰，尤其是風水這類的習俗非常的遲鈍。他當時負責幫警察總部選址，將來會在同個地方舉行升旗典禮，宣布英國正式控制新界。他原本選了一個地點，卻被當地村民以風水為由抗議，只好另選了一個地方，即今日的圓崗，昔日稱為「旗竿山」（Flagstaff Hill）。在移交主權的前一個月，梅含理爵士想要在屏山村兩個家廟後方設立一個警察局，這一次的選址再度引發眾怒，尤其世居此地、勢力龐大的鄧氏家族對此相當不滿，因為梅含理這樣的動作根本像在挑釁居民，讓居民認為警察局將「像一塊石頭一樣壓碎」他們。[76]

這裡的核心問題在於，當地人深深覺得自己的身分認同受到威脅。村民之所以這麼擔心失去自己的土地和當地的習俗，其來有自。帶頭反對的鄧氏家族就已經兩次失去土地，一次是割讓香港的時候，一次是九龍被吞併的時候。再加上坊間還傳言英國將課徵新稅，包括曾經引發兩次叛亂的鹽稅。所以很快地，新界開始有人張貼煽動性的「揭帖」，村民內心的焦慮表露無遺，也促使其他人紛紛決定拿起武器對抗那些「將入我鄉界，奪我土地」的「英夷」。甚至傳唱起以竹板伴奏的歌曲（又被稱為「竹枝詞」）：

④ 譯注：深圳河是香港與深圳的界河。

制度規模一律新，
寄居界內屬英民，
國家不以文章重，
何必區區枉費神？[77]

四月初，憤怒的村民燒毀了旗竿山的蓆棚，還襲擊了梅含理。四天後，時任總督卜力（Sir Henry Blake）發出公告，承諾不會改變當地的土地使用和習俗。但幾乎沒有人相信。四月十四日，以鄧氏家族為首的新界居民群起發動了第一次攻擊，再次燒毀旗竿山的蓆棚，並占領附近的幾座小山。村民們到處大喊大叫，敲鑼打鼓，施放炸藥和鞭砲。第二天終於戰事引爆。雖然升旗儀式提早舉行，但過程中也發生械鬥。

直到四月十九日，叛亂分子因戰力不濟而投降，六日戰爭方才落幕，這場「錦田喋血」事件，造成大約五百名村民喪生，鄧氏族譜將這些死者視為烈士，並稱這是一場「可歌可泣之民族抗戰」，「每年春秋二祭由憑弔其壯烈不忘也」。[78]某份名單上顯示，四十二名帶頭起義的人之中，二十九人來自鄧氏家族。然而，英國方面沒有損失一兵一卒，港督卜力幾乎是立刻就撤回了軍隊，因為他相信，既然「那些暴徒」已經受到了教訓，那麼現在應該「不要再追究過去一個月裡發生的事件，應該要讓他們自己發現，而且我相信他們很快就會發現，我們的統治並不是他們所想的那種殘酷暴政。」[79]這跟村民的態度不謀而合，許多人願意不再提起叛亂的事情，繼續生活在英國人的統治之下。

事後證明，這個策略成功地將這場戰爭，從集體記憶和殖民的歷史紀錄中抹去。但中國共產黨的資料不僅提到這個事件，還將之描述為「香港抵抗外國侵略歷史光輝燦爛的一頁」[80]，村民們則被視為決心維護國家尊嚴的愛國者。[81]我母親帶我去了一趟築著圍牆的錦田村，當時正值青春期的我只覺得這一切都很無聊，沒有意識到這個地方在歷史中的重要性。當時我年少輕狂，對身邊許多事物都不屑一顧，但有一件事讓我印象非常深刻，我注意到這個村莊的城門都不見了。原來是卜力象徵性地報復了當地居民，他把村莊的所有大門都運到他位在愛爾蘭科克郡的莊園裡，當作花園裡的裝飾。

雖說我的遠親梅含理爵士是導致六日戰爭的始作俑者，不過他的地位一直水漲船高，一九一二年成為香港總督。他也是唯一一個被人試圖暗殺的首長。[82]他就職當天，突然有人朝他開槍，據說那個人對他警察時期的作為懷恨在心。不過子彈卻射偏到他妻子梅夫人（Lady Helena May）的轎子上。梅夫人是我母親的姻親。梅含理爵士被認為是最種族主義的首長，他甚至把一匹賽馬取名為「黃皮膚」（Yellow Skin）。[83]他前一任的總督盧吉爵士（Sir Frederick Lugard）曾這樣形容梅含理：「我非常喜歡他，但他是個徹頭徹尾的白人。」[84]梅含理規定，中國人住在山頂是違法的。他不准混血兒童進入山頂的學校，他寫道：「這裡是香港唯一一個讓白人可以和他的妻小共同居住的健康環境；如果一個以歐洲標準來說未完全開化的外國種族，被允許進來占據這個屬於白人的空間，那將會是一場災難。」[85]

這些都是香港人在英國統治時期不學習自己的歷史的原因。因為你要怎麼教學生一個以種族為基礎的法律，要怎麼告訴學生有一種類似種族隔離的政策，就連鴉片戰爭這一系列戰事也很難教。六日戰爭的記憶被抹去了，這片土地上的其他記憶也沒有逃過被抹去的命運，而且波及的面向更多更廣；殖民時期的歷史書上看不到中國人的身影，更不用說中國婦女，還有那些自我抹煞的可憐的老一代歐亞混血族群。身分認同來自於共同的歷史，但被抹去歷史的香港，真的變成了一塊「貧瘠礁岩」，它既沒有明確的英國身分，也沒有明確的中國身分；殖民統治者讓香港人淪落於此，殖民統治者也從中受益。

對那些關注二〇一九年抗議運動的人來說，一八九九年的新界六日戰像是以某種方式重新浮上檯面。兩者都是無大台的草根運動，都是在保護香港人不受強大殖民勢力的侵害。兩者在許多地方都遙相呼應，比如都利用流行文化來動員支持者，一八九九年有竹板歌，二〇一九年則有抗議之歌。今日讓我目不轉睛的連儂牆，一個多世紀前是貼在公布欄上的匿名揭帖。二十世紀寫的是「該〔英〕夷將入我鄉界，奪我土地，貽無窮之患。」[86]二十一世紀寫的是「讓香港做回香港」。

就連參與者的形象也相似地令人震撼。在六日戰爭留下的唯一一張照片中，兩名身穿深色棉衣、頭戴斗笠的年輕人，肩上扛著長槍，目光直直看向鏡頭。有線索指出，這張照片可能是在戰事開打之前，在一家照相館拍的。兩人的胸前都別著白色的圓形牌子，上面寫著「壯勇」二字，既像是勉勵自己要堅強英勇，又像是個護身符。[87]

二〇一九年，在香港街頭很常聽到「勇」這個字，因為衝前線的人通常被稱為「勇武」。這張照片到了今日，主角換成了兩位全身穿戴著現代裝備的抗議人士，從頭到腳都是緊身的黑色衣物，頭戴黃色塑膠頭盔，面著防毒面具和護目鏡，他們一人拿著金屬棒，另一個人拿著磚頭，雙雙跪在新界荃灣的街頭，正等待著應對警察的攻擊。[88]無論是一八九九年，還是二〇一九年，都是在這一塊土地上爆發。有趣的是，兩位現代青年手上的武器，比一個世紀前的前輩還落後。雖然這兩張照片都有點擺拍的成分，但兩張照片中的年輕人，眼中都同樣閃著警戒的光芒，姿態都同樣故作勇猛，心中同樣都很清楚，接下來要面對的勢力要比他們強大得多。這兩張照片兩相對照，像極了同一組人馬坐著時光機，從一邊傳送到另一邊。

官民上下都在抹去六日戰爭的記憶，成效顯然相當成功。一直到一九三八年，最後一位抗英領袖伍醒遲的葬禮上，才又喚出了最後一點共同的記憶。有人寫了一副輓聯，鮮活地描繪出他在六日戰爭中的模樣：「奮螳臂以當車勁節同親事略已歸前背錄，蘇鮒魚於涸轍耄期不倦典掣留與後人看」。[89]手無寸鐵的香港老百姓，對上了權力無邊的政府勢力，確實只能說是「螳臂當車」，而這樣的描繪即使百年之後依然很貼切，一八九九年的時候如此，一個多世紀後的二〇一九年依然如此。

第四章

新界

香港人面對九七回歸有三個主要擔心。第一，擔心將來的港人治港，實際上是京人治港，中國表面上不派幹部來港，但治港的港人都由北京控制，港人治港變得有名無實。香港人第二個擔心是，九七後，中國處理香港事務的中低級幹部，將來在執行上不能落實中央政策，不能接受香港的資本主義和生活方式，處處干擾。第三，雖然港人絕對信任鄧主任及現在的國家領導人，但擔心將來的領導人又走極左路線，改變現行國策，否定一個國家，兩種制度的政策，使五十年不變的承諾，全部落空。

——鍾士元

一切的起點，源自一趟短暫的訪問之旅。一九八二年九月，英國首相柴契爾夫人在北京跟中國領導人鄧小平討論了香港的未來。她剛從北京人民大會堂步出，腳跟似乎沒站穩，一個踉蹌就從台階上摔了下去，直接雙手雙膝著地。堂堂英國首相竟然在毛澤東主席陵墓之前四肢著地，看起來就像是在對中國的政治權力中心卑躬屈膝，這一幕震驚了全世界，甚至震盪了香港這座金融城市跳動的脈搏，恒生指數暴跌六百點。在香港，人們都說這次的下跌預示了香港的未來。而柴契爾之所以閃神跌跤，是因為鄧小平在這次談判中占了上風。

但這場會談過程到底實際上有多糟糕，其實香港人並不是很清楚。就在三個月前，柴契爾夫人才剛打贏了福克蘭群島戰爭，她希望趁機會說服鄧小平達成協議，讓香港即使一九九七年回歸中國，英國依然可以繼續管理香港。[1]雖然當初香港和九龍是永久割讓，但如果少了與陸地相連且面積最大的新界，香港也無法正常運作下去，因為整個香港都仰賴中國供應糧食和飲水。柴契爾之所以支持英國應該要繼續統治香港，是因為她認為只有在英國的統治之下，才能保證香港的穩定。三年前，鄧小平曾表明這個提議不可行，領導人峰會的前一天，總理趙紫陽也再重申了一次，但自信滿滿的柴契爾並沒有聽進去。

在天花板蓋得老高的大廳裡，柴契爾一貫的淩人氣勢和專斷霸道，顯然對鄧小平毫無用武之地。鄧小平在會談中不斷抽菸，還不時往腳邊的白色琺瑯痰盂吐痰，反而讓她銳氣大減，甚至有些退縮。會議結束後，她形容鄧小平是個殘酷的人。[2]鄧小平的態度確實很執拗，他堅持北京將在一九九七年收回香港、九龍、新界，並且警告說，如果中國想要的話，甚至當天就可以收回。[3]至於英國可否延長對香港的行政管理權，鄧小平斷然回絕。他說，「我們不作李鴻章第二」。[4]十九世紀的時候，就是李鴻章跟列強談下了一些中國不平等條約。據柴契爾夫人的私人國會祕書的說法，這次會議是場災難，但很少人知道實際有多糟糕，甚至連英國政府在香港最信賴的顧問群也不知道。

在這些香港回歸中國的故事之中，卻總是聽不見香港人的聲音。英國和中國對香港的過去各執一詞，雙方對香港的回歸也各有各的說法。但無論他們如何大肆渲染自己對香港回歸的說法，皆有志一同地隻字不提香港人。柴契爾的自傳厚達九百一十四頁，只有十頁提到香港。[5]時任英國首相梅傑（John Major，港譯為馬卓安），一直是主導香港一九九七年回歸中國的重要人物，但在其七百七十四頁的自傳中，只有五頁提到香港。[6]在這些大人物的一生中，有很多更重要的事情，相比之下，撤離英國最後一塊殖民地並拋下其數百萬臣民，僅僅只是一件微不足道的小事件。在這些敘述中只出現過一個香港人，也就是香港第一任行政長官董建華，但他在香港人眼中其實是上海人。香港正置身一場地緣政治的大棋局之中，對於主導這場大棋的政治領袖來說，香港人一直都沒有名字，也沒有面孔。

我一直對於「介於此彼之間」的版本感興趣，我期待看到純粹以香港人的角度出發的版本。但這似乎很難達成，因為自那場談判至今已四十年過去，許多主要參與者都已經過世。萬幸的是，我後來在圖書館的某個書架上找到了夢寐以求的關鍵資料，香港政治學家曾銳生曾在一九八〇及九〇年代進行數十場採訪。他採訪的人都是當時香港的一些重要人物，其中包括三位來自英國的總督，和至少六位主要的香港顧問。[7]他承諾受訪者，所有訪談內容將保密三十年。至今時限已經過了。這些採訪內容涉及了一些敏感議題，包括移民、貪腐，和一九六七年的香港暴動。一九六七年一群親中的左翼分子在香港發動了好幾場炸彈襲擊，造成五十一人死亡。更關鍵的是，訪談內容還包含許多第一手內部見解，幾位著名的香港顧問都表達了他們對香港前途的看法。

他們講述的故事真的讓人大開眼界，與中英兩國的官方資料根本天差地遠。當年明明是針鋒相對的談判，卻被中英兩國描述成一個有序且冷靜的過程，然後結論都指向香港要回歸中國。但事實上，主權移交談判的過程異常艱難，總共歷時兩年，中間展開二十二輪磋商，有時甚至瀕臨破裂。[8]而且談判桌上沒有香港人的位子。香港人除了當顧問以外，沒有其他任何參與的方式，他們沒有機會就協議進行投票，也沒有任何方法可以修改協議。在讀了曾銳生的檔案之後，我才突然明白，中英雙方的文獻所以可以如此冷靜超然，那只是因為香港人的聲音完全被掩蓋了。

那些塵封已久的文件中讀到的故事，充滿了絕望和痛苦，猶如莎士比亞的悲劇，充斥著英雄主義、背叛和傲慢。這些文件還讓我看見，英國人普遍抱持著反華的種族主義，就連政府高層人士也是這樣的態度，這連帶也影響了談判的過程。受訪者直言不諱的程度也令人驚訝，尤其與官方資料兩相對比，採訪內容坦率得令我震驚。受訪者受限於官方機密法令規定，一般不得向其家人透露任何一丁點工作上的事情。但這次的採訪，曾銳生跟他們約定會保密三十年，結果所有受訪者趁機大解放。這是他們第一次自由地發表言論。每個人都對著曾銳生暢所欲言，使得身為採訪者的曾銳生，很多時候更像聆聽告解的神父。而且受訪者不約而同地都提到**沮喪**、**憤怒**、**不安**、**恐懼**、**身心交瘁**，也讓人看到了香港回歸的過程既複雜又影響深遠。

其中有兩個人的聲音格外引我注意：分別是一九七一至八二年的港英總督麥理浩，以及他的資深顧問鍾士元爵士（Sir Sze-yuen Chung），人稱「S.Y.」或「大Sir」。鍾士元身材矮小，下巴方正，鬥志旺盛，臉上戴著長方形的黑色眼鏡，他是當時的「首席非官守議員」（Senior Unofficial Member）。當時香港並沒有政黨政治和實質的選舉，總督會指派一些銀行家、企業主或律師進入行政局（簡稱Exco）或立法局（簡稱Legco）擔任「非官守議員」，他們的辦公室有個很冗長的名字，叫做「行政立法兩局非官守議員辦公處」（UMELCO）。「非官守」這個名字本身就表明了，這些顧問並沒有實質的權力。然而，行政局其實相當於內閣。一九八三年時任總督尤德（Edward Youde）就注意到，二十多年來沒有一個總督違背過行政局的建議。[9]看來英國人也並不想要一個溫順又聽話的應聲蟲來組成諮詢機構，他們接受了鍾士元。而後鍾士元成功地將非官守議員轉變成香港第一批非官方的政治家。

鍾士元在自傳中很明確指出：「其實，香港的本地華人比香港政府更早研究九七前途問題，我自己當年也是其中一分子。」[10]鍾士元是中產階級出身，曾在企業擔任工程師，他形容自己不像其他非官守議員都是含著銀湯匙出生。[11]鍾士元工作勤奮，每個星期日都在閱讀官方文件。他個性固執、有話直說、廉潔奉公，並且全心全力奉獻給香港。[12]二〇一八年，他以一百零一歲高齡過世，人們一致認為他為香港貢獻良多。

鍾士元一九九〇年和九一年的訪談內容長達四百二十一頁，我在閱讀過程中也被他的緊張情緒所感染。「沒有人會看到這些訪談稿，對吧？……」[13]「我向上天發誓，我說的都是事實……」[14]「這是機密，我信任你會保密……」[15]「這一段是機密，但可能二十五年後會有用……」[16]「如果我還活著，還留在香港，這次的披露可能會讓我被中國政府找麻煩。」[17]有時候在分享一段軼事之後，他會試圖尋求安慰：「謝謝你的採訪，我希望有人會覺得有些幫助。」[18]這樣的焦慮也感染了我，我開始緊張，倘若他知道了他說的話一直躺在圖書館的書架上，無人閱讀也乏人問津，不知道做何感想？而既然當事人是如此小心謹慎地保守這些祕密，那身為可能的頭號讀者的我，究竟是該寫出來，還是讓這些話語繼續保持祕密呢？

但鍾士元的證詞並非孤例。無論是其他非官守議員的口述資料，還是柴契爾檔案資料庫所解密的外交文件，都讓我聽見了香港人的聲音，讓我了解在《中英聯合聲明》促成之前的那段關鍵歲月，香港人真正的心聲。這些故事也讓我看見，過去人們之所以陷入沉默，有些是出於政治原因和迫不得已、有些則是因為榮譽和背叛等因素。從這些檔案資料的內容，我拼湊出三個關鍵時刻，也就是在簽下中英聯合聲明，香港陷入漫長且每況愈下的絕望之前，非官守議員曾面臨的三個危機時刻：首先是一九七九年總督麥理浩訪華，再來是一九八〇年代早期因應香港問題而推出《英國國籍法》（*British Nationality Act*），最後是一九八二年柴契爾夫人從樓梯上摔下來的那次北京行。

從不同人的採訪內容可以讀出一個共通點，那就是面對最後一個遙遠的殖民地，大英帝國的態度有多麼專橫。一九七〇年代，曾有大約二十一點三萬的越南人為了逃離內戰，搭著搖搖晃晃木船湧入香港。[19]這些難民被稱為「船民」，香港被迫獨自為這些船民建立收容地。當問及倫敦是否對香港施加壓力，擔任非官守議員的銀行家李福和這麼說：「我不認為我們有受到來自白廳（Whitehall，即英國中央政府）或西敏宮（Westminster，即英國國會）的任何壓力。那個時候，講難聽的，女王陛下政府（Her Majesty's Government）根本從不關心這些細節。」[20]

一九七一年，熟悉中國事務的前二戰英雄麥理浩被任命為香港的總督。根據他之前在外交部工作的經驗，任何新官上任按慣例都會收到英國相關政策的指示，但他告訴鍾士元，這次他完全沒收到針對香港的指示，反而全得靠自己，「他們根本沒有針對香港的政策，事實就是這樣。」[21]這也是麥理浩同意接受採訪的原因之一。一九八八年，在一封解密的致英國外交部的信件中，他擔心未來歷史學家將面臨香港資訊的匱乏問題。他寫道：「一九七〇年代，香港跟倫敦很少進行官方對話，討論香港的事務。你聽了可能會很訝異，但一位副常務次長（Deputy Under Secretary）曾告誡我：你的工作就是讓香港別來煩內閣大臣。」[22]對倫敦來說，香港，以及香港的居民，充其量只是雜訊。

在我的童年記憶中，麥理浩被暱稱為「Big Mac」，他身高超過一百九十公分，是個不苟言笑的蘇格蘭人，常常穿著棕褐色的開襟襯衫，昂首闊步地走在路上，監督著新界正在建設的公共住宅區。這些社區容納了香港迅速增長的一百六十萬人口，其中大多是越南船民和逃離文革的中國人，愈來愈多人將香港視為他們永久的家，而不再是寄居地。麥理浩認為自己的任務是「快速找到治理方法」[23]，並且拒絕稱他的外出訪視是「出巡」[24]，因為他堅持認為自己是認識在地、跟居民交談，而不僅是四處走走。本質上他是個家父長式的威權主義者，他的首要任務是提供良好的政治治理和行政效率。

麥理浩時代我最有印象的，是一條全身綠綠的、長著紅斑點的龍，名叫垃圾蟲（Laapsaap Chong）。他常常出現在電視廣告中，興高采烈地在香港街道上亂扔垃圾。麥理浩當時在推「清潔香港運動」，這條長著紅斑點的綠龍就是這場運動的吉祥物。該運動衍生出一系列的廣告，大力勸導香港人不要再從高樓大廈的窗戶扔啤酒瓶、電視機和空調。相關廣告鋪天蓋地，有段時間我做惡夢都會夢到這些卡通人物。我從報紙上讀到麥理浩對這條卡通龍的看法，他堅持認為這條龍顯示這類公民活動可以代替民主體制。他告訴鍾士元：「雖然歷史可能不會讓香港擁有人民可以選舉的民主，但一個更有效而且更直接的替代品可能是**參與**……隨著這系列運動取得成效且形成慣例，而且做的事往往比原先預想的還要更多、更不同，這些活動都顯示了，在沒有民選立法機構的情況下，政府做事和回應公眾的需求方面可以有多**民主**。」[25]麥理浩堅決反對打開「劇烈憲政改革的潘朵拉盒子」[26]，他相信香港的體制可以表現得比選舉政治更好。[27]像麥理浩這樣的歷任總督，是英國之所以不在香港引進民主改革的關鍵原因之一。他們的這種家父長式的政治直覺，常常獲得當地行政局顧問的支持。

麥理浩抵達香港的時候，社會避談香港未來已經持續幾十年了。英國和中國都不願當第一個提出這個問題的一方。李福和形容，這成了一個強大的禁忌，誰提到一九九七年，誰就是在「犯罪」。[28]資深行政局成員、實業家安子介也說：「沒有人敢碰這個問題，中國都不問了，你為什麼自己提？」[29]

後來麥理浩決定要打破這個心照不宣的沉默。當年竇納樂爵士拿著過時地圖簽下的新界九十九年租約，即將於一九九七年到期。人們最關心的是個體戶租賃農地的問題，因為土地的租約一般都以十五年為一期，而從一九七九年算起十五年，離一九九七年的期限只剩三年，銀行家和開發商都在煩惱該如何應對這個問題。對麥理浩來說，如果不及早解決問題和制訂因應的計畫，一九九七年將是「一個必然引發危機的源頭」。[30]他認為，坐等中國先起頭是不負責任的[31]，而且也說不過去。[32]他決定現在就該打破避談的禁忌。麥理浩在所有謀劃上，都假定了：如果有必要，北京會毫不猶豫地出手干預香港。[33]他深信，必須避免任何會導致與中國槓上的情況，香港才有辦法生存。[34]據麥理浩的說法，也正因如此，他從未考慮過香港獨立的問題，更別說將之提出來討論。他對曾銳生說：「這是一件極其巨大的議題，可以說，每個人都知道他們也無能為力，出於各種顧慮只能選擇保持沉默。」[35]

一九七九年三月，麥理浩至北京進行了歷史性的訪問，這是香港的總督首次訪問北京，也是中國首次正式承認英國對香港的管理和統治。[36]總督和幾位親近的顧問，包含時任駐北京大使柯利達爵士（Sir Percy Cradock），共同制定了一套深思熟慮的計畫；他強調，這不是臨時才想出來的計畫。[37]麥理浩打算走迂迴的策略，藉著提出新界的個體土地契約問題來切入主題。他想試探中國是否願意達成協議，即使新界主權歸還給中國，也讓英國可以繼續管理整個香港。[38]這項提議跳過主權問題，以「回租」的協議或「管理合約」的名義，延長英國的行政管理期限。麥理浩希望利用技術性和商業性的問題，模糊土地租約的最後期限，來打探出北京的意向。[39]

麥理浩初抵達北京，才得知即將會面的對象是鄧小平，這位來自四川的副總理老奸巨猾，歷經三次清洗皆倖存了下來，最後成為中國的最高領導人。[40]會面的當天上午，簡悅強爵士以資深行政局成員的身分，陪同麥理浩在英國駐北京大使館的花園散步。簡悅強爵士試圖勸麥理浩放棄那個計畫[41]，但麥理浩仍執意推進，甚至不顧中國外交部已事先要求他不要提起該話題。[42]事後，他總是強調，鄧小平才是首位打破禁忌的人。

會面的時候，鄧小平告訴他，香港是中國的一部分，將來勢必回歸中國，但北京尊重香港的特殊地位，將允許它繼續實行其資本主義制度。[43]麥理浩試圖搬出他的提議，但得到的回應並不樂觀。有傳聞說，當時的翻譯品質拙劣，很有可能讓鄧小平把個體土地租約問題和新界九十九年租約這兩件完全不同的事混為一談。[44]當麥理浩試圖又再提了一次，鄧小平不知道是出於混淆還是狡詐，他只說任何土地租約都應該避免提及英國政府，因為他無法確保香港的政治局勢是否會保持不變，然而鄧小平強調，香港的資本主義制度將會繼續施行下去，投資者大可以「放心」。[45]這在麥理浩看來就是在避重就輕，顯然中國政府還沒有對香港的未來做出明確的決定。他對曾銳生說：「從後來發生的事去解讀他當時說的話，人們很容易認為他已經構想出一個全面的計畫，也就是所謂一國兩制，但我敢打賭他其實還沒有頭緒。」[46]

中國外交部長黃華曾公開斥責麥理浩，因為他認為延長土地租期是不必要且不恰當的。[47]但會面結束之後，麥理浩和其執政團隊決定發布官方說法，稱北京方面沒有改變其基本立場。[48]結果，麥理浩的計策失敗了。他的策略遭到嚴厲的批評，一方面是因為他做法非常拐彎抹角，像是在打啞謎一般難以正確翻譯，另一方面是因為他直接訴諸政治最高層，沒有留下任何可斡旋的空間。但是在接受曾銳生的採訪時，麥理浩為自己的行為辯解，他說：「我非常確信，無論是採取何種方式，不論是在不同時間、透過不同管道、在不同的層級，或甚至透過中間人，最終的結果都是一樣的。」[49]

回到香港以後，麥理浩完全沒有提及跟租約相關的談話內容，這段過程只有當時在場的人知情。他只是一再強調，鄧小平要香港投資者盡量放心。麥理浩的說法其實存在著某種認知失調，這基本上也反映了英國接下來幾年的立場。他們其實都知道，鄧小平已經暗示中國不接受英國延長管治香港的提議，但在公開場合上，他們依然繼續試探這個可能性。其中一個原因大概是受民調影響，有百分之八十五到百分之九十三的香港人支持維持現狀。[50]

非官守議員之所以堅定地支持英國繼續統治香港，部分原因是他們幾乎和其他人一樣對內情一無所知。除了行政局資深成員簡悅強爵士以外，他們事前並沒有被告知關於土地租約的談話，事後也沒有得到任何消息。麥理浩擔心，如果讓這群有影響力的人知道真相，他們可能會開始出售在香港的資產，這將嚴重打擊外界對香港的信心。[51]他最擔心的事情是，即使一丁點風聲都可能對市場造成「災難性」的影響，這也再次凸顯了，香港在英國眼中就是個貿易市場和經濟轉口港。[52]麥理浩認為他當時的做法其實是情由可原，他對曾銳生說：「各方人員都投入很大的精力去打字、傳播……沒有必要去打擾他們（非官守議員）。此外，我行動並不需要經過行政局同意，這是完全合法的。」[53]他還強調簡悅強當時建議保密，這樣才能保護其他行政局成員，「他說，這會帶給他們壓力，因為如果中國同意這個提議，將會引發巨大的恐慌；同樣地，如果讓他們知道了這項提議，但中國卻拒絕了，那相應的失望感也會很大。」[54]

簡悅強同樣拿保密當藉口，拒絕向行政局成員透露事件的經過。鍾士元曾寫信詢問更多細節，其信件從未得到回覆。[55]幾個月後，簡悅強要求提前退下行政局資深成員的職位，由鍾士元接替。鍾士元是我童年時候經常看見的面孔，我至今還能在腦海深處挖出與他有關的記憶。小時候，我經常看到這些非官守議員的身影出現在晚間新聞中。這群上了年紀的華人，以男性居多，戴著厚厚的眼鏡，身穿深色西裝，時常現身香港、北京、倫敦等各地機場，個個眉頭深鎖，以緊迫的姿態站在一排麥克風前面。鍾士元幾乎總是站在中央，他迴避問題的時候，你會看到他下巴前傾，臉色陰沉。在讀了這些訪談之後，我終於明白，為什麼那些記者會總是辦在會談地點外面，甚至距離遙遠的地方，因為這些非官守議員自始至終都是被排除在外的局外人。

鍾士元是個很複雜的一號人物。他目光遠大，渴望名垂青史，成為英雄人物，在香港需要他的時候，為香港做出的貢獻。他甚至認為自己能擔任這樣的角色，是非常幸運的事。為此他不惜承受批評和死亡威脅。曾經有人為了恐嚇他，裝了幾袋蛇放在他家門外。但是他的一些政治觀點實在令人無法苟同。比如他堅決反對普選制度，甚至警告如果引入普選制度，將使政府失去對立法機關的控制。[56]在鍾士元眼中，香港就像是一家公司，相對富裕的人比窮人更重要，因此應該擁有更大的投票權。一九八〇年代中期，英國想要引入更具代表性的政府治理體制，他積極採取了一些行動讓改革效果大打折扣。[57]

但即便他後來坐上了首席非官守議員的位子，他心中的猜疑仍揮之不去。他告訴曾銳生：「我總覺得簡悅強爵士知道一些我不知道的事情，所以他才早早就急著退出。」[58]他還暗示，他相信那場決定性的會談至今仍有許多真相被避而不談，「歷史將永遠不知道實際發生了什麼事。」[59]這樣的不信任和緘默，也同樣影響了非官守議員與麥理浩的互動。曾任十三年非官守議員的葡籍商人羅保爵士（Sir Roger Lobo）形容：「我記得有幾次，我們之中的一些人想知道，〔那次與鄧小平的會談〕是否還說了什麼話沒有告訴我們，或是有什麼話當時不適合說但現在應該說。但沒有人敢問總督：**你是不是在騙我？**這很困難。」[60]

從那一刻開始，訊息傳遞成了閉迴圈，非官守議員一直被排除在外。那些對未來至關重要的訊息都被刻意隱瞞。他們往往是從新聞報導中才得知重大發展，令他們深感羞辱。這種被迫無知的窘境並非偶然，而是英國政府經過深思熟慮的策略，甚至被明確規定在外交照會（diplomatic note）之中。由於沒有人告知他們鄧小平的立場，所以他們繼續遊說延長英國政府的管治權，直到兩年後才得知實情。

非官守議員對英國展現的忠誠，並沒有為自己帶來好處。他們面臨的下一個危機是國籍問題，鍾士元認為國籍是「我們與英國政府之間的外部戰爭」。[61]這個爭議讓彼此的關係受到傷害，也引發身分認同的危機，讓香港人更加強烈地認為自己與英國人和中國人有著截然不同的身分。[62]這個危機始於一九八〇年，當時英國曾發布一份移民白皮書。針對未來的立法提出相關建議，將香港人定位為「英國屬土公民」（British Dependent Territories Citizen）。對香港人來說，這個身分相當於次等公民，也預示著英國即將脫離香港。[63]令人難以置信的是，香港竟沒有獲得這份文件的任何副本。[64]一九八一年十月，非官守議員計畫飛去英國，想在最後一次議會辯論之前繼續遊說倫敦通過一項修正案，賦予香港人英國公民的身分。[65]然而，他們因為早已習慣了服從權威，先跑去找麥理浩尋求建議。麥理浩的回應相當強硬，他表示現在沒人要談國籍議題了[66]，投票的結果已定，前往倫敦只會浪費他們的時間。[67]

最後是由李福和及另兩位非官守議員前往英國國會。根據李福和的描述，雖然英國國會議員一再聲稱該立法不是針對香港，而是另一個英國殖民地直布羅陀的居民，但是從他們的反應依然看得出反華的偏見普遍存在。李福和這麼形容他與國會議員們的談話：「他們全都向我保證，他們不是在講香港的英國國籍問題，而是直布羅陀人云云，但他們確實說了：**我們不介意你們進來英國，但我當然不希望有一天醒來，發現我們的肉鋪和藥店全變成香港華人在經營。**」[68]最後，該修正案以僅僅三票之差被否決了。[69]更令人心寒的是，直布羅陀人最終贏得了英國的居留權，但香港人卻沒有。是不是有可能他們再更努力一點遊說，投票的結果或許就會有不同的結果呢？但無論如何，非官守議員學到的慘痛教訓是：港督最終忠誠的對象，永遠都是英國王室。

這是麥理浩在香港過得最不開心的時候，無論多少年過去了，只要想到當年非官守議員因為覺得被拋棄而憤怒，他心裡依然隱隱刺痛。他告訴曾銳生：「他們覺得自己被背叛了，這個新法案提醒了我……我以前從未意識到，他們的感受會這麼強烈。我突然覺得很糟糕，雖然我在香港一直都跟這些人一起工作，但是我是在船上的人，他們卻不是。這最令我感到不安。」[70]這樣的後知後覺更顯示了，當年港督與他所統治的人之間存在著多麼深邃的鴻溝。

非官守議員心中對麥理浩的強烈不信任不斷滋生，一些人開始懷疑，國籍的決定可能也是他一九七九年與鄧小平會面時祕密協議的一部分。羅保爵士就這麼認為，他非常好奇究竟是什麼關鍵因素影響了國籍事件的結果。他提出兩種可能性：「如果不是英女王政府對《中英聯合聲明》〔要求採取行動防止香港華人湧入英國〕缺乏信心，就是中英兩國之間其實達成了移交的協議，雙方都認為這個地方是一個持續運轉的人力工廠，靠優秀的勞動力生產財富，所以必須讓香港人繼續留在香港；當香港人沒有其他事情可做，他們就會繼續努力工作，創造榮景，這對中國有好處，因為中國不會希望香港變成一個空殼。」[71]當時非官守議員其實也在懷疑，英國根本並不關心香港人的福祉，而只在意他們繼續為這個「持續運轉的人力工廠」付出勞力，正如首任港督璞鼎查所言，香港是「貿易和財富的大集市」。

英國人不斷混淆視聽、隱瞞資訊，讓香港人愈加感到挫折，長年下來不斷重複這樣的惡性循環，而且還變本加厲。在柴契爾夫人的人民大會堂跌跤事件之後，沒有人告訴非官守議員真實的會談過程，他們並不知道鄧小平曾出言威脅，若有必要一天之內就可以奪回香港，也不知道鄧小平已經斷然拒絕考慮繼續由英國管理香港。相反地，他們得到的消息是，會談進行得很順利，氣氛很和悅。[72]那個時候，尤德爵士已經取代麥理浩，成為香港的總督，他給柴契爾夫人發了一份官方備忘錄，建議不要向香港行政局提及中國領導人那些單刀直入的措辭。[73]她應該「讓他們覺得，她正在跟他們分享祕密，但又不好說得太多。」數週之後，非官守議員才終於得知會談的細節，而且跟所有人一樣，他們是讀了《觀察家報》（*The Observer*）的一篇報導，才知道北京對香港的規劃藍圖。

他們勃然大怒，尤其鍾士元更是對自己被「蒙在鼓裡」感到受傷。[74]他向港督抱怨，但港督並沒有回信，顯然被柴契爾勒令保持沉默。[75]一九八二年十二月，英國國務大臣鮑斯達（Lord Belstead）訪問香港，鍾士元曾向他發出最後通牒，稱如果非官守議員再繼續這樣被輕視，他們就無法幫助英國。[76]在某次與柴契爾的私人會面中，他甚至出言威脅：「如果英女王政府仍然不信任我們，不與我們協商，也不讓我們知道資訊，包括我在內的一些人可能必須辭職。」[77]

不過他並沒有辭職，這種關係模式依然持續下去。事實上，一九八二年十月有關香港前途的外交談判在北京開始的時候，依然不見任何香港代表的身影。英國人甚至不允許非官守議員在談判進行期間出現在北京，他們聲稱這樣不妥。[78]非官守議員處在一個特別無力的矛盾境地。北京雖然有時候也會徵求他們的意見，但對北京來說他們基本上並不存在[79]；英國則是會徵求他們的意見之後，繼續無視他們。非官守議員長久以來被迫接受了英國文化和價值觀，他們有責任讓這齣戲繼續演下去，繼續遵循和支持英國的立場。任何極端的反應或公開的批評都可能會引發人們信心崩盤、銀行擠兌，甚至大規模外移，因此即使再不情願，他們也只能繼續向公眾表達自己支持英國。

接下來的談判，很明顯看得出英國正逐漸屈服，而中國逐漸取得主導地位。第一階段本應確定正式談判的議程，但中方只是不斷重複提出同樣的論點或要求，完全沒有實質的進展。英方主要代表柯利達爵士也形容這不是真正的談判，而像是一個靜態的場景（tableau）。[80]英方試圖說服中國允許他們在香港回歸之後繼續統治和管理該地區，中方則不斷重複強調主權和管治權不可分離。柯利達爵士擔心，如果中英雙方無法達成協議，北京很可能會單方面採取行動[81]，使得英方在所有決策中無法發揮影響力。他認為英方開局就陷入不利[82]，而且隨著時間推移，英方的談判籌碼只會愈來愈少。面對這個棘手的局面，一九八三年三月柯利達構思了一個對策，他稱之為「第一次偷牌」（first finesse），他整理了一套措辭，讓柴契爾可以在不丟面子的情況下，對中國的要求做出讓步。如果最後的談判結果是「香港人民可以接受的安排」，那麼她就會「準備建議」議會移交主權。[83]

「偷牌」其實是橋牌的術語，我不禁注意到，無論是外交備忘錄還是口頭紀錄，都大量使用打牌的語言，似乎香港未來的談判在所有人眼中，不過是場高風險的博弈。柴契爾夫人在一九八二年與鄧小平會面之後，曾向非官守議員保證，不是所有的牌都在中國那一方，但隨著時間過去，風向轉變了。[84]正如羅保爵士所言：「每當香港或英國政府對我們說：**我們沒有牌可打**的時候，我們感覺他們只是想溜之大吉，說什麼：**啊，我們已經輸了，因為我們只有2，而A都在他們手上**。我們必須強迫他們去尋找解決方案，而不是告訴我們沒有牌可打，例如去創造一些牌，發明一些情境。這才叫談判吧。必須動動腦筋，產出一些具體的成果，而不是搓著手說：**好亂啊，好難啊，我們沒有牌可打。**」[85]

對這些本應代表香港人民的「非官守議員」來說，這是一個極度令人沮喪和焦慮的時刻。年初的時候，他們終於獲准接觸機密文件，在香港有一個專為他們而設的房間，讓他們閱讀官方文件，不過他們總是懷疑自己並沒有獲准拿到談判的全部內容。[86]當他們試圖向柯利達施壓，希望他採取更強硬的立場，柯利達總是一貫地搓著他細長的雙手，遲疑地說：「噢，這會變得很混亂。」[87]這樣到底要怎麼讓人有信心呢？

柯利達的「偷牌」策略為一九八三年七月開始的第二階段談判鋪平了道路，當時雙方代表團開始會面具體討論香港回歸的細節。這一次同樣沒有香港代表出席會議。同月，北京向一群到訪的香港中學生宣布了一份有關香港未來的十二點計畫報告，讓所有人吃了一驚。[88]中方竟然選在非正式場合下公布藍圖，顯示中方並不把這些談判當回事。九月，鄧小平劃下了一年的期限，警告如果不能達成協議，北京將逕自採取行動。十一月，北京公布了一個很吸引人的口號：「港人治港」。一切的走向在在應驗了柯利達當初的擔憂，中國正逐步地將英國排除在所有決策之外。整個夏季，柯利達進行了第二套偷牌策略，承認英國願意探討在沒有繼續管理香港的情況下，香港能否繼續保持繁榮。這是英國的重大妥協，英方承認自己放棄了一九九七年以後繼續留在香港的想法。

羅保爵士對曾銳生坦言：「在談判期間，我們都覺得我們這個案子沒有得到妥善處理。」[89]非官守議員時常討論，該如何制訂策略對談判代表、首相或外交部長施壓，促使他們採取行動。由於英方的談判團隊中並沒有華裔成員，鍾士元爵士擔心他們可能會忽略隱藏在普通話口語中的魔鬼細節。更大的問題則是，他擔心這些外交部官員在與中方談判交涉的過程中，無法理解中國人可以多麼卑鄙。鍾士元很沮喪地向曾銳生傾訴道：「在英國，我買東西必須順應英國人的心理，不講價，你不會在哈洛德百貨公司跟人討價還價。可是如果你來中國領土買東西，你不講價，你會被坑，要付更多錢。當你在跟中方談判的時候，你要知道中國人希望你討價還價，他們首先提出的價格，絕不會是最終的價格。」[90]

柴契爾非常清楚，香港人正逐漸被邊緣化。在一份官方備忘錄中可以讀到，她認為「如果她是香港的華人，她會感到擔憂，因為香港華人沒有參與談判。」[91]但從務實角度來看，她也意識到，如何讓香港人接受任何協議，是對她的利益至關重要的問題。在這方面，非官守議員扮演了關鍵的角色。

一九八三年十二月，英國正式放棄繼續管理香港的希望，並且告知了非官守議員。消息一出，房間裡陷入一片靜默，其中兩名議員甚至當場禁不住地抽泣起來。[92]其中一位是范徐麗泰，她後來徹底轉為效忠北京，其親北京的立場讓她得到了「犯妖婦」這個綽號。柯利達堅稱，原本的立場難以繼續維持下去，英國已經井然有序地撤退。[93]但是，英國政府現在所提供的方案，與非官守議員真正想要的東西，存在著大到無法彌合的鴻溝。「可以這麼說吧，我們的內心還年輕得很；我們想要繼續戰鬥，想要拚命地掙到最後一刻，」

李福和說道，「依我們來看，他們似乎已經下定決心要屈從於中國。換句話說，他們……我不想太粗魯地說他們有點怕中國人，但我們當時的印象就是如此。」[94]

一九八四年初開始，香港人民陷入了恐慌的陰鬱情緒之中，開始尋找逃離的出路。同時在行政局和立法局任職的羅保爵士回憶道，無論他走到哪裡都會被人圍住，問他是否即將離開香港。雖然他早已知道香港將被交還給中國，但他無法透露這個消息，這種被迫的沉默對他來說是沉重的負擔。「我甚至不能告訴我的妻子和孩子，事實上我們在家從來不談政治，不談未來，」[95]他告訴曾鋭生，「我們都陷入了極度壓抑的境地。我感到相當絕望，無法告訴其他人，他們甚至沒有機會窺探一眼他們的未來。」[96]

非官守議員各個都失望到了極點。此時中英雙方正在制定《中英聯合聲明》，雙方都同意香港在保留其資本主義制度的狀況下，於一九九七年回歸中國，並承諾香港的生活方式將維持五十年不變。但是話雖如此，該協議沒有任何機制可以監督或確保中國遵守協議，整個協議的實施都取決於北京方面有多少誠意。一九八四年一月，非官守議員曾告訴柴契爾，若要維繫香港內外的信心，就必須要設置確保北京遵守協議的保障措施，柴契爾的回應很冷淡，她說：「中國其實現在就可以進入香港，但他們並沒有這麼做。我們必須用我們手中的牌來談判。」[97]

到了三月，鍾士元稱中國的立場是香港回歸計畫的最後一根稻草。[98]從總督尤德發來的外交電報，可以讀到滿滿的絕望，電報上也轉達了鍾士元的話：「我們在談判過程中一無所獲，只能不斷後退……沒有得到任何有價值的保證，中國所謂的協議一點價值也沒有……我們現在蓋的房子不僅沒有屋頂，連地基也沒有。」在非官守議員的眼中，英國似乎想撒手不管，想盡快擺脫香港。一九八四年四月六日，非官守議員仍在努力說服英國設立保障措施，甚至提醒柴契爾夫人自己也曾對中國人有負面的評價。會議的某份外交備忘錄這樣寫道：「〔姓名已隱去〕回想起一九八二年的第一次會談，柴契爾夫人曾說中國人是馬列主義者，不值得信任。」[99]柴契爾唯一能給出的安撫是，她認為中國不會違反任何協議，因為中國希望在國際上維持良好的形象和聲譽。

然而，根據解密的紀錄顯示，柴契爾私下其實也抱持同樣的擔憂。那次會議上，非官守議員提醒柴契爾夫人她自己也不怎麼信任中國人，在那之後不到十天，外交大臣侯艾爵士（Lord Geoffrey Howe，港澳稱為賀維）就發出了一份機密電報。他在該電報中描述了在北京的談判局有多麼緊張。而柴契爾也承認了這一點，她用藍色墨水潦草地在電報的上方寫著：「看來非官守議員對中國人的判斷是正確的。」[100]這句話讓人看得瞠目結舌，背脊發涼。但是儘管如此，柴契爾並沒有按照非官守議員的要求，增加可以監督或要求中國遵守協議的保障措施，而是選擇繼續採取原來的方式推進談判。

一九八四年四月二十日，侯艾爵士在立法局昭告，香港將在一九九七年歸還給中國，這是港人畢生收過最震撼的消息。儘管在此之前，大多數香港人已經意識到他們沒有其他選擇，但最終是這次的宣布讓這個意識化為現實。就連坐在離外交大臣不遠處的一些政府官員，在他說話的時候也不禁開始啜泣起來。侯艾爵士的講話並沒有提及，各方對如何確保中國政府信守承諾尚未有共識，只是指出還有幾個實質問題需要討論。他也無視了柯利達在第一套偷牌策略中規定的條件，即任何跟香港有關的安排都必須得到香港人民的接受。香港人從來沒有機會投票表決自己的未來，甚至沒有明確的諮詢程序。非官守議員的代理人身分如今面臨尷尬的局面，他們在公眾面前沉默，會被視為一種默許。但這一切即將改變。

過去，他們一直跟一個自己也不是很贊同的協議綁在一起，而為此感到相當痛苦。如今，這一刻突然給了非官守議員站出來的勇氣。他們終於從沉默的桎梏中解放出來，大張旗鼓地展開競選活動，將他們原本壓抑在心中的擔憂公諸於世。五月時，他們一反過去的低調，做出一個相當大膽的行動。他們發表了一份千字聲明，拋出許多質疑跟問題，例如如果北京不遵守條約義務的話，英國將會如何應對？持有英國屬土公民護照的人將來會有何待遇？如果香港人不接受協議，將會發生什麼事情？他們打開天窗說亮話，讓大眾注意到這份協議存在著許多漏洞，英國之前一直不願意公開解決這些問題，因為害怕會激怒北京，使得談判變得更複雜。在英國議會開始辯論香港問題之前，十二位非官守議員決定要飛到當地進行遊說。在他們動身之前，尤德總督曾試圖逼迫鍾士元收回那份聲明。[101] 鍾士元拒絕了。

非官守議員一抵達倫敦，外交部早已暗中安排了一場詆毀他們的造謠行動。[102] 政府派出了輿論操縱專家到處散布謠言，以種族主義的言論製造恐慌，聲稱這群非官守議員的真正目的，是要為數百萬香港人爭取英國國籍。這使得非官守議員跟英國國會議員在會面的時候氣氛降至冰點。就連侯艾也出言指責，說他們並不是民選出來的代表，所以很難說服人們其觀點具有代表性。[103]

鍾士元對此相當不能諒解，因為當初當權者任命他為非官守議員，就是要讓他來表達香港的觀點，現在同一批當權者竟然做出這樣的指控。十五年後，他對曾銳生這樣說：「我永遠忘不了批評我們的議員是怎麼說的，說什麼我們不是選舉出來的，怎麼能代表香港？我跟他們說，我同意他們的說法；我們也從未宣稱自己代表香港。我們之所以說要反映香港人的意見，是因為我們是香港人，比你們更了解香港人的感受。我對他們說：**那你們怎麼能說自己可以替我們談判呢？你們也沒有得到我們的授權啊；我們從來沒有選過你。如果我們不能反映香港人的意見，你們也無權在北京代表我們**。我永遠忘不了這一段對話，也永遠不會原諒他們。」[104]

最令他們失望的是坐在上議院的麥理浩本人。他們原本還期待獲得他的支持，沒想到迎來的是最羞辱人的背叛。麥理浩公開譴責非官守議員懷疑英國政府的誠信。麥理浩向曾銳生回憶起當時的場面：「他們很顯然對坐在我身邊的人失去了信心。這裡的人在說：**拜託啊，穆雷，他們為什麼要採取這樣的立場？……他們在誇大其辭。我們從來沒想過香港人會這樣反應，你最好做點什麼**。所以我插話了，我說了：**你們的陳述方式相當糟糕**，或之類的話。」他至今都對此深感懊悔，他告訴曾銳生，他覺得自己的行為「極其愚蠢、不可饒恕」，但造成的傷害已經不可挽回了。[105]

對非官守議員來說，現在是一個危險關頭，他們陷入一個極度窘迫的境地，中國全國人大召開一個會議就可以讓倫敦和北京同聲譴責他們。[106]鍾士元轉而向香港人民喊話，希望香港人民支持自己，他警告「如果再不**出聲**，可能就再無機會**出聲**了。」接下來幾天，非官守議員陸續收到了八千多封的信件和電報，幾乎都百分百贊同他們的看法。[107]對這群不是選舉出來的非官守議員來說，這無疑是支最好的強心針，證明他們對那份強加的協議所表達的各種擔憂，反映的就是香港人民的意願。這些訊息基本上也是在說，香港人對在倫敦發生的事情都看在眼裡。其中一條訊息甚至寫著：「請麥理浩爵士直接跳湖吧。」[108]

非官守議員後來與侯艾共進工作晚餐，鍾士元安排了代表團的十位成員選出十份的電報當眾朗讀，他們輪流站起來，一字一句地將電報上表達支持的話語唸出來。當第三位成員讀到一半的時候，侯艾已經忍不住叫停了。「夠了！夠了！」他不情願地投降，「不用讀下去了，我知道你們是忠實反映香港人的意願。」[109]鍾士元後來對朋友說，這是他所有倫敦之行中最精采的一段經歷。[110]

他們好不容易終於扳回了一城，但局勢依然相當坎坷，鍾士元愈來愈相信，英國在談判香港的未來時，並沒有盡最大的努力。他說：「他們，尤其是首相和外交大臣，有很多事情要處理……那個時候，我們在意的只有香港這一件事，但對他們來說，香港只是眾多事情的其中一件，因此我認為這很危險，他們會說：**雖然我們拿不到最划算的交易，但不管啦，快點完成交易，快點結案吧，收工。還有其他的案子要處理**。雖然這沒辦法避免，但我認為這非常的不幸。」[111]

鍾士元遭遇的屈辱，還沒有到盡頭。一九八三年五月起，他和另外兩名非官守議員每個月都與北京在香港的代表、新華社香港分社社長許家屯祕密會面，並且都會將碰面談話的內容彙報給港督。[112]一九八四年六月，他們受邀到北京。鍾士元原本篤定，他們會以非官守議員的身分受到款待，結果到了最後一刻才被告知，由於北京不承認行政局和立法局，所以他們只能以「個人身分」與會。但無論如何，他們都獲得了鄧小平的接見。

打從一會面，鄧小平就堅定地表明自己的立場。鄧小平告訴他們，非官守議員在跟香港未來有關的談判中，沒有任何插足之地。他說：「中英的談判你們是清楚的，這個問題我們會和英國解決，而且這些問題絕不會受到任何干擾，過去所謂三腳凳，沒有三腳，只有兩腳。」

鍾士元很清楚，這是一個關鍵時刻。為了後代子孫著想，他決定要把他想說的話說出來。他很擔心這位個頭雖小但手握大權的大人物身邊，都是一群唯唯諾諾或是拍馬屁的人，所以可能不理解香港人的擔憂。[113]在他的自傳中，鍾士元記得很清楚他的每個用字遣詞：「香港人面對九七回歸有三個主要擔心。第一，擔心將來的港人治港，實際上是京人治港，中國表面上不派幹部來港，但治港的港人都由北京控制，港人治港變得有名無實。

香港人第二個擔心是，九七後，中國處理香港事務的中低級幹部，將來在執行上不能落實中央政策，不能接受香港的資本主義和生活方式，處處干擾。第三，雖然港人絕對信任鄧主任及現在的國家領導人，但擔心將來的領導人又走極左路線，改變現行國策，否定一個國家，兩種制度的政策，使五十年不變的承諾，全部落空。」[114]現在回頭來看，鍾士元的這番話簡直是黑色預言。三十五年後，這三個擔心都成了現實。

面對像鍾士元這樣的直言不諱，鄧小平並不是很高興，他立刻回敬了鍾的發言：「概括來說，你們說香港人沒有信心，其實是你們的意見，是你們對中華人民共和國不信任。」[115]他們又談了一些時間，不久鄧小平說他需要休息，便結束了會談。非官守議員再次吃了閉門羹。他們回到香港後，報紙頭條都大大寫著：**丟臉！鄧小平狠批兩局議員三人**。[116]北京和倫敦的利益終於趨向一致，共同目標就是盡快簽署協議。香港人再一次被推到了邊緣。

鍾士元面臨的處境也愈來愈危險。他一回到香港，警方就告訴他，有人威脅要暗殺他，消息來源是新華社香港分社。[117]警方詢問鍾士元是否捲入什麼情感問題或財務糾紛而收到威脅，但消息來源讓他確信，原因出在有關香港未來的政治談判正在加緊腳步，有人試圖要他保持沉默。他告訴曾銳生：「事實上，在聯合聲明簽署和蓋章之前，我已經採取了六個月的預防措施。那時我覺得事情已經結束了，因為我應該影響不了這件事了。一切已成定局。」[118]從北京回來一個月後，鍾士元大力敦促舉行公投，藉此評估香港人是否接受《中英聯合聲明》。[119]這項提議當然被時任總督尤德給否決了。

到那時，鄧小平的一年限期進入倒數計時階段。一九八四年八月，離期限只剩下一個月的時間，中方下定決心要完成鄧小平的時程，他們突然變得比較好說話。[120]但是英國人並沒有利用中方姿態變軟的機會來取得更多妥協，這讓非官守議員相當失望。鍾士元對於談判的倉促相當不滿，他對曾銳生說：「中國人急著想完成談判……他們拒絕談論細節，結果最後我們達成了一份可以各方解讀的聯合聲明，這是目前政治體制遇到的困境。」[121]

行政長官的選舉問題是最大的癥結點。協議只有說「行政長官在當地通過選舉或協商產生，由中央人民政府任命。」其中並沒有提到民主選舉，也沒有給出民主制度的時間表。鍾士元擔心這個省略，將會為香港帶來各種問題，他對曾銳生說：「我們（行政局）堅持立法機關必須完全靠選舉產生，但沒有說明行政會議將如何組成，或是行政長官將如何任命或選舉。目前這是其中一個大問題，直到今天，中國也沒能解決這個問題。」鍾士元的擔憂是有先見之明的。

這份左右香港未來的聯合聲明只有一千多字，比一篇大學畢業論文還短，在一九八四年九月二十六日簽署完成[122]，北京在人民大會堂舉辦了午宴，與會的人們享用著鴿子蛋和燉鮑魚。在此之前，英國官員已經發出了四萬份電報。這份中英聯合聲明規定，香港將於一九九七年七月一日回歸中國，治理模式將以「一國兩制」為原則。[123]二〇四七年之前，香港的資本主義和生活方式都將保持五十年不變。這些條件都會寫入日後成為香港小憲法的《基本法》之中。除了外交和國防之外，香港有高度的自治權制定政策，而原本享有的一切權利和自由都將保持不變。這份聲明受到了各個政治黨派的熱烈歡迎。[124]親北京的《文匯報》說，它創造了「香港人的光明未來」。就連最嚴厲的批評者戴維斯（Derek Davies）都稱之為「傑出的草案」（masterpiece of drafting）。

但是非官守議員卻認為這份聲明的漏洞百出，危機重重。在一次祕密談話席間，鍾士元坦承：「沒有人感到高興；我也很不高興。」[125]英國人也同樣直接承認了他們能力有限。侯艾被問到如果香港人不喜歡協議的話怎麼辦，他說：「整個過程中本來就是一直在做抉擇，要麼達成一個糟糕的協議，要麼達成一個好的協議，要麼就沒有協議。」[126]這句話很明顯是在暗示香港人：要麼接受，要麼忍受。

在我第一次讀到這些歷史文件時，我認為鍾士元在兩個大國之間唱獨角戲，既無力又被雙方鄙視。他在自傳中形容，非官守議員站在一個極其艱難的處境：「從英國人來看，我們可能是**走狗**；從中國人看來，我們可能是**漢奸**，獻策於外國政府，和祖國政府談判。」[127]我可以很清楚地看到，這些非官守議員為了參與政策制定費盡千辛萬苦，依然經常被無視。現在回頭來看，我也注意到他們給出的建議多麼精準，而且鍾士元每一步都準確地指出問題所在。鍾士元在回憶錄中寫過，他認為一九八二至八四年這段期間是非官守議員唯一沒有被忽視的時期。當我讀到這段的時候，我其實很吃驚。因為在我看來，那段時間非官守議員明明總是被蒙在鼓裡，遭受背叛和侮辱，而且還被公開羞辱。但對他來說，那段時間是他們終於得以參與談判過程的重要時刻。

儘管非官守議員意識到自己的地位是如此無力，卻依然繼續前行。他們很清楚，瞬息萬變的外交局勢讓北京和倫敦都站在了反對他們的一邊，也知道政治上對他們最有利的做法，就是保持沉默。但儘管如此，他們選擇了大聲疾呼。每當他們站出來說話，就會受到中英政府的忽視、貶低和羞辱。這是另一個小人物對抗大國勢力的故事，我的腦海裡又不斷浮現，勇敢的螳螂試圖用前臂擋住面前大車的景象。

一些評論人士相信，是他們敦促英國為香港而戰。但若從談判的角度來看，非官守議員對《中英聯合聲明》的影響其實微乎其微，他們自己可能沒意識到，但他們最成功的地方，其實在於他們以香港人的身分為香港挺身而出。他們每一次的新聞發布會，都是在傳達一個明確的訊息：**我們在這裡，我們是香港人，雖然我們沒有權力，但我們有話要說**。他們對著侯艾爵士朗讀出一封封的信件和電報，顯示了香港人是切切實實存在的政治共同體。他們不斷地要求民主、負責和透明，這不僅讓英國人感到尷尬，也讓中國人氣得跳腳，因為雙方原本都希望將整個香港議題隱藏起來。他們要求世界強國信守承諾。雖然這或許在政治上顯得過於天真，但這依然讓世界看到，非官守議員希望未來香港可以成為的樣子。

到了一九八〇年代末，鍾士元擔心自己會被視為叛徒。他對曾銳生說：「這對我們來說很不容易，因為基本上我們是中國人，卻要給英國政府提供如何最有效對抗中國的建議。」[128]他冒著極大風險為香港挺身而出，有時幾乎賭上了他的性命和尊嚴。[129]鍾士元擔心自己會被視為外國勢力的同謀，站在反對中國的那一邊，這份焦慮大概多少左右了他後來的行動。他一直堅定地忠於香港，但在兩大強權談判的時候，香港並沒有自己的位置，他勢必得選邊站。

我重讀了在書架上塵封已久的這些文件，我對鍾士元的角色有了新的看法。我不再認為他是在唱獨角戲，反而更像莎士比亞式的悲劇英雄。在我看來，他的高傲剛愎來自於他非常看重榮譽。他曾經以為在兩個不同主子面前為香港服務，就能贏得榮譽。他的榮譽感促使他向有權有勢的人說出不中聽的真相。也因為他在意榮譽的追求，所以他晚年先後接受了英國和中國授予的頭銜，但這反而削弱了每個頭銜本應代表的價值。在他的心目中，要做事就得以最體面的身分去做。但當一個人所服務的對象行事並不榮譽時，無論這個人有多大影響力，他仍能繼續保持榮譽嗎？一九九七年以前，英國報刊總是宣傳當年是一場「榮譽撤退」，但是我在這些布滿灰塵、被遺忘的文件中，讀到了完全不一樣的版本。我讀到的是英國為了政治權宜之計，否認和背叛人民的故事，而這為香港未來埋下了禍根，預示了這座世界上數一數二偉大的城市將逐步走向瓦解。

第五章

香港政府

歷史不僅僅只是一連串的日期，真正的歷史，是我們所有人記得的那些日期之前，和在那之後發生的事情。……現在，香港人要自己治理香港。這是承諾，也是不可動搖的命運。

——彭定康在香港主權回歸儀式上的演說

二〇一九年十月一日，中國國慶日，香港警察沿著海港的街道到處抓人，任何穿黑衣的人都成了他們逮捕的目標。我一直跟在他們後面，但他們的攻擊已經到了難以控制的邊緣，我開始害怕起來，決定離開現場。在途經某個地鐵站的時候，我放慢了腳步，我瞥見藍色的牆面被人用粉紅色噴漆塗寫了一串句子：「現在，香港人要自己治理香港。這是承諾，也是不可動搖的命運。」

我立刻認出，這串句子正是出自一九九七年六月三十日香港準備回歸中國主權，港英最後一任總督彭定康發表演說的最後幾句話。這串句子讓我回想起另一個完全不同的時代，那個回歸以前的香港，那個我才剛剛成為記者的日子。當時我是編輯部資歷最淺的記者，總是被安排做一些最不重要的報導；我的第一篇報導寫的是假的金莎巧克力，這篇報導我至今仍覺得相當滿意。但是隨著一九九七年的最後期限慢慢逼近，緊鑼密鼓的節奏成了香港生活的主旋律，身為記者的我們成了最前排的觀察員，見證一場前所未見的政治實驗，看著一個殖民地如何從一個主權國家放給另一個主權國家。

香港能有多少民主，這個問題落到了基本法起草委員會的肩上。這個委員會於一九八五年成立，負責為《中英聯合聲明》這個框架填補內容。中國要求這個委員會的成員只能是中國人和香港人，其中三十六人是來自大陸的官員和學者，香港代表則有二十三人，包括企業巨頭、出版商、學者，還有律師李柱銘和司徒華這兩位著名的民主黨人士。李柱銘和司徒華後來與另外兩位委員在一九八九年北京鎮壓學運之後離開了委員會。一九八九年，上百萬香港人走上街頭支持中國的民主運動，但隨後而來的血腥鎮壓也促使香港在回歸中國之前引爆一波移民潮。

委員會在一九九〇年完成任務，制定出被人稱為「迷你憲法」（mini-constitution）的《基本法》，預計在一九九七年香港回歸中國的時候頒布。這份文件在民主問題上含糊不清。條文規定，行政長官的產生方式應當「根據……實際情況和循序漸進的原則而規定。」[1]「最終目標是由一個具有廣泛代表性的委員會按照民主程序提名後，以普選方式產生行政長官，但法律並沒有提供更多細節，例如提名將如何進行、委員會的規模多大，以及如何組成。同樣地，關於立法會的部分，法律規定最終應由普選產生，但並沒有進一步提供最關鍵的時程資訊。

在彭定康上任港督之前，鍾士元接受了曾銳生的採訪，他很早就注意到這些關鍵缺漏將帶來很嚴重的危險。他告訴曾銳生，他不知道政治改革的僵局該如何解決：「中國人解決不了這個問題；政治制度依然是一個主要問題，而我最擔心的是，現在所有注意力都放在如何維持其他制度不變，如果我們不能設計出正確的政治制度，那麼香港可能無法生存下去。如果香港無法生存，中國大陸就會出手介入。」[2]他的擔憂後來果然又應驗了。

這些都是一九九二年彭定康上任之前發生的事情。彭定康上任之後，掀起一股政治變革的旋風。一九九二年，彭定康以保守黨主席的身分帶領保守黨贏得了大選，但他本人卻丟掉了自己選區的席次。首相梅傑似乎為了「慰勞」他，便安排他出任香港總督。彭定康是第一個也是唯一一個政治家出身的香港總督，與以往外交部務實的官僚作風有所不同。這次的任命出乎許多人的意料，香港人最初也對此持保留態度。但是彭定康下定決心，打從一開始他就要走跟以往不同的路線。他拒絕穿上傳統的殖民地總督服飾，部分原因是他擔心那頂鴕鳥羽毛的帽子會讓他看起來很可笑。他發揮自己擅長的政治能力，精力充沛地在殖民地裡到處走踏，親吻嬰兒，品嚐大量當地名產蛋塔。他驚人的胃口很快為他贏得了一個親切的綽號「肥彭」，唸起來很接近他的姓氏發音。很快地，他成為香港有史以來最受歡迎的領導人，後來的繼任者幾乎沒有人能超越他。

彭定康新官上任，馬上面臨相當棘手的挑戰：他該如何提升香港的民主，避免英國日後承擔讓香港失去普選權的罵名，同時避免跟北京關係破裂。一個多世紀過去了，英國顯然沒有讓香港變得民主。二戰的爆發，打壞了先前總督楊慕琦爵士（Sir Mark Aitchison Young）所做的努力。自那之後，來自英國的港督如麥理浩更在意如何才能有效的治理、推動強大的社會服務，以及進行表面的協商，而不是那麼關心如何擴大民主授權。

彭定康上任時，香港的選舉制度是一個令人困惑的大雜燴，它的設計主要用來確保親政府的勢力能一直控制立法機構。立法局的成員有三種類型，各以不同方式產生：第一類是由港督直接任命；第二類是由各選區直接普選產生；第三類被稱為「功能組別」（functional constituencies），也是最有爭議的一類。「功能組別」是由單一職業決定的選舉團體，少數持有執照的會計和房地產經紀人會選出一位從業者，成為他們行業的代表。雖然直選的席位主要是由與民主派結盟的勢力所主導，但功能組別則有意傾向選出親政府、親中的候選人。在彭定康看來，功能組別是一項令人憎惡的設計，設計者「可能相當熟悉英國十八世紀議會歷史充滿各種糟糕的濫權行為，並且認為這樣的系統會吸引香港商業大亨。」[3]

但是《中英聯合聲明》和《基本法》限制了任何選舉改革，使得彭定康在改革上窒礙難行。在仔細研究相關文件細節之後，他注意到功能組別的籌組方式上有一個可以鬆動的機會。他的計畫是大幅擴增功能組別的類別，引入「新九組」，其中一類是「金融、保險、地產及商業服務界」，涵蓋了大量以前無法投票的專業人士。儘管彭定康一再形容他的改革「溫和到令人尷尬」[4]，但這樣的改變已經使得功能組別的選民人數增加了五倍，在全香港六百萬人口中占了高達二百七十萬人。雖然離真正的普選還有很長一段距離，但它確實提升了選民的代表性。

可想而知，這讓北京氣得跳腳，連番對彭定康丟出一連串罵名，比如「妓女」、「跳探戈舞者」，甚至「千古罪人」，為新聞編輯室專門寫頭條的人帶來了許多吸睛素材。同時北京還公開了時任外交部長錢其琛和外交大臣賀德（Douglas Hurd），在一九九〇年的一系列祕密外交通信。這些信件總共七封，內容明確規定只要選舉安排仍按規定進行，一九九五年的立法局可以搭乘「直通車」過渡九七年的回歸，同一批立法局成員可以繼續任職，直到下一屆一九九九年的選舉。[5]彭定康急得找各種掩護，聲稱他沒有看到這些協議，他的改革並沒有違反這些協議。但北京認定彭定康的做法是「三違反」，不僅違反那七封信的協議，還違反了《中英聯合聲明》和《基本法》，並且警告，倘若彭定康一意孤行，北京將會推倒立法局的直通車。

彭定康雖然已經準備好應對北京充滿敵意的反彈，但其激烈反應依然讓他不安。他不僅承受北京官方的謾罵，還被香港內部的敵對勢力攻擊，包括前港督衛奕信（David Wilson）和麥理浩，他們認為這樣硬幹並不符合香港的長期利益。但彭定康依然堅持自己的方案，並且取得首相梅傑的支持。他的基本假設是，中國的經濟改革將不可避免地導致政治自由化，長期下來會逐漸走向有利於他的方向。他告訴自己的傳記作者強納森・丁伯白（Jonathan Dimbleby）：「我不認為你可以一邊打通中國經濟，一邊還能嚴格控制政治結構。」[6]他相信，如果香港能夠向北京證明自己的價值，它就安全了。至於那些離北京比較近的人，看法則悲觀許多。「如果你以為他們不會殺雞取卵，這誤解可大了，」瑞安集團創辦人兼香港商業總會主席羅康瑞（Vincent Lo Hong-shui）對丁伯白說，「今天我會說，我們需要中國，多過於他們需要我們。」[7]

在談判停滯了好幾個月之後，彭定康決定單方面推進。一九九五年的立法局選舉照著他的改革進行，產生了香港歷史上第一個完全由選舉產生的立法局。與民主黨結盟的泛民主派陣營在選舉中大勝，獲得了最多的席次，六十席總議席中占了十九位，其中二十席的地區直選議席中就占了十六位。果不其然這對北京來說已構成威脅，北京採取了行動，設立一個影子機構取代「直通車」。這個立法機構名為「臨時立法會」（簡稱臨立會），在邊界另一頭的深圳舉行會議。臨立會總共有六十名成員，皆是「香港特別行政區第一屆政府推選委員會」精心挑選出來的政治人物，等日後主權回歸之後將取代民選的立法局。民主派陣營拒絕加入這個影子機構，但不少親中的政客是同時身兼立法局議員和臨立會議員，「港深兩邊走」。

直通車被取消，深深打擊香港人的信任，幾乎到再起不能的地步。雖然立法者擁有的權力相當有限，最多就是否決法案，或是決定何時提出法案，但是用一個親中政客組成的機構，去取代一個代表性模糊的機構，不僅確保了短期的服從，還在人民與那些該代表他們的人之間，劃下了不可彌補的裂痕。

回歸前後那幾年，正好是我展開新聞生涯的階段。一九九五年，我從北京回來，見證了主權回歸中國的時刻。當時香港的英文媒體多是來自艦隊街（Fleet Street）聘雇的寫手，他們個個身經百戰，嗜酒如命。我的第一個工作機會是在東方日報出版的《東快訊》（*Eastern Express*），這家報紙我事前完全沒聽過，而且當時已經快經營不下去了。我被分配到的報導，都是些用來填補空白版面的墊檔報導，比如聾人聽聞的醫療報導，或是關於熱水器的故障警告云云，這些報導無聊到引不起其他記者的注意。但我不在乎。我熱愛在這裡工作的每個時刻。尤其是聽我那些滿嘴垃圾話的同事，無拘無束地大放厥詞，還有那無數杯觥交錯的夜晚，往往以搞出極端瘋狂的酒醉鬧劇收場，比如有人放火燒掉褲子，或是不知道誰提了一個爛點子就跑去刺青，結果隔天誰也記不得為什麼刺了這麼醜的圖案。

現在回頭看，我很驚訝當時的我們那麼妄自尊大，以為自己有做香港報導的能力。雖然當時也有說廣東話的在地記者，但新聞台裡更多是只會說英文，而且氣勢凌人的年輕外籍人士。當年不是網際網路的時代，如果我們要研究一則故事，我們會從當時的報紙圖書館訂閱英語剪報。雖然我們的華語姐妹報《東方日報》也在同一棟樓，但兩家報紙幾乎沒有什麼交流。在入職幾個月後，我的編輯曾邀請我跟她一起調去商務部，我原本婉拒了她。但是我第二天醒來後，發現《東快訊》竟然變成了一份商業報紙，想想還是決定跟她一起跳槽。結果六週後，整家報社都倒掉了，我成了無業人士。

後來我跑去電視界，在香港無線（ＴＶＢ）找到一份工作。香港無線位在清水灣電視城，創辦人是傳奇人物邵氏兄弟，至今仍持續製作出許多香港最好的影視娛樂。雖然相比電視界，我還是更愛報紙新聞業，但在電視城裡常常碰到的各種超現實趣事，還是讓我過得很愉快。比如有段時間經典的西遊記被改編成電視劇，那段時間到員工餐廳吃午餐，常有機會碰到穿著豬八戒或唐三藏戲服的演員跟你同桌。每一年，電視城還會舉辦一年一度的香港小姐競選活動，整個地方都擠滿了穿著迷你裙的長腿美女。

隨著香港主權回歸中國的日子慢慢逼近，我們這些當地的新聞記者開始處在一個很奇怪的位置，我們報導的明明是在地的新聞，卻同時也是世界眾所矚目的大新聞。以我們當時的能力，其實根本撐不起這麼重大的任務，而且劣勢愈來愈明顯。我們完全被來自倫敦的知名記者輾壓，他們從我們面前迅速搶走一線的採訪機會，然後裝腔作勢地主導了新聞的發布。電視台一天中有數小時的節目時段要填補，但我們的報導只能著墨於各種程序問題的細節，而從未直接去觸及跟主權變更相關的基本問題。但說老實話，即使碰了，又能談得了什麼呢？因為香港的未來從來就不是討論的核心，它已經是一個既定的事實，直接端到香港人的鼻子前面，香港人也只能接受了。

在準備交接權力的那個春天，有一個人的面孔愈來愈頻繁地出現在報紙和電視機螢幕上。那個人就是瘋癲老人九龍皇帝。在那之前幾十年來，從來沒人把他當回事，結果一九九七年的時候，情況徹底翻轉。那年四月，在香港藝術發展局和歌德中心的共同贊助之下，他於香港藝術中心這個香港最負盛名的地點舉辦了一場個展[8]，這對藝術界大多數人來說宛如投下一顆震撼彈，讓人既驚訝又錯愕。它很可能是香港人記憶中最令人震驚的展覽。曾灶財的書法明明寫得很醜，根本跟小孩練筆寫字沒兩樣，但現在卻辦起了正式展覽，還得到政府的資助，這簡直讓傳統書法家瞠目結舌。「他有精神病，」香港大學的藝術教授萬青屴接受《華盛頓郵報》採訪時直言，「我看不出有什麼藝術價值。」[9]

這場展覽的策劃人是劉建威，他對表演技藝情有獨鍾，他在《信報財經新聞》（*Hong Kong Economic Journal*）開設的每日專欄相當有影響力。劉建威生活過得很講究，喜歡穿顏色鮮豔的絲質花襯衫，配時尚的帽子。他花了一年時間準備這場個展，為曾灶財提供墨水和畫筆，在他身旁來回走動，拍攝他的作品，有時甚至幫他那雙髒兮兮的臭腳丫繫好涼鞋。九龍皇帝一直以來都以城市作為他的畫布，街頭的作品當然不可能搬進藝廊，所以為了這次展覽，劉建威決定重新構思如何呈現九龍皇帝的作品。他帶了一些更小、更容易賣出去的物品供皇帝揮毫，比如紙燈籠、玻璃瓶、保溫瓶，甚至一把雨傘。這把雨傘如今看來似乎預言了些什麼。劉建威很清楚自己會招來強烈的批判，因為他干預了曾灶財創作的方式，但他相信這些作品能讓曾灶財將「他的書法連結到現實」。他試圖先發制人，在展覽手冊中直面那些爭議，他寫道：「我不介意別人的誹謗。我介入了他的創作，幫助他發現自己還有未開發的潛力，這是他之前沒有意識到的。」

如今再談到九龍皇帝，劉建威形容他是一個天真的藝術家，他的作品可以與摩西奶奶①和畢卡索的創作相提並論。但在展覽手冊中，他又試圖用古典書法的美學來評論曾灶財的作品，他寫道，「相較於漢隸體，也許只缺了蠶頭燕尾之態。但是〔曾的〕筆觸溫和、深刻且靈動，字體魁梧。」劉建威甚至形容，九龍皇帝在翠屏道某個電箱上寫的字，「特別精緻，給予觀眾一種看到枯枝上開新花的喜悅。」[10]

這本展覽手冊的設計者是年輕的建築設計師黃國才。他挑選了上百張九龍皇帝作品的照片，編纂成這本瘦瘦薄薄的小冊子，封面的顏色特意選了象徵皇帝的黃色。黃國才注意到，九龍皇帝精準選擇了寫字的地點，他挑中的牆面都是屬於政府的財產。這讓黃國才對九龍皇帝的作品有了全新的理解。我二〇一五年第一次採訪他，他告訴我：「這一切都跟我的歸屬感、我的家、我的身分認同有關。這塊土地就是身分認同，這個家正在被偷走。

被偷走的還包括過去和未來。」

這場展覽的開幕式，呈現的方式正是劉建威想要的那個樣子。[11]年輕的前衛藝術家開始復刻起九龍皇帝的作品，將之當成自己的抗議行動。一位名叫Long Tin的批評人士氣沖沖地跑到藝廊敲鑼抗議，譴責劉建威在利用曾灶財。藝術界也充斥著各種批評聲浪。策展人何慶基認為，曾灶財的作品一旦離開了街頭，就會失去意義。他（何慶基）也被這次的展覽惹毛了，甚至二十年後再回想這件事仍氣憤難平。二〇一五年我見到他，他告訴我，「這件事現在還是讓我很生氣。」他那時嗓子出了些問題，他愈講愈生氣，嘶啞的嗓音痛苦地拉扯著。「他根本智力有問題，他根本沒有能力。如果有人對他好，叫他做什麼事，他就會去做。所以這裡有很多問題，不是只有藝術上的問題，還有道德上的問題。」

何慶基不認為九龍皇帝的作品可以稱得上是書法，他認為這樣看待九龍皇帝作品的人都是「一派胡言」。他相信作品的意義皆源自特定的政治時空背景，但劉建威竟然還拿其他東西讓九龍皇帝作畫，實在太超過了。他還指責劉建威左手宣傳九龍皇帝，右手評論作

① 譯注：摩西奶奶（Grandma Moses, 1860-1961），美國畫家，本名安娜・瑪麗・羅伯森・摩西（Anna Mary Robertson Moses），自學成才，七十八歲因關節炎放棄刺繡轉而開始畫畫。於一九五三年成為《時代雜誌》的封面人物。作品描繪的主題為鄉村四季景色和她的農村生活，用色活潑，帶有卡通風格，廣受大眾喜愛，時常被展出和印成明信片。其中，描繪鄉村人們採集槭樹的樹汁準備製成楓糖的作品《熬楓糖》（*Sugaring Off*）在二〇〇六年的拍賣中以一百二十萬美元創下拍賣紀錄。

品，同時還身兼積極的收藏者，根本是把策展人、收藏家、經紀人和藝術評論家的角色混為一談。何慶基直接表明「這是踐踏了職業道德，事實上，這在美國是刑事犯罪。」但是劉建威對此毫不在意，十幾年後回憶起這場展覽，他仍舊感到相當得意。「這場展覽很有爭議性，」他微笑著告訴我，「這就是我喜歡做的事，我就是喜歡有爭議的東西。」

媒體大肆宣傳，希望看到這位怪人明星會被接踵而來的名氣給沖昏頭。果然不出他們所料。九龍皇帝沾沾自喜，彷彿自己是宇宙中心的太陽，微笑著接受他子民的朝拜。當劉建威在房間的這一端，滔滔不絕地講述曾灶財書法的藝術性；九龍皇帝本人就在房間的另一端語無倫次地自言自語。當媒體大聲質疑他的藝術，他就宣稱自己是這一切財產的主人，並且對著提問者大喊：「滾開！」他基本上只用單音節的咕噥聲回答問題，但當有人問他是否認為自己能夠拿回家族土地時，他終於講了一句完整的句子，說他不認為自己能夠拿回土地。[12]看來他至少還是了解現實的，但即便很清楚自己無法拿回土地，他依然故我地繼續堅持唐吉軻德般的使命。

這次的展覽一件作品也沒賣出去。但不可否認地，它成功地讓眾人開始討論，藝術的本質究竟為何。現在九龍皇帝的作品不僅登上了報紙，香港回歸中國的十天前，還出現在英國治下的最後一個時裝節。香港最炙手可熱的著名時裝設計師鄧達智，在當時製作了一個「九龍皇帝系列」的時裝。這場大秀就是在向九龍皇帝致敬。在此之前，一九九六年年底的時候，鄧達智和知名詩人暨評論家也斯（本名梁秉鈞）一起參加了在柏林舉辦的「香港文化節」。準備展覽的過程中，佳能（Canon）正好新推出一款布料影印機，於是他將他在街頭拍攝的九龍皇帝書法照片直接印在布料上，結果出來的效果奇佳，讓他十分驚豔。他決定放下原本準備好的作品，改用九龍皇帝的書法字重新製作一個新系列。

到了一九九七年的時裝秀，更是完全以九龍皇帝為致敬對象。模特兒身穿鄧達智創作的奇裝妙服，時髦古怪的服裝上印滿九龍皇帝獨特的書法字，一個接一個從投影著九龍皇帝作品的拱門中走出來。最後的壓軸是一件剪裁不對稱、裙襬超級長的混凝土色禮服。因為鄧達智覺得整塊布實在太漂亮太完整，捨不得剪裁，所以決定保留二十公尺長的尾巴，幾乎覆蓋整個舞台。這件禮服上同樣寫滿了九龍皇帝的字跡，而且加上不對稱的剪裁，讓整個視覺畫面相當不和諧，密密麻麻的字跡在緊迫的空間中相互碰撞，宛如重現了香港街頭的活力和稠密。禮服開衩至腰部的位置，底下搭配黑色褲子，其發亮的材質像極了垃圾袋。這位模特兒大步流星，臉上堅毅的表情透露著一股決心。這已不純然只是場時裝秀，而是身分認同的表態。

這個關鍵時刻亦是香港形象美學的開始，這座島嶼正在展現自己的自我意識：香港既現代又時髦，由各種文化雜揉而成，具有從街頭中長出來的生存智慧，充滿自信又獨樹一格。我在二〇一九年見到鄧達智，他身材高大，六十幾歲了還一副頑童的模樣，穿著一身黑。我問他這套九龍皇帝的時裝系列怎麼看，他笑了笑。他說，這是香港時尚史上最最令人難忘的系列，沒有之一。

九龍皇帝的書法，讓鄧達智想起了他家族鄧氏宗祠裡的祖譜牌位。鄧達智從小到大，週末的時候都會回到新界屏山，住在當地的一個老宅中。他在那裡學會了畫畫。他用屋頂上破碎的陶瓦代替蠟筆，在村民用來曬莊稼的平坦露天平台上作畫。鄧達智之所以想起了那些祖先牌位，是因為看到九龍皇帝的書法，總是大剌剌地表達死亡、失去以及個人的悲劇，這些在傳統上都存在於封閉的私人紀錄之中，並不會公諸於世。九龍皇帝如此公開展示自己的方式，其實讓鄧達智不是很舒服，但他同時也知道，那些歪歪斜斜的字跡告訴了他一些事情，讓他得以透過時裝設計表現出來。

對香港人來說，鄧達智利用九龍皇帝的作品來創作，其實是一種很深刻的歷史共鳴。鄧氏家族自西元九七三年就在香港定居。他們原本是土地擁有者，後來土地卻被剝奪了。他們在一八九九年發動了六日戰爭，帶頭反抗英國占領新界。「我們鄧氏家族，已經在這裡生活了一千年，」鄧達智告訴我，「**我們**才應該是九龍皇帝。」他挪用曾灶財的書法，其實可以解讀成一個被剝奪土地的皇帝，向另一位同樣處境的皇帝致敬，雖然他堅持對我說，這並不是他的本意。「人們都在嘲笑這個系列，他們說：**你是在利用九龍皇帝來談你家族的事嗎？**我說：**別把事情複雜化，我也不是那種人**。」

鄧達智的時裝作品引發另一場轟動，不僅登上新聞頭條，還激起更多怒火。但另一方面，鄧達智將九龍皇帝那落落長的字跡改造成時裝，其實賦予這些文字新的生命力，而且無論有意無意，他還為這些符號注入了另一層政治意義，帶來了更大的影響力。因為這些不可磨滅的圖像，乘載著一段段鮮為人知的故事：過去曾有一段時間，土地被外人大規模占據，不僅讓昔日勢力龐大的氏族遭遇了痛苦的羞辱，也促使一名老人不惜破壞既有秩序，到處留下自己的字跡。這些大膽卻又如密語一般的書法字跡，如今被搬上了伸展台，便是心照不宣地向知情者昭告，這裡還有人一直記得這些歷史。

透過鄧的重新詮釋，九龍皇帝那些原本只是很個人的執念和憂慮，如今成了某個特定時刻的時代隱喻。許多報章媒體也深有所感，例如《蘋果日報》就寫道，那套「九龍皇帝」的系列時裝，表達了一九九七年回歸的社會氛圍。當我問鄧達智，他怎麼看他作品的意義，他一時間很難三言兩語講得清楚。直到他講到那件壓軸禮服超長的裙襬的時候，他才終於找到了適切的比喻。「這完全就像香港的回歸，」他說，「它是一個非常漫長的故事，廣東話有句話說：**一匹布咁長**。意思是像一匹布那般長。也就是說，這個故事非常的複雜，真的是一言難盡。」

＊＊＊

香港準備回歸中國的那段時間，我才剛調來香港無線做當地報導。回歸的那一天，我正坐在辦公桌前，從一個小螢幕看著彭定康。我們的新聞編輯室宛如一個寒冷的洞穴，常常冷得我們得在俐落有形的西裝外面，額外披件外套或圍上圍巾。回歸當天緊迫陰鬱的氛圍，似乎讓這裡的氣溫又降得更低了。

那天，我本來被派去北京參加回歸典禮，負責報導現場實況和各界反應。我的工作就是在天安門廣場上的巨大倒數時鐘旁待命，每個小時做一次現場直播。照理來說，能夠參與這項歷史性任務，我應該要感到雀躍才對，但其實我卻感到相當焦慮。我超級不擅長電視直播，我唯一一次的現場直播，是在某年的農曆新年市場。那一次我站在一個梯子的頂端做報導，因為搞不清楚應該要面對哪個方向而不知所措——到了最後我還是看錯方向，所以結果是一場災難，當然也成了新聞編輯室裡人人傳誦的笑柄。我很猶豫要不要接下這次任務，除了害怕自己又再次出糗，另一個主要原因是，我無法想像，香港要跨過這麼重大的歷史時刻，我自己竟然不在香港。我很清楚身為記者的專業倫理，不該把自己的願望放在第一位，但這一次我管不了這麼多。我亂編了一個蹩腳的藉口，也許讓電視台想起了我那次糟糕的現場連線，所以很快就同意派另一個人去北京。我留在香港的願望成真了。本來還以為這樣就可以在香港四處走訪，結果還是被留在跟冰庫沒兩樣的電視城待命。不過，也罷，反正無論如何我都留在香港的土地上。

那一天，我們歷經了一個漫長的道別。以一個正在衰落的帝國來說，英國已經盡其所能地舉辦盛大非凡的典禮，將其手中最後一個重要殖民地交出去。下午四點三十分的鐘聲敲響，彭定康從總督府走出，象徵著英國正式撤離。一名軍號手站在政府大樓屋頂上吹奏著《最後崗位》（*Last Post*），英國國旗緩緩地最後一次降下。接著，現場揚起風笛獨特的樂聲，身穿蘇格蘭裙裝的香港風笛隊開始吹奏《高地教堂》（*Highland Cathedral*）。天空不斷飄下細雨，落在彭定康的肩膀上，在他深藍色的西裝上形成了一塊印子。在旗幟交到彭定康手中之後，樂隊奏起了《天佑女王》（*God Save the Queen*）。

直到英國統治結束前的最後一刻，九龍皇帝依然持續用書法控訴英國奪走他家的土地。彭定康在告別總督府的時候，九龍皇帝就在附近一個地下通道的牆壁前，旁若無人地埋頭寫字，絲毫不在乎自己新獲得的名氣。某個角度來說，我們其實從他身上清楚看見了，那個時刻的香港人不僅土地被剝奪，連為自己作主的權利也沒有。

等到彭定康抵達英國海軍基地添馬艦（HMS Tamar）露天場地，準備參加英國官方舉辦的告別儀式的時候，原本的毛毛細雨，已經變成了傾盆大雨。我父親因為是資深公務員，所以他也是與會者之一。

這個地方取名自一艘軍艦，主要建築是棟雄偉壯觀的方形大樓。香港回歸以前，這裡是海軍基地，回歸之後又蓋起了其他建築。我一直記得小時候曾經進去過那棟大樓。我十七歲的時候，和一位朋友在排隊準備搭計程車回家，偶然認識了兩位英俊的英國軍官。這兩位英俊的軍官偷偷帶我們上到大樓頂樓的軍官餐廳。我們偷溜進了廚房，然後他們就像變魔術一樣，從一個巨大冰箱中變出了香檳和草莓，招待我們。午夜時分，我們帶著微醺在頂樓看風景。從頂樓往下望去，可以看到遠處港口船隻的燈光閃閃爍爍。這一刻我突然發現，這樣的生活完全不是一般普通香港人可以接觸到的，我們與這些時髦英國男孩的生活差距之大，頓時讓我整個人酒醒了。我以前從未真正把這些英國人看做是殖民者，但現在我看見了，他們的生活方式與一個多世紀前我曾曾祖父的生活方式是如此地相近。這是一個奇怪的時刻，我在這些年輕人身上看見了日漸衰落的帝國，知道他們在香港的所有經驗，最終都會成為晚宴上有趣逗人的閒聊話題。（不過那段回憶後來的結果並不有趣就是了，那天我們玩到早上四點才回到家，發現母親垮著臉，生氣地坐在餐廳的桌子前等候。）

現在，這些軍營都準備移交給中國人民解放軍。英國官方為了容納盡可能多的賓客人數，不顧香港夏天低氣壓的影響，依舊按照原定計畫在戶外舉行。滂沱大雨一直落下，賓客們各個可憐兮兮地縮在雨傘下。碩大的雨滴浸濕了彭定康的臉龐，他眨著眼睛，發表他的告別演講：「對整個香港人來說，今天是慶祝的日子，不是悲傷的日子。」

我們新聞編輯室感受到的是完全不一樣的氛圍。大部分的現場轉播都讓人緊張不安。更別提我們的運作模式不是很有組織，每當要做實況拍攝的時候，總是讓人膽戰心驚，因為過程中經常出大差錯。有一次，在節目開始前幾分鐘，竟然電腦系統大當機，主播被迫即興發揮，才得以完成整個新聞節目。另一次，我們直播緬懷九十三歲鄧小平逝世，字幕機卻寫錯歲數，害我的同事也跟著講錯，只見他表情嚴肅地宣布：「鄧小平逝世，享年三十九歲。」

話說回來，回歸的那天晚上，新聞編輯室幾乎空無一人，記者大多都到現場去了。偌大的空間頓時變得死氣沉沉，一片靜默。就連平時講話很大聲、脾氣暴躁、三不五時就大發雷霆的錄影編輯，都安靜了下來。他們也不完全是在哀悼英國人的離開，許多人其實相信香港的未來是中國的一部分。真要說起來其實是一種無言的麻木，我們完全不相信整座島嶼可以就這樣輕易地從一方移交給另一方，這種人命關天的交易，似乎是另一個時代不合時宜的產物。電視螢幕上的場面盛大隆重，卻鮮少拍到香港人的身影，更加顯示香港人的角色是多麼的被動。當晚的主角全是來訪的達官顯要，像是英國的查爾斯王子、中國的江澤民主席，其他重要配角是彭定康和穿著迷你裙的金髮女兒們。在自己的命運跟前，香港人只是旁觀者。

事實上，大多數香港人都不知道該如何表達他們對回歸的態度。雖然有一些街頭示威，但大多數人的情緒都是複雜而矛盾，心裡既憂慮又興奮，既感到驕傲卻又混雜了一些悲傷，甚至開始懷念起過去的時光。一整天下來最重要的環結，就是午夜在香港會議展覽中心新翼前廳舉行的交接儀式。會場地點位於灣仔港，其鋁合金的屋頂外型像極了翅膀，象徵一隻即將展翅高飛的飛鳥。這場典禮在禮儀方面的要求非常嚴格，必須處理很多瑣碎的細節，例如中英兩國代表團進場的時間必須一致，不能誰比誰快或慢。人們在一切都結束之後才發現，這些吹毛求疵的禮節，其實暗示著整件事背後的違和。

中國代表團被安排在舞台的左側，他們大多是上了年紀的長者，穿著深色的西裝，打著紅色的領帶，前方是一眾中國人民解放軍、海軍和空軍。英國人則坐在舞台的右側，前方的儀隊是擲彈兵部隊的衛兵，以及身穿蘇格蘭裙、毛皮鞋和綁腿的黑衛士兵團。兩國代表團之間隔了一塊無人之地，時任香港布政司司長的陳方安生獨自一人坐在正中央。陳方安生是港英政府最高級別的公務員，也是舞台上最顯眼的香港人。以穿衣品味著稱的她，這日以一襲大紅色旗袍出席典禮，在眾多樸素的西裝海中顯得特別搶眼。

在這場極具象徵意義的儀式上，陳方安生宛如孤島一般困在兩個大國之間，雖然坐在正中央位子，卻顯得被動、不被重視，沒有明確的角色。陳方安生的個人經歷，讓情況變得更加尷尬。她是彭定康的得力副手，不僅深受歡迎且能力優秀，按理來說，她有望成為香港第一任特首。但是她卻不受北京待見，因為北京擔心她與英國人走得太近。面對眼前各種紛擾及尷尬，她總是一貫地面帶優雅的微笑。後來鍾士元爵士形容，陳方安生「端端正正地坐在中英雙方主席台上正中間，儼如寶座中的女王。」[13]然而即將上任的行政長官董建華，卻完全沒注意到這樣的安排，直到新加坡總理吳作棟提起，他才知道此事。

在儀隊行舉槍禮之後，交接儀式正式開始，查爾斯王子步上主講台發表演說。後來據媒體披露的日記內容，查爾斯王子當時的心情，其實非常不耐且哀傷。他向所有香港人民表達了感謝、敬佩、情意和友好的祝願，並且在結尾說道：「我們不會忘記大家，同時我們還將以最關切的目光，投向你們不凡的歷史上即將開始的新紀元。」[14]在這段精心安排的字裡行間，英國實際上已經放棄了最後一個主要殖民地，而且沒有提出任何保證、無法監督中國怎麼行事，也無法確保過程是否符合要求。英國只是給出一個含糊的承諾，表示會在遠處觀察，完全把信心寄託在一個八年前才派出軍隊對付自己人民的政府身上。

十一點五十九分，英國國旗最後一次降下。結果當時英方降旗提早完成，導致儀式現場出現十秒鐘的靜默，人們後來開玩笑說，這十秒鐘的靜默是香港真正存在的唯一時刻。終於，午夜鐘聲敲響，印有五顆黃星的紅色中國國旗在中國國歌的樂聲中，緩緩升上旗竿。在它旁邊，還懸掛著一面較小的旗幟，紅色的旗面上印著代表香港的白色洋紫荊圖案。很少人注意到的是，洋紫荊其實是一個雜交而成的品種，並不能自然繁殖，需要仰賴人工干預才能延續存在，無意之間竟反映了香港的處境。此外，香港的旗竿比中國的旗竿低，因為法律明文規定，凡是有中國國旗的地方，都要掛得比香港國旗更顯眼。[15]

我待在電視城的控制室裡，看著眼前一整排的螢幕都在播映著降旗和升旗的畫面。我腦中無時無刻都在盤算接下來要做的事情，突然之間我注意到，明明典禮是在室內舉行，但升上去的旗子竟然歡快地在半空中飄揚，原來是現場設置了人造微風，讓照片拍起來更好看。我曾想像過儀式現場會跟看火箭發射很類似，控制室會有人歡呼、鼓掌，甚至也會有人嘆息。但是，原本該是令人屏息的靜默，卻被導演對著麥克風下指令的低語給打破了，每個人都只是在做著自己的工作。

緊接著，輪到中國國家主席江澤民上台發表演說。查爾斯王子曾在自己的日記中生動地描述：「我演講結束後，中國國家主席從陪同的人群中走了出來，整群人都活像一個個恐怖的老舊蠟像……他的演說根本是某種**政令宣傳**，而那些乘著巴士過來的黨內信徒不時熱烈歡呼。」查爾斯王子如此粗暴、輕蔑的描述，看得出中英雙方對事件的理解存在巨大鴻溝。這段日記曾在其友人之間傳閱，後來在未經允許的情況下被媒體洩漏了出去。[16]事實上，江澤民的演說內容完全是共產黨的那一套修辭，而他那套裝腔作勢卻又呆板木訥的演說風格，其實很受黨內官員喜歡。他要傳達的訊息相當明確：「經歷了百年滄桑的香港回歸祖國，標誌著香港同胞從此成為祖國這塊土地上的真正主人，香港的發展從此進入了一個嶄新的時代。」[17]江澤民強調，不平等條約終於畫下句點，中國成功藉此消弭了一個半世紀以來，西方列強對中國的屈辱。

午夜十二點十二分，一切都結束了，香港回歸中國主權。接下來只剩下那群受北京支持的政治高層的宣誓就職典禮。新特首董建華是第一位新上任的官員，他是航運業大亨，一九四九年共產黨掌權時，他的家族從上海逃到了香港。

午夜時分的另一邊廂，民主黨人舉行了自己的儀式，他們在立法會大樓的陽台上汗流浹背地發表演說，紀念自己被那些受中國支持的影子議員取代之前的最後幾分鐘。他們的告別顯得激動又急迫，與會議中心那場經過精心排練的場面形成鮮明的對比。民主黨主席李柱銘拿著麥克風，用英語說道：「我們是中國人。我們為自己是中國人感到自豪，也為香港不再受英國統治而自豪。但我們捫心自問：為什麼我們必須付出如此高昂的代價，才能再次成為中國人呢？」在演講結尾之際，他莊嚴的宣誓：「在此向世界承諾：我們承諾我們的人民，我們將繼續戰鬥下去。我們將繼續為你們發聲。我們將繼續為香港發聲。」[18]他當時並不知道，後來這個承諾會讓他付出多大的代價。

* * *

第二天早上，我回到編輯部，發現大樓裡幾乎空無一人。似乎也沒有人知道我們接下來該報導什麼。我們以軍隊的規格準備移交前的各種工作，精準計畫每分鐘的任務，在香港各個地方包含邊境都部署了工作人員。但我們卻忽略了，換成中國統治之後，我們該做什麼。我和我的攝影師被匆忙派往會議中心，一般來說英語記者很少有這麼高級的待遇。這次的任務命令相當模糊，只說要我們負責捕捉現場發生的一切。當我抵達的時候，我立即注意到現場看不到其他記者的身影，前一天那些高個子白人明星記者還跟我們一起擠來擠去，如今全都不見了，他們大概已經回到飯店房間，收拾行李準備離境。對他們來說，故事已經結束了。彭定康和他上相的女兒們都已坐上英國皇家海軍不列顛尼亞號（Her Majesty's Yacht Britannia），離港遠航。

會議中心擠滿了出席典禮的中國官員，我看見鄧小平的兒子鄧樸方坐在輪椅上。我追著他問問題，試圖問出他覺得他父親會怎麼想，直到有人告訴我別再糾纏他了。老實說，我幾乎沒收到什麼報導指示。我之所以被派來這裡，其實也只是因為其他的資深記者已經被昨天晚上連續好幾個小時的現場拍攝弄得筋疲力竭了。但是我們完全沒有想過接下來要做什麼，其實也恰恰反映出我們無法應對正在發生的一切。在我們看來，沒有所謂的以後。就好像我們所有的心思，以及我們的新聞議程都已經被殖民慣了，都深深以為英國人的離開，就是我們故事的結局。也因為我們總是只想到英國的事務，完全沒有想過英國撤離以後的局勢，所以我們也未能為新時代做好準備。

那天晚上，我和家人一起欣賞中國在港口上空施放的炫麗煙火表演。我叔叔寶成也跟我們在一起，他很高興，還從皇家香港哥爾夫球會（Royal Hong Kong Golf Club）蒐羅了一大堆的糖包和餐巾紙，他說他要拿回新加坡送給家人當紀念。他不停地說這些物品多有紀念意義，因為這些是最後一批印著皇家標誌的糖包和餐巾紙。

我回頭看了看我妹妹，驚訝地發現她的臉都哭腫了。她傷心欲絕。美蓮在香港出生，她一輩子都在這裡生活。交接的那天晚上，她和一個同學窩在酒吧，整個晚上都哭得唏哩嘩啦。我看著她哭腫的眼睛，這才意識到我一直沉浸在協調現場攝影和監督任務的工作之中，幾乎忘記了去感受其他事物。事實上，我一直遠遠地躲在我超然的報導後面，甚至不知道我內心真正的感受是什麼。我在殖民地長大，親眼目睹英國培養出的那群冷漠公務人員，如何以高效率的方式管理著香港，我確實為一個時代的逝去感到難過，但我也認為除了回歸中國，別無其他選擇。我很務實。殖民地的時代已經過去了，中國也在迅速發展中，說不定香港可以在未來找到自己的位置，成為中國的榜樣。我妹妹沒有這麼複雜的情緒，對她來說，那個晚上標誌著她所熟悉的世界要消失了，她為此感到悲傷。

在接下來的日子裡，生活一如既往，變化比我們預期的少，突然顯得回歸中國主權的那一天情緒有點過頭了。人民解放軍低調地躲在軍營裡；雖然民選議員被委任議員給取代，但整體來說造成的影響相當小，特別是那些臨立會議員都被當選的人正式取代，其中包括許多曾從直通車除名的民主黨議員。人們繼續舉行抗議活動，我在電視台繼續產出有關新建橋梁和危險熱水器等無關緊要的報導。有一段時間，「一國兩制」似乎真的可行，最大的問題出在「由選舉產生」這個部分，目前政府的運作方式，離這個要求愈來愈遙遠。二十年來，香港政府不斷推遲解決這個問題，他們不斷讓人們繼續對未來抱有希望和期待，但是危機總有一天會爆發，而且造成的影響一定更加嚴重。

到了二〇一九年，彭定康的時代彷彿是上一輩的事了，但是顯然香港人並沒有忘記。因為抗議者直接把他告別演說的語句塗鴉在牆上。在看到那句牆上塗鴉之後過了一個月，我有幸採訪到彭定康本人，他正好來墨爾本大學發表演講，主題是政治領導力。他現在是巴恩斯的彭定康男爵（Baron Patten of Barnes），也是牛津大學的名譽校長。他在卸任之後被冊封為有爵位的貴族，澳洲人對他畢恭畢敬的，看得我尷尬不已。雖然他變得有些駝背、頭髮都灰白了，但他的聲音聽起來跟以前一模一樣，話語間依舊帶著我們熟悉的機智和溫暖的幽默。我在遠處觀望了他好幾天，看著他在台上發表油腔滑調的演說，還有在晚宴上講些逗人開心的話。雖然他早已退出政壇，但他骨子裡仍然是一個政治家，很了解如何拉攏群眾。我獲得半小時的時間可以採訪他。這麼多年來，我一直都在遠遠的地方看著他，這是我第一次面對面與他對話。我知道他很懂怎麼跟媒體打交道，所以我最大的挑戰，就是要怎麼從他那裡挖出新東西。

他一坐下來，我就知道不妙了。他伶牙俐齒、自信滿滿，一開口就談起他最喜歡的趣聞軼事，談起托克維爾，至於我問的問題，他都以我所熟悉的敏銳機智繞開了。他就這樣滔滔不絕地講了八分鐘，我決定鼓起勇氣打斷他，因為我不能因為不好意思就錯失這個唯一的機會。我想知道，如果能夠重來，他會不會有不同的做法。他回答我，他希望自己在選舉改革上能更加快腳步：「我希望我沒有花那麼多時間和那些不會改變的人爭論。我認為，如果我們在討論中愈早確定中國不會採取行動，然後就去做安排，情況可能會更好。」

我追問他，他所謂不會改變的人指的是誰？是中國那一方，還是英國那群有影響力的批評者，比如柯利達爵士？他回答主要是北京，但他接著不以為然地談到了柯利達，他說：「這是港英故事的另一面，政策在很大程度上是由官員推動的，部會首長只提供最微不足道、最隱晦的意見。柯利達那群人和其他人，他們不聽香港人的話。他們知道香港需要什麼，他們以為只要找到讓中國能接受的方法，香港就可以繼續平靜過生活。」

我問他，如果當時給予像鍾士元這類的香港顧問更多關注，事情會有所不同嗎？「其實，我認為這可能已經發生了，」他回答，「每當有人表現得好像香港應該在這些議題上占據更重要的位置，或是香港的利益應該獲得更公開的處理，柯利達爵士那群人就會迅速採取行動，把這些想法都壓制下去。」

我其實真正想知道的是，當年非官守議員曾經懷疑麥理浩和鄧小平在一九七九年達成祕密協議，準備把香港當作某種人力工廠歸還給中國，彭定康怎麼看待這件事。因為如果當初真有這樣的祕密協議，照理來說彭定康最有可能是唯一知情的人。我問他，非官守議員之所以抱持這樣的懷疑，是否其來有自？彭定康直直地看著我的眼睛，「我認為沒有，」他堅定地說，「我是說，如果真有這樣的協議存在，那麼現在很多事情也更好解釋了，而且也更合理。」至於說到那些轉而效忠北京的非官守議員，我很意外他對他們表示同情。「他們認為英國會對他們置之不理，我很難說他們想錯了。」

最後我還有一件事要做。我拿出手機，滑出那張引用他告別演說語句的塗鴉。他瞇起眼睛，抬了抬眼鏡。我擔心手機螢幕上的字太小，他可能看不清楚，所以便開口補充說明，「這是您那場告別演說的內容，可能字太小了看不太清楚，上面寫著……」

他唐突地打斷我的話，「這些話我很熟悉。」

我繼續說，「**現在，香港人要自己治理香港**，」

他接著說，「**這是命運……**」

我糾正他，「是**不可動搖的命運**。」

他搖了搖頭說，「不幸的是，它已經動搖了。」

我繼續追問，「看到這張照片，您感覺怎麼樣？」

突然之間，原本對答如流的談話陷入了停滯，他沉默不語，頭垂得很低很低，過了一會他才回答，「很糟。很糟。很糟。很糟。」不一會，他馬上又振作起來，開始談起中國的行為對國際社會造成的挑戰。

我曾看過這個姿勢。我在二十年前英方舉辦的那個盛況空前的告別儀式上，曾經看過這個姿勢。那天彭定康在發表完告別演說之後，轉身背向早已被雨浸濕的麥克風，走回座位席，在查爾斯王子和首相布萊爾（Tony Blair）中間的位子坐下。他靜靜聽著觀眾席爆出的如雷掌聲，慢慢垂下了頭，過了一會，他站起身來，舉起雙手向拍手歡呼的群眾點頭致意。在人群安靜下來之後，艾爾加《謎語變奏曲》的輓歌和弦輕柔地飄揚起來，彭定康再次低下了頭。作曲家情感綿長豐沛的悠揚樂章，想必打動了彭定康，他幾乎快把頭垂到膝蓋上，顯然他的內心相當激動。當鏡頭移開，群眾也不再觀看的時候，那一刻或許才是真實的。這不禁又令我想起彭定康那晚的演講。他的講稿中有兩句話可能很多人都不會記得，但對我來說，象徵意義更加深遠。「歷史不僅僅只是一連串的日期，」他說，「真正的歷史，是我們所有人記得的那些日期之前，和在那之後發生的事情。」

第六章 國皇

香港人憶念九龍皇帝，想要力保皇后（碼頭），不是因為懷念殖民地時代，而是眼看中國大陸各地紛建市政大樓的奢華，想到添馬艦將要建設政府的輝煌炫目的大廈，還有甚麼回歸盛典，回歸十年的數以百計的活動，無日無之的升旗禮、唱國歌和種種愛國宣傳教育之煩擾，人們極力想留住那種方便、簡單、和樂、人與人輕鬆相處的感覺。

——李怡

香港回歸之後的頭幾年，正如鄧小平所承諾的「馬照跑，舞照跳」，賽馬繼續奔跑、股市熱烈如常，夜總會舞者也繼續在夜裡搔首弄姿扭腰擺臀。隨著這些資本主義墮落的象徵蓬勃發展，香港人一面戰戰兢兢，一面努力讓自己適應新現實。就政治上來看，回歸後的香港沉穩得令人放心。在亞洲金融危機和SARS疫情爆發之前，一切都過得平平穩穩，但到更久之後就會發現，這段歲月不過是虛假的平靜，長久不去處理的問題，終將連本帶利地爆開。

回歸後的第一任行政長官董建華是位航運大亨，他用董事長管理公司的方式管理香港。根據官方的紀錄，一九九六年底，由四百多位香港人組成的香港特別行政區第一屆政府推選委員會選出了董建華，但所有人都知道，他其實在年初就被欽點。當時同為上海人的中國國家主席江澤民特地穿過人群去找他握手，這一幕被電視攝影機拍了下來。事實上在更早時候，我的前公司香港無線的創辦人，同樣也是上海人的邵逸夫爵士亦曾來找過他。董建華後來在某次報紙採訪中，描述他們的見面過程：「他坐下來，用上海話跟我說話。他說：**哎，我想你要當特首了**。我說：**什麼？得了吧，你在開玩笑。我現在都在忙生意，對那些事務完全不懂。**」[1]注意到這裡的關鍵：語言，他們說的是上海話，不是香港的語言。北京準備透過董建華來間接治理香港，並且找當地的菁英作代理人，這樣的做法跟當年的英國如出一轍。

一夜之間，政府的作風大改變，彭定康時代那種極度的緊迫感和高風險政治已經過去，也不再有吵吵嚷嚷的掃街拜票和臨時的記者會。在這個陌生的世界，董建華只是一個有名無實的生意人，似乎總是力不從心，只是生硬地在儀式上發表事先寫好的講稿。我又回到了新聞編輯室，回到了記者的日常，跟同事輪流報導各種新聞，比如不合格的家電用品、步步近逼的颱風，以及房地產價格。我總感覺，我們似乎不再是世界關注的焦點了。

一九九八年，我搬去倫敦，在英國廣播公司（BBC）工作。我在那裡待了五年，直到我被派去北京擔任菜鳥記者。我在北京待了十年，先後為英國廣播公司國際頻道和美國全國公共廣播電台（NPR）報導中國的經濟和政治崛起。那段時間，我再次感受到自己站在歷史轉捩點的第一線。我非常喜歡在中國生活，因為這裡充滿活力和無限的可能，當然更重要的是，它離香港很近。我每隔幾個月就回香港一次，有時候是工作出差，但大多數時候只是回家。來自香港的新聞並不多，通常是每年七月一日香港回歸紀念日，民間會舉辦的小規模抗議遊行。這既是一個指標，讓人看到公眾對政府有多麼不滿，但同時也反過來強調了北京繼續遵守「一國兩制」的承諾。

董建華上任整整五年之後，人們才赫然意識到危機。他在任內力推香港《基本法》第二十三條立法，這項法案要求香港政府制定國家安全法，禁止任何叛國、分裂國家、煽動叛亂、和顛覆中央人民政府的行為，並且應力圖防止外國的政治影響。雖然香港《基本法》要求政府必須在某個時候制定並實施國家安全法，但它並沒有明確說明具體時間。二〇〇三年提出第二十三條立法的幕後推手，是親北京的政客葉劉淑儀，野心勃勃、極不得人心，她自一九九八年起擔任保安局局長，負責治安、安全和移民的事務。在英國殖民時期，司長和局長這類職務一直是由政治中立的公務員擔任，但二〇〇二年董建華引入了一套新制度，即「主要官員問責制」，部會首長改由政治委任官員來擔任。葉劉淑儀在保安局局長任內歷經了這項制度變化，身分從公務員變成政治任命的問責局長，她也是第一位宣布自己政治立場的部會首長。二〇〇三年情人節那天，政府向立法機關提出了《國家安全（立法條文）條例草案》，呈交者正是葉劉淑儀。

消息一出立刻引發香港社會軒然大波。律師界擔心條例所羅列的罪行定義不夠明確；記者對官方保密範圍擴大感到失望；非政府組織和宗教團體則擔心自己可能成為攻擊目標。這條法案經過五輪修訂後，依然如著名法律專家形容的那樣，是「一項非常具威脅性的立法」。[2]

葉劉淑儀板著一副學校老師的樣子，斥責香港人不明事理，北京允許特別行政區自己制定法律，就是在展現對特別行政區的信任。她強調，香港人應該要對此感激涕零才對，「我們並非要將內地法律引入香港。而是正在發展我們自己的做法。你想想看，加州或康乃狄克州有辦法制定自己的法律，去對付那些叛國行為，或是企圖推翻美國政府的外國組織嗎？」[3]儘管各界都在抨擊這項措施，但回歸後的香港政府仍延續了殖民時期家父長式的統治作風，顯然沒有意識到，公眾強烈的反彈聲浪將帶來多大的影響。

這次事件促使人們開始關注公眾事務，並醞釀出一股巨大的力量，最終將改變香港回歸後的政治格局。一群知名律師自發成立一個關注組，後來這個團體轉型成政黨，名為公民黨；當時還有一個名為「民間人權陣線」的平台，它在運動期間是重要的動員力量，協助號召群眾走上街頭遊行示威。十五年後，這些力量匯聚成大規模的街頭抗議活動，讓這座城市陷入癱瘓。

二〇〇三年七月一日，香港最受歡迎的報紙——親民主派的《蘋果日報》，頭版標題大大寫著「走上街頭！不見不散！」報紙右上角還把行政長官畫成一臉困惑的巨嬰，被一個大掃把掃地出門。如果你將報紙攤開來，就會變成一張現成的抗議海報。

香港人響應了號召，總共有五十萬人走出家門抗議，人數占總人口的百分之八。大家都穿上了黑色T恤，以此象徵他們的自由已死。人們撐起一大片雨傘之海，抵擋夏日的豔陽曝曬，從銅鑼灣的維多利亞公園出發，沿著傳統的抗議路線緩緩行進，由於人數實在太多，遊行隊伍花了整整六小時才走完全程。遊行隊伍綿延了超過三公里，眾人沿著摩天大樓林立的寬闊街道，一路走到中央商務區，旁邊時不時有叮噹作響的電車經過。隊伍中，有抗議者高抬著董建華的人偶，人偶頭重腳輕，眼皮沉重，一副無精打采的樣子。某句標語大大寫著：「我們值得更好的。」另一句則寫著：「打倒董建華！」還有一條巨大的布條寫著「人民力量」（People power），為這一天下了一個完美的注腳。

對政府來說，這一天無疑是場重大的打擊。由於政治風險實在太高，官員決定將《基本法》第二十三條的法案無限期撤回，當然也連帶無視了香港人對民主的訴求。香港人再次站出來為自己發聲，但執政者依舊充耳不聞。這樣的互動非常危險，民主派的立法會議員陳偉業曾對此發出警告，提醒政府：「如果他們這次再不聽，下一次的示威抗議會變得更加嚴重，現在憤怒已經出來了，將來可能出現暴動。」[4]

當時幾乎所有人都認為，二〇〇三年的示威抗議是場突發狀況，但接下來的幾年，隨著群眾對政府的不滿愈發高漲，動搖了對政府的信心，大家才注意到，那場抗議其實更像是個預兆，預示了未來命運。雖然影響因素有很多，但幾乎都圍繞同個核心：身分認同。

反第二十三條立法的抗爭對董建華是個致命的打擊，不過他實際辭職則是在兩年後，理由是健康不佳。接任其職務的人是他的副手曾蔭權。曾蔭權是土生土長香港人，也是英國傳統官僚制度訓練出來的政務司司長，他因為經常配戴蝴蝶領結而聞名。董建華退休之後，因為仍持續參與政治高層的事務，而得到「造王者」的稱號。二〇〇五年，他成為中國人民政治協商會議全國委員會副主席。包括我在內的許多香港人一直認為他相當和藹可親、慈祥，雖然領導能力不佳，但似乎沒造成傷害，只是因為香港市民並不像雇員一樣服從命令，讓董建華感到挫折，最終黯然下台。然而十多年後，我在擔任記者時挖出更多資訊，大大改變了我原本對他退休後生活的看法。

二〇一八年，我為《衛報》（*The Guardian*）撰寫了一份長篇報導，深入研究了中國對全球媒體的宣傳行動。這篇文章是我無心插柳的結果，因為我一位長期合作的編輯大衛

（David Wolf）一直鼓勵我野心大一點，去寫篇更全球性的報導。在我進行採訪和報導的過程中，我才發現董建華原來在二〇〇八年用他航運王國的財富成立了一個基金會，名為「中美交流基金會」（China-United States Exchange Foundation）。該基金會在向美國推銷中國形象和利益方面，扮演了重要角色。我和同事茱莉亞・伯金（Julia Bergin）花了數週的時間，深入研究監理方面的漏洞，仔細檢查根據《外國代理人登記法》製作的財報，來進一步梳理和整理基金會進行的一些活動。我們發現，董建華的基金會在不到十年的時間裡，提供了至少一百二十七名來自不同家媒體的美國記者免費到中國旅行，也為美國政策制定者、商界領袖和學者提供到中國旅行的資金，並且資助了幾個美國機構進行的政策研究。[5]基金會還支付幾位美國說客大筆傭金，讓他們在美國報紙上刊登董建華親北京的社論文章；出錢培養在美國的「第三方支持者」，並且審查美國高中教科書中有關西藏的內容。一間名叫布朗・勞埃德・詹姆斯（Brown Lloyd James）的遊說公司，每年就收受了近二十五萬美元，平均每週在《華爾街日報》等美國刊物發表三篇對中國有利的文章。

我們甚至拿到一份該公司行政主管寫給董建華的私人備忘錄，內容讓人瞠目結舌。備忘錄中提及兩個很荒唐的策略，目的是重塑美國公眾對中的輿論。其中一個點子計畫準備斥資兩三百萬美元，在百老匯上演一齣名為《電話》（*The Phone Call*）的戲劇，講述某個家族的家庭成員生活在紐約和北京的故事，最終會用現場視訊連線的方式，將戲劇舞台化身成外交平台。第二個點子更荒謬了，計畫將斥資八百至一千萬美元，在底特律打造一座名為「工合」（Gung-ho）①的中國城。「工合」將建設成美國和中國大學畢業生，以及專業人士居住的區域，並且展現中國的技術發展，比如天然氣巴士和微信APP。那位高層建議，整個計畫也可以用真人秀節目的方式呈現，這將「生動地展現美中關係的穩固前景」。

我們後來聯繫上基金會，想確認「工合」鎮的建設現況，結果得到的回應是一份乏味的聲明，指稱基金會是「一個獨立、非營利的非政府基金會，致力於相信，讓最強大的發達國家與人口最多、發展最快的國家建立起積極和平的關係，對全球福祉來說至關重要。」也是在那個時候我開始意識到，董建華利用他在香港的領導地位，成為中國共產黨在國際社會上的門面，成為被西方認可、對商貿友好且全球化的形象代言人。他藉此形象向西方推銷中國，讓西方世界更願意接受中國。

董建華的故事從經濟層面來看，也相當有啟發性。他的航運公司「東方海外有限公司」（Orient Overseas）在一九八〇年代瀕臨破產之際，獲得了中國多間銀行的資金挹注，金額達一點二億美元（九點三億港元）的一半。[6]到了二〇一七年，東方海外躋身世界第七大航運公司。後來被中國國有企業「中遠海運控股股份有限公司」收購，收購價高達六十三億美元，香港媒體稱之為不容拒絕的交易。[7]這筆交易不僅將又一家香港企業送進大陸的囊袋，還讓中遠一躍成為世界第三大航運公司。不過雖然董建華的企業總部設在香港，但他並不是土生土長的香港人，他忠誠的對象一直都是北京。話說回來，董建華身為第一任特首，其實也標誌著北京首度打破「港人治港」的承諾。

與此同時，情況確實被鍾士元料中了，香港在民主改革方面未能取得任何實質的進展。儘管《基本法》規定最終目標是香港行政長官由「普選產生」，但卻沒有明確界定「普選」的意涵，給了政府很大的操作空間。北京藉主導「有廣泛代表性的提名委員會」來左右行政長官候選人的名單。二〇〇四年，中國全國人民代表大會決議，二〇〇七年的行政長官將由八百人組成的選舉委員會選舉產生。[8]這相當於是抹消了二〇一二年以前實現普選的可能性。到了二〇〇七年，中國全國人民代表大會又通過草案，否決了二〇一二年實行全面普選的安排，並且將選舉委員會擴大到一千二百人，再次推遲了普選。這一次全國人大的草案有提到具體的時間：二〇一七年「可以」普選行政長官，以及在其後（即二〇二〇年）「可以」普選整個立法會議員。但在實際方案上卻依然沒有給出任何堅實的承諾。香港人別無選擇，只能相信北京的誠意，這些日期成了某種象徵希望的幸運符，只要穩穩抓住，就能實現民主的夢想。

與此同時，這場政治鬥爭卻也幫助香港人團結起來，思考自己的身分認同。過去有段時間，香港這個概念還沒有被定下來，還等待著有人將它釘在地圖上，現在的情況也是如

① 譯注：Gung-ho這個詞源自二戰前中國工業合作社的簡稱「工合」，後來被一位美軍顧問帶回美國，引申為形容一個人很熱情、精力充沛，願意賣力工作。

此。香港人的身分認同一直是多元、複雜的，香港人對自己的看法並不是一個固定的光點，而是會因為各種因素而不斷演變，甚至彼此交疊。長久以來，所有人都在說香港人是純然的經濟活動參與者。但是他們其實也是政治動物，當他們的核心價值受到威脅時，他們也會起身表達自己的不滿，比如在一九八九年支持中國的民主抗爭，或是在二〇〇三年上街反對《基本法》第二十三條立法。然而，究竟那些核心價值為何，其實是個相當棘手的問題，就連在學術研究也碰到了瓶頸。一位政治學家曾跟我說，在反《基本法》第二十三條立法的抗議運動之後，一群學者試圖定義香港的核心價值，卻發現這項任務非常的困難。「我們都在問，我們是誰？我們正在捍衛的是什麼？然後我們開始討論什麼是香港的核心價值。老實說，我們其實也無法確定，到底構成香港身分認同的關鍵為何，究竟什麼才是我們最珍視的價值。」

這群學者後來得出一個初步的結論，他們認為香港人的身分認同是韋伯（Max Weber）那套用人唯才，努力工作的人會得到成功的回報，同時他們也看重英國在香港留下的制度遺緒，比如法治和專業精神。這些價值觀恰恰是中國沒有的，但是這並不影響香港和中國身分認同的疊合與融合。那些年來許多香港人都在中國做生意、組家庭，他們經常進出邊境，認為自己是香港人也是中國人，或是香港華人。人們深信香港能夠成中國未來的模範，形塑出充滿抱負的身分認同。二〇〇八年北京舉辦奧運會，香港對中國的身分認同達到最高峰。一九九六年曾為香港摘下首面奧運金牌的風帆選手李麗珊，擔任了二〇〇八年的奧運火炬手。國家舉辦了這樣的盛會，香港人對自己身為其中一員感到驕傲，然而與此同時，對未來的不安依然蟄伏在人們心中。

不過真說起來，香港人的思維方式跟大陸人仍有相當顯著的差距。我拿這個問題去請教了以筆名「陶傑」聞名的作家曹捷。筆耕不輟二十五年的曹捷，稱得上是香港最有影響力的專欄作家。他在親民主派的《蘋果日報》上撰寫的文章，一天可以獲得四十萬次的點擊數。他認為自己的文章之所以這麼有人氣，大概是因為他在英國華威大學念英國文學的關係。「感謝英國文學訓練我，讓我即使再怎麼憤慨，也有辦法用輕描淡寫、諷刺和反諷來表達我的想法。」

我到曹捷的公寓採訪他，地點位於薄扶林。他的公寓相當寬敞，我坐在一張白色皮製的大沙發上，聽著陽台一隻綠色鸚鵡大聲地叫個不停。曹捷飽讀詩書，信手捻來就是費里尼、華茲渥斯、歐威爾，以及南越王朝的歷史。跟許多香港人一樣，他輕鬆自如地穿梭在東方和西方的知識傳統之間。對曹捷來說，語言是影響香港思維方式的關鍵。「今天所有〔大陸的〕中國人，心中都還是對皇帝唯命是從。」他對此相當嗤之以鼻，「他們更想要被一個仁慈的皇帝統治，而不是去擁抱民主。但廣東人的基因有點不太一樣，因為語言的關係，我們不會一天到晚都那麼乖順。」

語言是香港人身分認同的關鍵標誌，他們說的是廣東話，而不是中國共產黨統治者在一九五六年引進的標準漢語「普通話」。廣東話通常被視為一種方言，對一般說普通話的人來說根本鴨子聽雷。一些語言學家則認為，廣東話使用了古代分詞結構、古音韻和傳統繁體字，其實比大陸使用簡體字的普通話更接近古代漢語。而且不像標準漢語，廣東話比較沒有規則，發音非常地隨興，比如有些詞語開頭既可以發n音，又可以發l音②，兩者還可以互換。直到一九五〇年代，廣東話才開始有羅馬拼音系統，比英國人威妥瑪（Thomas Wade）協助普通話建立羅馬字母拼寫系統還整整晚了一個世紀。直到今天，究竟要使用哪一套羅馬拼音系統，各界仍未有共識[9]，甚至廣東話總共有幾個音調也說法不一，有人說五個，有人說十一個，你問不同的人，每個人都給你不同的答案。

儘管香港百分之九十七的人口都使用廣東話，但教育局在一九九四年依然聲稱它不是官方語言。[10]在國際上得到的認可更少，就連圖書館管理軟體也會自動把粵語名字轉換成普通話拼音。這種利用官僚體系的力量進行的抹煞，也是政治性的，因為這麼做就是在把香港人變成了大陸人。它不需要香港人的同意，甚至在他們不知情的情況下就改變香港人的身分。香港人的母語是廣東話，僅僅因為說的語言不一樣，他們就被打成了次等公民。

文化評論家周蕾時常思考一個問題：「對香港來說，用自己的語言書寫自己，是什麼意思？」[11]這個問題一直讓我感到焦慮，因為香港的語言不是我的母語，我會說流利的漢語，但廣東話卻說得零零落落。我們在家不說廣東話是因為我父親的緣故。他跟他的母親和岳母分別使用不同語言，但他選擇學校的語言「英語」作為主要溝通語言。我母親耳朵很頓，完全聽不出音調的差別，無論是講廣東話還是法語，她總是帶著優雅的英國口音，並且深信靠著意志力就能理解彼此。

我在香港求學的時候，香港社會普遍歧視廣東話，說廣東話的人會被討厭，甚至被憎惡。像我班上有位同學姓彭，粵語譯為Pan。一位科學老師很針對性地用諧音取笑他說：「你是什麼——彼得潘（Peter Pan），還是平底鍋（Frying Pan）？」我們直到上中學才開始學習廣東話，而且只學了兩年。我們都覺得廣東話是課表上最不重要的課，常常在課堂上找老師麻煩。我們可愛的老師很倒楣，有一次甚至被弄哭。我畢業之後還想繼續學廣東話，所以開始利用空閒時間去上課。這些年來我斷斷續續上了一些課，碰到很多離譜的經驗，顯示廣東話極不受重視。尤其當前社會以普通話教學為主流，在這樣的情況下，廣東話的地位更是低落。

我十幾歲的時候，我母親就推薦我去上廣東話課，因為她自己也很喜歡那堂課。現在回想起來，我在課堂上的經歷其實是很明顯的警訊。那所學校位在新界，對當時的我來說非常遙遠。老師上課沒有使用教科書，而是像樂隊指揮那樣指揮著我們。我們乖乖坐成一排，齊聲唱和：「食飯、食麵、食麵包！……」每一次我們唸到「包」這個字，老師就會很激動地將拳頭揮向空中。連續好幾個禮拜我們都用這個方式死記硬背，結果那句話也是至今我唯一還記得的一句話。

② 譯注：相當於台灣所說的ㄋㄌ不分。

後來我改學普通話好多年，再重新回來學廣東話是我在墨爾本的時候。結果我發現，受中國政府支持的孔子學院幾乎壟斷了漢語教學，排擠掉來自其他地方的師資。我唯一可以學廣東話的地方，卻堅持採用奇怪的教學法，要求學生必須一邊聽著單調乏味的背景音樂，一邊學習語言。學校拒絕教初學者音調或是漢字，只是一味地要求我們閉上眼睛反覆唸著新單詞，而課堂上播放的單調音樂據稱可以幫助我們記憶。班上熱情的年輕老師會用好笑的聲音演出一些幽默短劇，這堂課我撐了大概一年，最終還是放棄了，因為我再也受不了那個罐頭音樂。

後來又有段時間在香港，我跟一群國際學生一起上晚間課程。我們的老師姓吳，性格開朗但總是看起來很累。他很有耐心的教導我們香港人的生活方式。「愛好——ngoi hou，」他一邊示範發音，一邊苦笑道，「香港人才沒有愛好。我們每天早早起床，白天工作一整天，晚上繼續工作一整晚，然後回家睡覺。隔天起床又開始繼續工作。週末——jaomut，我們來造句：我整個週末都在工作。我每個週末都在工作。」這就是鼎鼎有名的「獅子山精神」，是香港的核心價值，也是香港人對自己的集體認同。「獅子山精神」這個名字來自一部香港電視劇《獅子山下》，這部電視劇描述了著名的獅子山山腳下，住在棚屋裡的人努力為生活打拚。它讓我們看見，無論環境多麼艱困，香港人依然抱持敬業的態度，堅忍不拔地想辦法在這個世界上自力更生。簡單來說，獅子山精神讚揚人們無懼於眼前的困境，繼續努力為更好生活打拚。其實這恰好跟政治學者之前提及的韋伯那套用人唯才的世界觀不謀而合。

我非常喜歡這門廣東話課，課程內容主要是設計給在香港但母語為普通話的人士，我認為這堂課完全體現何謂「獅子山精神」。我的所有其他同學都來自中國大陸，他們都是年輕的單身貴族，從事社經地位不錯的工作例如銀行家、工程師，或ＩＴ人員。我們每次上課都像參加大型約會俱樂部，都在瘋狂地跟彼此打情罵俏，不過方法很笨拙就是了。例如女孩子常很愛戲弄班上最帥的男生，逼問他家住哪、什麼背景，常常把對方鬧得害羞不已，臉紅到耳根，惹得女孩們又是一陣歡笑。

這些人上班可以用普通話和英語和他們的香港同事交流，但他們其實也希望自己能夠使用香港的語言。有一位學生住在深圳，每週都跑去香港上兩次課。她說：「現在深圳沒有人在講廣東話了！」這正是香港人最擔心的情況。香港人擔心，未來說廣東話的人愈來愈少，說普通話的人愈來愈多，廣東話就被淘汰了。這件事已經在發生。我小的時候，在街上根本聽不到人說普通話，但後來普通話在香港某些地區開始愈來愈流行。大約二〇〇三年發生示威抗議前後，北京與香港簽署了一項自由貿易協定，目的是讓更多大陸人能夠來港旅遊，促進香港的經濟發展。再加上現行的單程證制度，每日給予內地居民一百五十個名額移民至香港，香港人口結構改變了，你聽得出來，也感受得到。

我的同學就是透過那個單程證制度來香港的。在教室裡，我們總是將廣東話的感嘆詞掛在嘴邊，對著彼此「嗶」來「囉」去，我們會相邀一起共進晚餐，甚至一起演了一齣滑稽的小短劇，劇情是我們在蔬果市場弄丟錢包。這些互動過程讓我們變得更放開，變得不再那麼拘謹。廣東話的情感表達豐富，既粗俗又美妙，既富有豪邁強烈的表現力，又充斥著幽默、嬉鬧的俚語，幫助我們打破了隔閡，拉近彼此的距離。幾個禮拜過去，我發現課堂休息的時候，我們開始會談論一些通常大陸人會避談的敏感話題。這不禁讓我思考，對那些習慣被嚴格管制的大陸人來說，講廣東話會不會成為一種小小的反抗行動。或者也有可能，他們開始學習像香港人一樣思考。

自古以來，香港就是個庇護和自由思想之地，是來自中國的異議分子和革命者尋求避難的地方，他們在這裡可以討論禁忌的話題，在狹窄樓梯上的小書店販售禁書。我在中國待了很長一段時間，接近尾聲的時候，我切身感受到香港的自由。當時我著手撰寫一本書，寫的是共產黨如何成功抹去一九八九年天安門血腥鎮壓的集體記憶。在北京，我不能在家裡或辦公室談論這本書，因為我認為這些地方都被竊聽了，甚至在電話和電子郵件裡我也都隻字不提。我工作用的電腦從不連上網路，而且平時不寫作的時候，就把稿子鎖在臥室的保險箱裡。為了安全起見，我會將書稿存在硬碟帶回香港，我只有在香港的時候才跟遠在紐約的編輯通話。香港一直是中國領土唯一一個，每年可以舉辦六四守夜活動，紀念一九八九年屠殺事件的地方。

對我來說，就連香港的空氣聞起來也比較自由。每當我越過邊境從大陸回到香港，我真切地感受到身體變得輕鬆，連靈魂都輕盈起來。有一次，我在香港的六四紀念館遇到一位年輕的大陸學生，他形容香港的生活「給你一種敢說敢做，敢拚敢想的感覺。」[12]我不曾認真思考過香港和大陸的生活有什麼不同，但我發現，他完全說中了我的感受。

有一個人充分利用了這些自由，而且聲望和地位愈來愈高，那個人就是自封為王的九龍皇帝。在個人展之後，甚至香港回歸之後，九龍皇帝都不曾改變過，依舊每天繼續在城市的公共空間和高架橋的牆面上寫字。他到處宣稱自己擁有土地的主權，這個行為在中國可能會被視為煽動，但在回歸以後的香港，他只是被當成怪人。九龍皇帝時常被警察攔下，然後警察就會被他語無倫次的咒罵砲轟。有時候，他也會因毀損公物而被罰款，但反正都會有人定期清除他的字跡，所以大部分時候就任他繼續寫字。

一九九七年，他的作品被納入國際巡迴展覽《移動中的城市》（*Cities on the Move*）中。這個展覽是由著名瑞士策展人奧布里斯特（Hans Ulrich Obrist）和中國策展人侯瀚如所共同策劃，展覽想呈現的是席捲東亞城市的快速變遷。對侯瀚如來說，九龍皇帝的作品就是對這座城市的社會和文化身分認同進行徹底探索的一部分，香港社會不斷反思和探究自己與過去殖民歷史和現在新殖民現實的關係。更重要的是，他認為這讓人看見了，香港人民「被壓迫的集體無意識」。[13]無論是過去和現在，香港總是被多重的霸權勢力殖民，在香港人的靈魂深處烙下了深刻的危機。奧布里斯特則認為，他「是一個將公共空間當作書頁的詩人」。[14]但香港政府的文化機構拒絕資助他前往歐洲參展，理由是他既不是書法家，也不是藝術家。

兩年後，九龍皇帝的作品受邀參加了台灣美術館特展「文字的力量」，此展由香港知名策展人張頌仁所策劃。九龍皇帝相當開心，因為張頌仁將他的作品與毛主席的書法搭配展出，提升了他的地位。張頌仁穿著傳統唐裝，用一口濃郁的英國腔發表著尖銳的見解，這次的訪談令人相當難忘。他視曾灶財為一位真正的先驅，比凱斯・哈林（Keith Haring）的塗鴉早了至少十年。「以西方藝術史來說，他會是第一位塗鴉藝術家。」

對張頌仁來說，九龍皇帝的塗鴉讓書寫文字重新成為展現權力的場域。他注意到這些文字基本上都跟領土主張有關，這讓他想知道，九龍皇帝是否在幻想一個偉大的祖先血統，藉此讓他的主張有正當性。我問他，是否可以說說九龍皇帝作品的重要性何在，張頌仁浮誇地說道：「這真的是文明的損失，基本上可以說是世界結構的損失。」在他看來，九龍皇帝的公共場合書寫，巧妙地顛覆了這些作品過去給人們的時間、文化、世俗意義。從曾灶財繼承的祖先血統來看，理應會是個大人物，例如某個官員或學者，但是他宏大的宣言卻顯示，他只是個無名小卒。在我看來，把它說成是文明的損失，似乎有點牽強。但張頌仁反駁道：「現代性講的是讓人們與自己的文化血脈剝離。這是現代性的主要特徵。」這個展覽在台灣和美國巡迴展出，可是張頌仁並沒有帶著九龍皇帝同行。我問他為什麼，他尖酸地說：「他聞起來太可怕了！我無法想像帶他去任何地方！」

隨著九龍皇帝的名氣愈來愈大，許多子民紛紛來到他位在十八樓、骯髒惡臭的公寓，向他致意。幾乎每一面牆壁，甚至髒兮兮的白色薄窗簾上，都被他寫滿了書法字，而且字體的大小不一，有的還疊在一起。密密麻麻的字跡，讓整個空間變得非常有壓迫感。公寓散發著腐爛的肉和自製香腸的惡臭，讓某位來自日本的電視記者忍不住跑到走廊上嘔吐。客廳裡只有幾張椅子和一張桌子，地上堆滿了被揉成球狀的書法，上面爬滿了蟑螂。這次拜訪的經驗太過衝擊，在那些來訪的人心裡留下很深的陰影，而且九龍皇帝非常好客，他歡天喜地倒水招待客人，但水杯裡卻漂浮著不明的蔬菜碎屑，實在讓人消受不起。

二〇〇〇年，九龍皇帝的公眾形象又有了變化，他受邀擔任某個廣告的主角，結果被重新塑造成這個城市的可愛吉祥物。這部商業廣告是由一家清潔劑公司藍威寶（Swipe）所拍攝，由於太過經典，甚至被收錄進二〇一七年的「好香港．好香港」（Very HK Very HK）展覽中。這部廣告很像一部微型紀錄片，開場音樂歡快、幽默，鏡頭先是橫過一張寫滿書法字的桌面，以及桌上布滿字跡的茶壺。旁白是九龍皇帝中氣不足，氣喘吁吁的聲音，「……二千七百年嚟九龍城，彩虹山頂……」鏡頭慢慢平移過一個覆滿文字的混凝土橋，接著鏡頭從下往上拍九龍皇帝在一片透明的壓克力板上留下字跡，然後下一個鏡頭又切到他在高架公路的橋墩上寫字。接著是九龍皇帝拿著藍威寶清潔劑，開始擦掉他的作品，「我抹咗又寫過囉……全香港都有我嘅字」，他說，「……秀茂坪洗到，彩虹邨洗到，翠屏邨翠……樓，一樣洗到，洗廚房好，洗廁所好……」他臉上帶著淺淺的微笑，看起來心滿意足。「洗穿梭機兩架都洗到，」他說，「藍威寶，間屋幾大多洗到。」最後一個鏡頭是他坐在王座上，身披襯著羊毛的黃色禮服，手持著權杖，露齒微笑，背後是宏偉白色大理石的半島酒店。他說，「你間屋冇我咁大掛？」③

這句話的潛台詞所有香港人都聽得懂。拍攝這部廣告的導演阿佛（Alfred Hau）說：「他的家就是整個香港！」阿佛身材高大、長相英俊，五十多歲，穿著一身黑色極簡風格的Y-3連帽外套，笑容滿面地回憶起這部將近二十年前拍的廣告。我們約在他公司Off-Lo-Hi總部見面，那是一棟天花板很高的倉庫大樓，Off-Lo-Hi這個名字取自空調風速的開關。④

阿佛記得九龍皇帝很和善，但很多時候搞不清楚狀況。他有辦法複誦台詞，但每次都會加上沒人聽得懂的喃喃自語，所以必須用後製剪掉。他會遵循指示，但沒人確定他是否理解自己正在做什麼，甚至也不清楚他懂不懂「藍威寶」是什麼。當工作人員要求他在茶壺、桌子和椅子上寫字，他猶豫了很久，因為他習慣只在政府財產上寫字。最終他同意了。但輪到在壓克力上寫字時，他竟一寫就不肯停下來，原本只需要一張A4紙那樣小的範圍，他執意要從頭寫到尾，寫滿整片跟門板一樣大的壓克力。整個拍攝團隊都得停下來等他寫完。結果寫完後，他拒絕繼續拍片，除非讓他再繼續畫第二個板子。

這個商業廣告出乎意料地大受歡迎，而且據阿佛說，這個廣告改變了一般人對九龍皇帝的看法。「這是他們第一次近距離面對九龍皇帝。平常人們在街上看到他，都沒有人去跟他說話。因為他們都覺得他瘋了。但這是唯一一次讓人們好好了解這個人。他現在像個名人，上了電視。」人們開始稱九龍皇帝「財叔」，或是「曾灶爺」。他變成了「這個家」

的一分子。不過這個廣告後來鬧出一件醜聞。國內的稅務局發現九龍皇帝拿到了約一千美元（港幣七千七百六十元）的酬勞，便中止他的社會保障援助，理由是他不算失業人口了。這個事情引起更多的新聞報導。

我跟阿佛見面，發現那兩幅九龍皇帝寫字的壓克力板就放在他桌子附近，很隨興地靠著牆邊。「我不知道為什麼我還繼續留著！」他這麼跟我說，而且似乎連他自己也很意外。他知道九龍皇帝的作品價格不菲，曾有打算拍賣這兩塊板子。他壓低聲音跟我說：「蘇富比曾請我開價。」但他並不缺這筆錢，而且心裡一股無以名狀的直覺告訴他不要賣，甚至開始練起書法來。現在這兩塊板子在他眼中，似乎展現某種獨特而純粹的意涵。他正考慮將它們借給一個博物館展出，讓更多的人欣賞。「我認為這是香港的一部分，」他告訴我，「我覺得這是我們所有人心中共有的一段回憶。我這一代，我們所有人的記憶中都有他的身影。」

我很常收到這樣的回饋。每次我請受訪者分享有關九龍皇帝的故事，似乎總是能探觸到埋藏他們內心深處的情感，這份情感連受訪者自己都感到驚訝。只要談起九龍皇帝，人

③譯注：「二千七百年來九龍城，彩虹山頂……擦了又再寫……全香港都有我的字……秀茂坪可以洗得到，彩虹邨可以洗得到，翠屏邨翠……樓，一樣可以洗得到，洗廚房也好，洗廁所也好……太空船二艘也可以洗得到……有藍威寶，房子多大都可以洗得到……你房子沒我的大吧？」

④譯注：Off是關閉，Lo是低速，Hi是高速。

們就像是回到他們過去的某個時刻，回到他們的童年時光，那個繁榮的一九八〇年代，甚至回到動盪的彭定康時期。但無論他們回想起哪一段時光，所有人在當時都認為，未來仍充滿無限可能、無限希望。

九龍皇帝之所以有這種讓人心安的魔力，大概是因為無論周遭世界發生了多少變化，他的行為始終如一。他總是不偏不倚、日復一日地表達同一個主張，堅持自己擁有土地的主權，不滿自己的土地被政府霸占，哀嘆自己沒有盡到守護祖先土地的責任。但是隨著時間過去，人們慢慢開始接受他，也開始傳播他的訊息。二〇〇一年，香港饒舌樂團MP4曾為九龍皇帝寫了一首歌，開頭大唱「我係九龍皇帝，九龍新界我睇晒」。歌詞裡大剌剌地取笑政府無能，無法解決九龍皇帝到處塗鴉的問題，歌詞後半還一一點名了九龍皇帝曾出沒的地點，「油麻地，洗唔倒，又洗唔倒！旺角，洗唔倒，洗唔倒！」

霎時間，九龍皇帝變得更家喻戶曉。他出現在一部紀錄片中，他本人就是主角。他不可思議地上了奢侈品牌路易威登（Louis Vuitton）的手提包廣告；他那拖著腳步、駝背的身影，成了在香港拍攝的電影中固定出現的風景。先前以一系列探討香港身分認同的「九七三部曲」電影走紅的導演陳果，在二〇〇一年《香港有個荷里活》電影中，讓九龍皇帝的書法出現在房屋低矮狹小、如迷宮般的住宅區牆上，甚至出現在胖子屠夫主角養的母豬身上。九龍皇帝樂於成為關注焦點，他還出現在其他電影中，包括霍耀良執導的《九龍皇后》。電影非常適合君王建立其威望和權力，因為它讓君王成為注目焦點，同時又與臣民保持距離，維持神祕感。

九龍皇帝的眾多臣民之一，是年輕的藝術家和饒舌音樂家陳廣仁。他從巴黎的藝術學院學成歸國，以「MC仁」這個藝名成名，是香港第一位說唱歌手，也是香港最早一批街頭藝術家之一。他在本土運動起來之前，就非常在意本土文化。他第一個樂團名叫NT，就是取名自新界的英文首字母。他第一次與九龍皇帝相見時，把頭髮綁成一條長辮子垂在背後，讓九龍皇帝誤以為他來自古代中國。MC仁之所以拜訪九龍皇帝，是因為他想學習塗鴉的技藝。他想在香港的街頭塗鴉，但不知道在人口這麼稠密的城市該如何避免踩雷。

有一些地方的牆壁屬於當地勢力龐大的幫派三合會，而且警察執法效率很高，MC仁曾兩次被控破壞公物，一次被控襲警。[15]他很好奇九龍皇帝是如何長年以來大量塗鴉又不引起警察注意。他跟著九龍皇帝走一回後發現，也許關鍵是九龍皇帝的瘋癲，它是街頭生存的一種保護機制。這也才能解釋，為什麼曾灶財一輩子都在大白天違法，卻幾乎總是逃掉了懲罰。

一九九九年，MC仁成為香港新金屬、饒舌搖滾樂隊「大懶堂」（Lazy Mutha Fucka）的主唱。這個藍領階級背景的樂團，後來被華納音樂簽下。他們的歌曲充斥著兩種語言的粗話，唱出了社會的疏離、政治的無能，也唱出了香港身分認同的問題。他們曾經寫了一首歌致敬李小龍，歌詞說唱道：「有佢教曉我地唔係東亞病夫，黃皮膚都可以做番自己。」這首歌鼓勵香港人不要模仿別人，也不要輕視自己。

我第一次遇見ＭＣ仁是在二〇一四年，那時他四十多歲，是一位虔誠的藏傳佛教徒。我們見面那天他遲到了，因為他前一場活動是佛教的放生儀式，要把魚放進海裡。他個頭不高，留著黑白相間的鬍子，綁著灰色的馬尾辮，穿著寬鬆的栗色漁夫褲和栗色的Ｔ恤，陪著他來的是心愛的哈巴狗Gudiii。他告訴我，Gudiii是佛教徒，前世是藏族的僧侶，因為被懲罰而轉世為一隻狗。我問他怎麼知道的，他回答我說，Gudiii每天都吃西藏醫藥，所以從未生過病，在放生儀式上表現得很好。「牠只有在有話要說時才會吠，」ＭＣ仁真誠地說，絲毫沒有一點反諷的意思。「牠是指揮官，有優越感，從不跟狗在一起，只跟人在一起。」我好奇這條狗是否真有那麼靈性，偷偷瞥了一眼，但只覺得牠看起來有些煩躁，直到ＭＣ仁點了大麻菸捲之後，牠才放鬆下來。

ＭＣ仁對九龍皇帝有自己一套獨特的看法。「他早在其他人開始之前，就在塗鴉了。」他說，「他有意識的知道要去占領空間。他認為這就是香港正在發生的事情。香港正在被占領。」二〇〇一年，ＭＣ仁帶著藝名「伊瓦德」（Invader，意為侵略者）的法國街頭藝術家，一起去拜訪九龍皇帝的宮殿。伊瓦德曾多次來到香港，占領香港的空間，用一塊塊的小磁磚在建築物和牆壁上創作了許多馬賽克作品，創作靈感源自電玩遊戲角色。[5]那次拜訪，九龍皇帝從他牆上掛著的日曆撕下一頁，寫了一些字送給伊瓦德。伊瓦德也回贈了九龍皇帝禮物，他在房子外牆創作了一個蹲著的紅黃色外星人圖案，ＭＣ仁也在牆上塗鴉。我問伊瓦德怎麼看待他和九龍皇帝之間的連結，他在電子郵件中回覆我：「我們都利用城市的建築元素來創作我們的作品，我們入侵建築物，可能還連同我們的執念和堅持。」除此之外還有一個共通點，那就是他們在街頭的作品都面臨了「被消失」的困境，伊瓦德在香港的作品大多都被收藏家或政府單位剷除了。

二〇〇三年，九龍皇帝締造了歷史，成為首位在威尼斯雙年展展出作品的香港藝術家。這次的策展人是侯瀚如，他將九龍皇帝的書法作品放在「緊急地帶」這個單元。「緊急地帶」顧名思義是「由緊急的需求所創造出來的，而非事前的規劃。」[16]到了二〇〇四年，九龍皇帝的作品首次在蘇富比拍賣，他所繪製的一塊木板後來以七千零五十美元（約五萬五千港幣）的價格賣出。九龍皇帝行走都必須拄著拐杖，愈到後來，四處走動變得愈加困難。他的作品大多集中在他最喜歡的跨海公車路線上。二〇〇四年，他因腿部受傷復發被送往醫院治療。[17]同年，他在某次煮飯時不慎引起火災後，被人送進了觀塘的養老院。

九龍皇帝的身影也開始消失了。他無法再到街頭巷尾塗鴉。在養老院裡，院方禁止他使用黏稠的黑色傳統墨汁，因為墨汁把環境弄得很髒很臭。這讓九龍皇帝陷入焦慮，他不能寫字，就無法入睡。那個時候他身邊有一個新的「書僮」鍾燕齊，他接替一些之前由劉建威處理的工作。鍾燕齊是個瘦瘦的年輕廣告人和收藏家，他為九龍皇帝帶來紙跟筆。雖然九龍皇帝寫的內容並沒有改變，但那些大膽宣示主權的字跡都縮小了，線條瘦弱又顫

⑤譯注：即一九七八年起風靡多時的街頭電玩遊戲機「太空侵略者」（Space Invaders），在台灣暱稱為「小蜜蜂」。

抖。每個字都變得扭曲又混亂，筆畫亂七八糟。有時他還會忘記原本熟悉的字怎麼寫，必須轉頭詢問鍾燕齊。

雖然九龍皇帝的世界不斷縮小，但他寫在白紙上的鮮明字跡依然展現獨特的魅力。二〇〇七年他因病住院了三次，他非常感謝醫生的照顧，便在自己的病歷上重複寫著「多謝！多謝！」他的文字還跳上了懸掛在床頭的條紋毛巾，以及米色的床頭櫃，上頭寫著「皇宮」。[18]他第三次住院是在六月二十八日，因為吸菸引起肺水腫，這一次住院看起來似乎跟前兩次沒有太大差別。鍾燕齊抽空到醫院探視他，看到他正坐在椅子上，身上穿著綠灰色的格子睡衣。鍾燕齊這次來，還帶了些黃色畫布和一尊檸檬黃色的兵馬俑模型，準備做為慈善拍賣的物件。九龍皇帝高興地在上面寫字，雖然字寫得歪歪的，不是很協調，但整體來說他的狀態還不錯，有說有笑的。不過他一邊寫，卻一邊說「我不做皇帝了！」鍾燕齊一時沒有聽懂，疑惑的問道，「你不做皇帝？」他的回應很溫和又堅定：「不做了，你來做吧！」

鍾燕齊事後才恍然，兵馬俑背面的簽名並不是平常的「九龍皇帝」，而是潦草的「曾灶財」三個字。這是鍾燕齊最後一次見到九龍皇帝，他認為那一次的見面就是九龍皇帝退位的時刻。

二〇〇七年七月十五日凌晨三點，九龍皇帝因心臟病發過世了。但這個消息卻是十天後才傳出來。而且消息一出，輿論大眾頓時亂成一團。報紙紛紛透過他們的通訊社緊急發布消息，鍾燕齊的電話整整響了兩天。劉建威也被記者纏得團團轉，讓他煩得在報紙上寫文控訴媒體失控。[19]「這些天來，媒體一直想知道他的葬禮什麼時候舉行，」他寫道，「這可以理解，但也讓人受不了，他們考慮過家人的感受嗎？」不同政治光譜的報紙都報導了九龍皇帝逝世的消息，甚至連立場傾向共產黨的《文匯報》也加入了報導行列。《蘋果日報》印刷了全彩的紀念版，頭版標題大大地寫著「九龍皇帝駕崩！」標題特別選用了「駕崩」這個詞，這是專門用來表示君王歸西的詞彙。各大報紙頭版幾乎無一不是大幅報導其死訊，而且都用著相似的詞彙哀悼：皇帝駕崩。他的墨寶仍留在天橋和牆上……[20]九龍皇帝駕崩。每個人都在報導他……[21]九龍皇帝駕崩，這位「財爺」，生前最早挑戰英女皇，其實是一位很有爭議的政治人物。[22]……皇帝駕崩了，留下九龍半壁江山，同埋生前御駕親征時留下嘅御筆真迹。但係散落曾家國土嘅墨寶，究竟仲剩番幾多呢？[23]……九龍皇帝駕崩，老頭遺下的街頭「墨寶」，粉刷得差不多了，真蹟稀少……[24]今九龍皇帝走了，我們必須採取行動，保護香港人的集體記憶。[25]

外界使用這類皇朝的詞語，無論是否諷刺，背後都包含另一層意義。曾灶財在過世的時候，確實獲得了他生前渴望的認可。報章媒體的大幅且隆重的報導形成了「天命」，這是中國傳統統治權力的神聖來源。傳統認為皇帝統治的權威來自人民的支持。正如孟子所言，「天視自我民視，天聽自我民聽。」因此，一個失去人民支持，又不受人民歡迎的統治者將會失去天命。行政長官董建華失勢就是一個例子，他一九九七年的支持率有百分之六十四點五，在二〇〇三年人民走上街頭抗議《基本法》第二十三條立法的時期暴降至一半。[26]他的繼任者曾蔭權最終因貪汙入獄，其支持度更是急遽下降。香港人渴望相信他們的領袖，但似乎每一次都失望了。

然而，九龍皇帝的情況完全不同，他反而愈來愈受人愛戴。媒體報導一面倒都是正面的評價，甚至幾近奉承的程度。他筆下歪歪扭扭的字跡被譽為「墨寶」，他本人還被比做梵谷、畢卡索、班克斯、巴斯奇亞（Jean-Michel Basquiat）、凱斯・哈林和草間彌生。即便有人將他描述成愚蠢的老翁或瘋子，但他的出身依然很不尋常，比如《明報》就拿他跟「乞丐皇帝」朱元璋相提並論。朱元璋是明朝的開國皇帝，早年好一段時間曾靠化緣為生。

某位頗具影響力的專欄作家寫道，九龍皇帝對帝國有貢獻，應該要獲頒「授官佐勳章」（OBE）。[27]相比香港官方的領導人，曾灶財被譽為「歷史上最紆尊降貴的皇帝」。[28]無論是現在的行政長官，還是過去的殖民地總督，都比不上九龍皇帝的氣力和耐力。一位專欄作家寫道：「曾蔭權可以當他的連任特首五年，曾灶財卻是生生世世都是香港人的九龍皇帝。曾家皇朝幾經風雨，**在位**半個世紀。」[29]有人寫文章將九龍皇帝評為獅子山精神的體現，讚揚他堅定不移的熱情，極度規律地總是在每天早上七點就出門寫字。[30]他「並不生在萬人之上，卻生在沒有尊卑的香港那些凡夫俗子之中。」[31]他「高風亮節，過著簡樸的生活，對古馳（Gucci）、普拉達（Prada）、魚翅羹完全不為所動。」[32]

MC仁曾對記者說道：「不論是真是假（指皇帝），他都非常肯定自己的身分，不像港人般，自己是中是西也不知。」[33]這番話大概是對九龍皇帝最好的注解了。九龍皇帝的作品，如今成為香港特色的代表性記憶，他本人是香港身分認同的典範。他的公開聲明內容都很直截了當，總是在交代自己的族譜，並主張自己擁有這塊土地，反觀歷任行政長官的發言總是含糊其辭，而且這些長官的職位，既不能發表自己的意見，也不能代表香港人民的聲音。相較之下，九龍皇帝一路走來始終如一，是香港最後一個自由人。

他的喪禮幾乎成了一場鬧劇。媒體如見血的鯊魚般緊盯著位在九龍紅磡的世界殯儀館門口。但奇怪的是，追悼廳空蕩冷清，沒有棺材、沒有遺體、沒有來弔唁的人，甚至沒有死者的照片。旁邊放著兩個孤零零的花圈，都是媒體送來的，一個來自攝影記者吳文正，一個來自另一家雜誌社。唯一一個到現場弔唁的人是鍾燕齊，但停留時間非常短暫匆促，這讓現場一眾媒體記者相當失望，他們完全沒有看到期待的人山人海大場面。

那當然不是真正的葬禮，而是調虎離山計。[34]不願拋頭露面的九龍皇帝家人，在距離媒體據守的地方一百五十公尺處的金福壽殯儀館舉行了私人儀式，然後便將遺體送往和合石墳場。整個過程低調到家，就連鍾燕齊和劉建威這兩位九龍皇帝最親近的藝術界合作者都沒有受邀。事後眾人才赫然發現，原來這是一場「空城計」。[35]九龍皇帝的家人在他生前從未公開發表聲明，在他過世之後更是完全一致封口。他們關起門來哀悼，將曾灶財重新視作丈夫和父親，而不是他一生在追求的皇帝。

在他過世的幾週後，他簽名的那個黃色小兵馬俑上了拍賣。這件作品才只有三十公分高，拍賣底價是一百二十八美元（約一千元港幣），最終以一萬二千九百三十二美元（約十萬一千元港幣）的價格售出，整整比底價高了一百倍。各家媒體都在報導，關於這個拍賣結果如何肯定了九龍皇帝的藝術家地位。但是無論他變得多麼重要，他在街頭的作品依然不斷在消失中。他已然代表著香港的集體失落。他留下來的影響，跟他留下來的藝術作品一樣，似乎無處不在，卻又無處再尋。對某些人來說，它是他們所珍視的一切，對其他人來說，卻是毫無意義。

香港回歸中國十週年紀念才剛過去幾天，九龍皇帝過世，正好搭上香港人集體回顧反省的時刻。如果四年前反對《基本法》第二十三條立法的抗議運動是一場政治地震，那麼在那之後顯然還有其他力量正在醞釀，而且事後來看威力同樣劇烈。第一波出現在二〇〇六年底，當時政府宣布為了建造高速公路，預計拆除歷史悠久的天星碼頭。這個消息一出，立刻引起香港民間的不適，眾人沉浸在懷緬過去的悲傷情緒之中。舊碼頭營運的最後一天，竟湧進了十五萬名香港市民和遊客搭乘天星小輪。其中有至少十三名抗議者試圖重新占領碼頭大樓，結果被警方逮捕。[36]這標誌著香港遺產保護運動的開始，而這個運動經過多年的演變，長成了一個為保護香港身分認同和自治權而戰的本土主義運動。

到了二〇〇七年中期，焦點轉移到中環另一個海濱碼頭——年逾半百的皇后碼頭。當時有一個填海計畫，所以需要將這個碼頭拆除。這個碼頭是歷史上一些英國總督首次登陸的地方，但平常時候是日常生活的一部分，是上班族午餐吃三明治的地方，是婚禮派對拍照的地方，也是音樂愛好者在聽完市政廳演奏會後，散步的好地方。碼頭的拆遷引起了公眾廣泛注意，十七個團體出來共同連署請願，希望能挽救碼頭；政府指定的古物諮詢委員會則建議保留，因為其原貌結構保持相當良好。拆除的日期逐漸逼近，藝術家和運動人士占據了碼頭十天，他們在那裡表演、靜坐，還發起了絕食抗議長達一百一十八小時。但政府拒絕讓步，認為保育古蹟會損害香港的競爭力。當時新上任的發展局局長林鄭月娥曾到碼頭視察，受到民眾的嘲笑和噓聲。但無論公眾再怎麼強力抨擊政府將商業利益置於人民之上，港府依然絲毫不退讓，而這一次的官民互動，其實也預告了未來公共衝突的基調。

八月一日，九龍皇帝過世後的僅僅兩週後，碼頭被拆除了。告別了九龍皇帝，又告別了皇后碼頭，許多報紙紛紛報導，香港同時失去了兩個代表性的象徵。知名評論家李怡寫道：「香港人憶念九龍皇帝，想要力保皇后，不是因為懷念殖民地時代，而是眼看中國大陸各地紛建市政大樓的奢華，想到添馬艦將要建設政府的輝煌炫目的大廈，還有甚麼回歸盛典，回歸十年的數以百計的活動，無日無之的升旗禮、唱國歌和種種愛國宣傳教育之煩擾，人們極力想留住那種方便、簡單、和樂、人與人輕鬆相處的感覺。」[37]社運人士黃之鋒在當時還只是個十歲的學童，但他相當認同這兩個碼頭保衛戰的重要性，他在自傳中寫道：「兩場運動都是在捍衛我們脆弱的身分認同，那些抵抗和憤怒只是冰山一角。新香港人正開始崛起。」[38]

新一代的香港人在一系列保衛城市獨特文化遺產的運動中，獲得了參與政治的啟蒙。

這些遺產有英國殖民時期留下的建築物、公共房屋和傳統宗祠，都是我童年時期被拉著參觀的地方。那些年來，各路的運動人士發起動員，展開抗議和靜坐行動。他們為灣仔的「喜帖街」（即利東街）發起連署，該地在二〇〇七年被清拆掉，原地蓋起了購物中心；他們也聲援過新界的菜園村，該村在二〇〇九年被迫拆遷，因為那裡要建設連接中國的高速鐵路。⑥漸漸地，一個為保護香港本土文化不受大陸染指的運動形成了。運動人士也從反《基本法》第二十三條立法的示威運動中學到教訓，那就是激進的行動可以取得成果，而從體制內運作通常沒有什麼進展。這段時期四屆的立法會選舉，每一屆的結果都在在提醒著人們：彭定康意圖擴大功能組別的算盤被打碎了，使得雖然泛民派在普選的表現一直比較好，但卻受制於選區劃界的刻意操作，而很難贏得更多席位。

新一代的香港人開始將自己與大陸移民區隔開來，那些大陸移民不斷湧進香港，占據學校和醫院的床位。到了二〇一二，每年有二千八百萬大陸遊客越過邊境來買ＬＶ包包和耐吉（Nike）運動鞋，甚至發生當街便溺和在地鐵上飲食的情況，立刻上了頭版新聞引爆眾怒。此外，由於大陸食安風波頻傳，使得香港境內「水貨客」變得猖狂。這些來自大陸的訪客，瘋狂購買在內地無法買到的產品，造成香港貨源短缺或導致限額配給。香港人開始感到自己的城市被攻陷了。

我自己也深有所感。某一天我去沙田的新城市廣場進行採訪。這個購物中心大得像一個室內城市，裡面擠滿了來自內地的遊客，每個人手上都拎滿大包小包。中庭舉辦硬殼行李箱的特賣會有許多人在排隊，另一條長長的隊伍在排上洗手間，每家餐廳前面也都大排長龍，往往要等個半小時才會有位子。我身邊到處充斥著普通話，幾乎聽不到人講廣東話，而且到哪裡都是人潮洶湧，人們為了搶購商品彼此推擠，要是不說地點的話，我大概會以為自己來到了中國大陸。

我後來去見了人稱「本土派教父」的陳雲，本名陳云根，身材矮小，頭頂著地中海式禿頭，打扮得很整潔。陳雲最近出版了《香港城邦論》，主張香港應該在中國的聯邦框架下保持自治，才有辦法守護香港重視的價值觀。在我們見面之前的前段日子，發生了某個匿名的民間團體在報紙上刊登一則全頁廣告，公開諷刺大陸人為「蝗蟲」，並譴責他們「無限量」湧進香港。這個觀點固然引起爭議，但陳雲卻相當買單，他告訴我：「蝗蟲總是成群結隊的來，如果他們一個一個來，其實沒有關係，但他們幾千幾千人地來，看起來就像一群蝗蟲。」[39]

當然，大陸資金湧入，確實提振了香港的經濟，但陳雲擔心受益的只有房地開發商和企業集團，犧牲的是無法負擔高昂房價的普通百姓。他認為這樣的經濟紐帶會讓香港財政更加仰賴中國，他嚴厲警告北京對香港的操作相當危險：「我稱之為帝國主義的做法。他們認為他們可以籠絡香港人，並讓香港人變得更加服從，但這會毀了香港。」

⑥ 譯注：即廣深港高速鐵路的香港段。

那一天的採訪深深震動了我，原來這個香港是多麼的疲憊和陌生。每次返港，我都會重新拜訪熟悉的地方，重溫充滿愛和童年回憶的路線。我也喜歡到山上去，漫步在崎嶇的小徑和被大自然環抱的山脊之間。但當我站在沙田的購物中心，我驚覺到我的家鄉某些地方已經深陷大陸的影響，失去了原貌。

同時我也意識到，我寫了那麼多有關香港身分危機的文章，卻愈發覺得自己不是真正的香港人。像陳雲這樣的本土派人士，認為香港人是那些出生自香港，並且說著一口國際化的廣東話的人。那麼，像我這樣既不是出生在香港，而且無論再怎麼努力，廣東話還是說得七零八落的人，怎麼辦呢？一直以來，我總是打從心底覺得香港就是我的家鄉，但此刻我突然意識到，我有多麼格格不入。事實上，我就是後殖民時代的遺民，書寫著一個想像的地方，這個地方過著借來的時間，但如今該還的還是得還。像我這樣的混血兒，從來就不屬於任何地方，但香港本身就是個各種文化的交融之地，使得我們以為這裡是我們可以成長茁壯的地方。如今香港正在面臨許多變化，我覺得自己被拋下了。我大約從這個時候開始不再自稱為香港人。但我不知道我還能去哪裡找歸屬感。

後來我跟陳雲約了第二次見面，那時我才知道，原來他跟我一樣都是九龍皇帝的狂熱仰慕者。陳雲告訴我，九龍皇帝的作品形式非常吸引他，而且讓他想起了道教的符咒和清朝的土地所有權證書。他認為，九龍皇帝一直宣示自己的主權，其實在香港引起了深刻的共鳴，甚至帶了某種思古幽情，讓人想起宋朝流落在外的男孩皇帝，他們是中國南方意識不可或缺的一部分。「我們記得他，」他告訴我，「這是身分認同的標誌。他是失落的皇帝，一位我們已然失去的皇帝。」

對陳雲來說，廣東人渴望回到失落的王朝，所以總是會想去顛覆和革命。「廣東人總是認為，落魄的王子住在民間，被迫過著平民的生活，」他告訴我，「這是一種集體思維。」陳雲相信，這種心態是源於對來自北方的統治者的厭惡，無論那些北方統治者的政治觀點或立場為何。「在我們心中，我們既不認同共和黨也不認同共產黨，因為我們認為我們皇族的歷史根源比他們都古老。」

無論受到區域性競爭的刺激、價值觀的衝突，還是對經濟過度依賴的恐懼，香港人與那些受北京支持的統治者之間的隔閡愈來愈大。我第一次跟陳雲見面的幾個月後，香港爆發了一場示威，上萬名學童走上街頭，抗議政府的政策。二〇一二年七月，新任行政長官梁振英宣誓就職，傳言這位地產業富豪是中共地下黨員。他在一千二百人所組成的選舉委員會中，僅僅獲得了六百八十九張選票，從一開始就面臨了正當性危機。而且他剛上任就力推新課程，要求香港學校實施共產主義思想的「德育及國民教育科」，結果立刻迎來首個治理危機。社會對該政策發出強烈反彈聲浪，認為這是一種政治洗腦，威脅到香港人珍視的自由。幾天內，當時只有十五歲的黃之鋒就動員了大批香港青少年上街抗議。

學生占領政府總部（東翼的公民廣場）長達十天，同時也發起絕食行動。集會期間人數最高峰時，有高達十二萬名身穿黑衣的市民參與靜坐。最後終於迫使政府一百八十度轉彎，宣布撤回愛國教育計畫。早期這些示威運動的經驗，算是為未來的行動模式立下了榜樣。無論是反《基本法》第二十三條立法，還是反愛國教育，這兩次都是政府在看到人民大規模展現力量之後，撤回了不受歡迎的提案。立法機關或許形同虛設，但只要人數夠多，街頭政治並不是毫無力量。雖然九龍皇帝已經不在了，但是他的後代子孫愈來愈多人期待看到一個天視自民視，天聽自民聽的政府。正如黃之鋒對著群眾喊出了所有人的心聲：「我們受夠了這個政府。香港人將獲得勝利！」[40]

第七章

一世祖

前天不敏感的，昨日敏感了；昨日不敏感的，今日敏感了。人人每天都比昨日變得更焦慮。愈來愈多微細的東西，看起來都可能會出事。……氣氛一旦形成，有權者根本不用再下什麼命令，大家都會預早就範：無日無之建立新的敏感標準，在恐懼中掃除所有。

——黃宇軒

我站在高架道路的正中央，看著昏黃的街燈下，長串的帳篷緊緊挨著彼此，宛如彩虹串珠般蜿蜒地延伸到遠處。兩年前爆發的大規模示威遊行，已經迫使政府撤回愛國教育的提案。如今，香港人長久被壓抑的訴求再度引爆，釀出了雨傘運動。這場運動爆發的不僅僅是眾人的不滿情緒、渴望，還有更重要的是希望。一張A4大小的海報被人張貼在牆上，上面寫著「這**不是**一場革命」。香港人想要促使他們的統治者兌現諾言，讓香港人治理香港。這種做法對政治的理解實在過於理想。這場非革命的占領運動，盡其所能地有禮貌、講道理，占領者不僅為學生搭起自修空間，還規劃了垃圾回收的方式，甚至在花圃檯子闢一小塊地種菜。

占領運動的核心，實際上呼應了鍾士元曾經表達過的擔憂，他認為香港選舉的安排一直模糊不清，而且就連《基本法》也沒有訂下明確的時間表。香港人希望能夠選擇自己的領導人，他們將所有的信任寄託在全國人大常委會提出的二〇一七年這個日期上。他們將這個日期視為某種護身符，深信它能實現他們的普選願望。但是二〇一四年八月三十一日，全國人大常委會又頒布了另一項決議，香港人的希望破滅了。根據這項決議，須由一千二百名成員組成一個提名委員會，香港人的普選僅限於該委員會提名的二至三名候選人，而且所有候選人都必須愛中國且愛香港。[1]該決議認為，普選依然是最終目標，所以才更應該制定一條穩定且謹慎的道路。我曾試圖向我的孩子們解釋問題究竟出在哪，最後我用食物來做比喻：想像有兩間都是吃到飽自助餐店，一間提供的是源源不絕的龍蝦、生魚片和巧克力蛋糕，另一間只有白麵包和白飯。長久以來，香港人一直被承諾可以盡情享用吃到飽，當然不可能接受現在只有白麵包和白飯。八三一當晚，在港府總部大樓附近有一場集會活動，那天一位名叫戴耀廷的法律系助理教授當眾宣布，香港正在進入「新時代，公民抗命的時代」。

這個新時代發生的第一件大事，就是三條重要道路被人占領。這場運動之所以被稱為「雨傘運動」，源自九月二十六日占中啟動當天，警察為了驅散民眾，開始在政府總部和立法會附近到處發射催淚瓦斯，逼得年輕的社運人士為了保護自己，紛紛撐起一支支雨傘來抵抗警方的攻勢。這是自一九九七年香港回歸中國以來，警方首次對香港人使用催淚彈。此舉讓香港人深深感到被背叛，又激起超過千位民眾湧上街頭占領了三個地點，範圍延伸到銅鑼灣和旺角的街道。整個占領行動足足持續了七十九天，前後估計有一百二十萬人參與其中，約占香港人口的六分之一。

我站在高架道路上，望著占領區的最後一個夜晚。每個人都知道第二天早上九點，香港執達主任（職責類似於台灣的法警）將會到這裡來。那種即將到來的失去感瀰漫在空氣中，濃厚到我幾乎可以品嘗到它的滋味。「大家都來參加最後一次舞會，」一名四十多歲的專業人士一邊分發著黃色書籤，一邊對我說，「這裡是烏托邦，是每個人的夢想之地。」當時我們並不知道，其實她說錯了。這所謂最後一次舞會，原來充其量是一場排練；五年之後的香港街頭，將會爆發另一場更為劇烈的不滿狂潮。不過無論如何，那一個晚上對我們來說，依然意義深遠。

我站在一個帳篷區旁邊，這裡被人稱為「董村」，一些居民正一邊喝著啤酒，享用最後的晚餐——火鍋和披薩，一邊大聲地罵罵咧咧說個不停。十週之前，「董村」的居民們彼此還素不相識，但後來這些抗議人士逐漸在這裡形成了一個社區。白天他們各自去大學上課或進辦公室上班，晚上就睡在高架道路上的帳篷裡。帳篷營地很快形成一個定居點；一排排的帳篷開始掛上了地址，甚至聽說有郵差曾送件到那裡去。午夜的鐘聲敲響，自習區仍燈火通明，裡頭許多年輕學子還穿著校服，埋首在課本中。旁邊有一些學生穿著黑色長袍，頭戴學位帽，正在帳篷旁邊擺姿勢拍畢業照。這幅景象似乎象徵著，學生們選擇了參與占領運動，親身接受真實世界的教育。大家都為即將到來的時刻感到緊張，期待之中還夾雜著苦澀的失望。

「我們什麼也沒得到，」一位健談的二十多歲男子告訴我，「就好像我們又回到了原點。我們不會再相信政府，我們都失望透頂，完全幻滅。如果抗議者做了公民抗命之類的事，政府依然拒絕傾聽，那人民還能做什麼讓政府聽到呢？」

「我認為這是個引爆點，可能會開啟一場全面的社會運動。」一位安全分析師插進來說。

「這就像一艘即將沉沒的船，像鐵達尼號那樣。我們全部人都要毀了！」他旁邊多話的夥伴接著說，「我們必須做些什麼。我們試著站出來發聲，做這些並不是為了什麼名利。我們本來就該有權選擇自己的領導人。」

我在高架道路上跟很多人交談，每個人都憤憤不平地告訴我香港的困境。這些受過高等教育的人們，完全看得出現在的體制是多麼的不公平，而他們自己又是多麼的無能為力。我新認識的朋友這麼表示：「他們其實並不需要香港人的選票。所以他們為什麼要回應我們？而這就是我們想要改變的原因。這是一個惡性循環。」

在雨傘運動之前，香港抗議的方式一直都很有禮貌且可預期，通常都是有秩序地進行遊行。而且大家總是乖乖遵守早就落伍的《公安條例》，在事前先取得警方發出的「遊行集會不反對通知書」。由於政治體制中可以實現變革的途徑少得可憐，因此上街抗議變得非常普遍，平均每天有三次以上的遊行活動在舉行。[2]而且無論是多麼微小的事情，都可以拿來上街遊行。有一次，我就在立法會外看到一群精神抖擻的抗議者，他們高舉著一幅香港證券交易所主席夏佳理身著納粹服的大型諷刺漫畫。原來這些抗議人士都是股票經理人，他們在抗議自己原本兩小時的午休時間被縮短成九十分鐘。抗議行動已經變得如此例行公事，幾乎喪失了應有的意義。但一切即將改變。

戴耀廷持續為公民抗命的新時代奠定基礎，長達近兩年的時間。他和溫文爾雅的社會學教授陳健民、民主派資深社運人士朱耀明，已經共同舉辦了數百場跟公民不服從原則相關的研討會。他們期盼未來能有一場和平的萬人靜坐活動，他們將之取名為「讓愛與和平占領中環」。這場靜坐原計畫在十月一日中國國慶日當天舉行，而且會堅持到所有參與者都被逮捕為止。在醞釀靜坐活動的期間，他們曾組織一次公投，讓香港人來表決自己希望如何選出自己的行政長官。有將近八十萬人共同響應了這次的公投，人數大約占選民總數的五分之一，所有人都投票支持由公民提名的選舉方案。這場公投大規模詢問香港人的意見，與北京那套僅由一千二百名組成的委員會提名的做法，形成強烈的對比。

但是實際上的靜坐活動，並不如戴耀廷預期的那樣井然有序。相反地，示威行動迅速升級，變成由兩個更激進的學生團體主導，分別是香港專上學生聯會（簡稱香港學聯）和學民思潮。其中學民思潮是一群由十七歲的黃之鋒領導的中學生，他們先是組織了為期一週的罷課活動，最終促使大批群眾在立法會靜坐示威。黃之鋒和社運同儕羅冠聰及其他一些學生，試圖占領位在政府總部東翼迴旋處，這塊地方被人們稱為「公民廣場」。這一連串行動讓警方開始動用催淚瓦斯，結果迎來的是群眾長達十一週的占領行動。戴耀廷形容得很貼切：「經過二十個月的努力，我們在社區播下了種子。但讓種子發芽的卻是催淚瓦斯。」

這場運動造成的迴響，規模大到讓所有人都感到吃驚。羅冠聰向我坦白：「我們原本只計畫罷課，並沒有為這麼大規模的占領運動做準備。沒有人想過它會發生，而且勢頭還這麼龐大。」占領運動持續那麼長一段時間，勢必出現不同派系之爭，特別是到底要不要使用暴力，大家的意見更是分歧。占領期間，尤其在更為草根的九龍旺角那一帶，其實發生許多衝突。在某一次事件中，一群來路不明的男子跑來拆毀營地，還襲擊了占領者，警察則站在一旁袖手旁觀。後來共有十九人被捕，其中八名有黑道背景[3]，引發社運人士的擔憂跟質疑，認為香港警方縱容黑道。[4]但香港政府的主要策略是靜觀其變，始終拒絕一切讓步。

每個地方的占領區氛圍其實各不相同，共通點是現場總是有各種政治性的藝術裝置。每一個占領點都宛如露天藝廊，人們可以自由地表達政治主張。連儂牆最早出現在金鐘，人們心中滿溢的理想，全化為五顏六色的便利貼，將樸素的混凝土樓梯牆面妝點得色彩繽紛。其中我最喜歡的，是一張白色便利貼上寫的「IMAGINE」（想像），正好跟懸掛在人行陸橋的那幅黃色橫幅相互呼應，布條上寫的是：「你可能會說我是一個夢想家，但我不是唯一的一個。」在金鐘，我看過有人用回收垃圾桶做成一個巨大的昆蟲，有人用一片片的木塊組裝成一座超過兩公尺高、手持雨傘的男子雕像，還看到有人用黃色色紙折成一支支小小雨傘，然後串成一條條長長的窗簾吊飾。到處都是寫著「我要真普選」的黃色海報，甚至有一張還被人小心翼翼地貼在一位正在睡覺的占領者身上，好讓他補眠的時候也能繼續參與抗爭。這段期間甚至首次出現，一群名為「香港蜘蛛仔」的登山客將印著「我要真普選」字樣和雨傘圖案的黃色巨大布條，掛上了獅子山。

那個占中的最後夜晚，我遇到了當初幫九龍皇帝首次個展設計展覽手冊的設計師黃國才。他坐在一張折疊桌後面，正在做抗議者的素描。這位藝術家現在全心思都放在抗議行動上，他將這個時刻視為一個轉捩點。「這就像吃了紅色藥丸。」他說。他認為就像《駭客任務》的主角一樣，人們此刻明白了自己身處在虛幻的世界。我們談話的時候，他手中的筆都沒有停下來，繼續在紙上輕巧地揮來揮去，畫出一個又一個抗議者的素描。「我們覺醒了，意識到自己不只是中國人，我們還是香港人。我們可以挺起胸膛，第一次為自己的身分感到驕傲。這就是這場運動的意義所在。」他警告說，大家都對威脅心照不宣，未來很可能會有一場更廣泛的鬥爭，「這是一場對上文化的戰爭。如果你輸了，你就必須改變你的語言。這就是為什麼大家都站了出來，站出來支持我們的文化，以及我們生活的方式。」

果然，這段特別的時期，不過是大戰之前的小衝突。占中第一次的挫敗，不是武力清場，而是來自法院的判決。一些計程車、小型巴士、旅遊大巴等私人運輸業者，非常不滿道路上的障礙物嚴重影響他們的生計，遂向高等法院聲請頒布禁制令，而高院也判決他們勝訴，下令清除抗議的路障。[5]這些運輸業團體一方面竭力想保住他們自己的生意，另一方面也利用香港獨立法院給他們的合法面紗，同時為港府和北京當局的利益服務。這就是所謂的「法律戰」，當權者將普通法轉化成武器去壓制人民。

隨著占中的最後一夜過去，不願屈服的訊息也開始跑出來。白天的自習中心關閉了，入口處被人掛上牌子寫著：「我們會再回來」。也有人在連儂牆貼了警告文，寫著：「清場並不是結束，而是第二輪的開始。政府準備好了嗎？」高速公路的分隔島上，有人用黑色簽字筆潦草地寫著「沙不怕風吹，在某天定會凝聚」。其中最顯眼的是，有人在一個用竹棍架成的簡陋路障上，展開了一條橘黃色的布條，向清場人員昭告著：「這只是開始」。

在我看來，這些標語似乎都像在虛張聲勢。占領運動甚至連象徵性的勝利都沒有拿到，就落幕了。這場運動已嚴重干擾到一般日常生活，所以愈來愈多人反彈，近八成的香港人支持即時結束占領。清場當天上午，執達主任在五千名警察的陪同下到場，他們馬不停蹄地協助拆除了占領現場，只在午餐時間稍作休息。占領結束時，總共有九百五十五人被捕[6]，其中包括一些香港最知名的議員，他們像占領運動策劃者原本設想的那樣，盤腿坐在路上，等著被警察帶走。但如今，這些政客的行為只是引來學生們的蔑視和指責，認為這些人根本在作秀，沒人歷經艱辛的占領過程。

兩天之後，我到香港大學法律系採訪了占中發起人之一的戴耀廷。我在走去他的辦公室路上，經過一個玻璃櫥窗，看見裡頭放置了一個真人大小的法官人偶，它頭上戴著假髮，衣領繫著蕾絲。戴耀廷最近才剛碰上私人電子信箱遭駭客入侵，他說起話來聲音沒有什麼起伏，聽起來很累，神情也有些恍惚。但出乎我意料的，他似乎一點都沒喪失鬥志，他依然對過去三個月發生的事情感到相當震驚。「這原本只是我腦海中的一個念頭，它開始不斷茁壯長大，發展到現在完全超出了我的想像。可見念頭是非常危險的。」我們聊到占中造成的後續影響，他評論起抗議戰術的變化：「現在的抗爭模式變得更加主動。我看到有人開始跟警方對峙。雖然他們應該還是使用非暴力原則，但他們目前的抗爭方式是更加有攻擊性。這完全不在我們的計畫之內。」

雖然他被逮捕，但他對自己的命運很有信心。他研究過之前發生過的案例，確信自己只需要交一筆罰款就可以脫身。「我們在香港有獨立的法庭，我們不太可能被監禁，」他告訴我，「即使是所有的組織者，他們也不能把我們都關進監獄，因為那不是香港的法律。除非他們放棄整個**一國兩制**，香港法律保障我們進行這類活動。我可以繼續在香港自由地談論所有這些事情。沒有人可以阻止我們。我報紙還有三個專欄在寫，我還可以繼續倡議。我看不出有人會來阻止我。」

＊＊＊

又過了兩年，我再次見到戴耀廷。過去他總是對自己一生投入其中的法律體系充滿信心，如今他的信心動搖了。「我們發現，現在的法律對我們權利的保護不是非常可靠，」他說，「因為只要當局認為這是他們要的方向，法律可以隨他們用任何方式詮釋。」聽到他的想法改變，我感到沮喪。雨傘運動之後，人們其實已經注意到，香港的權利和自由正急速地被削弱，各種改變一個接一個地堆在一起。每一天，一國兩制都在傾斜，而且是逐漸偏向一國，而非兩制。而當社會愈意識到這一點，其實也是承認了，未來不可能再仰賴過去的模式。

這段期間，還發生了一樁讓香港人極其震驚的事件：銅鑼灣書店的「被失蹤」。先後有五個人「被失蹤」，其中之一是桂民海。他過去與人合作創辦了巨流傳媒，該公司專門出版中國政治八卦的揭祕書籍，這些書籍曾經堆滿了開在機場的書店，但如今已經變得很難買到。另外四名受害者則都在小型獨立書店銅鑼灣書店工作。這家書店會幫忙中國的客人郵寄禁書。這五個人分別在二〇一五年十月至十二月期間逐一失蹤，然後不明不白地都進了中國大陸的拘留所。其中桂民海的遭遇最恐怖，他在曼谷附近的芭提雅市失蹤，從頭到尾沒有泰國的出境紀錄，最後卻出現在中國[7]，而且他還上了中國中央電視台的節目，承認自己十三年前因酒後駕車撞死了人。這樣明目張膽的非法引渡，著實讓人不寒而慄。

而五人之中的林榮基，則在一些機緣巧合、陰錯陽差和勇氣之下，成功逃離了中國。我們二〇一九年在台北的街角相遇，雖然他的帽子壓得低低的，遮住了額頭，我還是立刻認出他高大瘦削的身影。他帶我去一家超級吵雜的咖啡廳，那家咖啡廳我曾經去過，裡頭充斥著鍋碗瓢盆的碰撞聲、客人嘰嘰喳喳的交談聲，和店員大聲說話的聲音。在我們交談的時候，他的眼神一直沒離開外頭的街景。他向我描述他之前的經歷，我注意到，當他提到自己的時候經常用的是「你」而不是「我」，這是很常見的創傷壓力反應。

二〇一五年十月，他從香港入境深圳，卻突然被人拘留起來。當他詢問為什麼自己會被抓，只是得到這樣的回應：「你違反什麼法律，我們不會告訴你，你可以猜。」經過一整天的審訊，他被沒收證件，然後被人蒙上眼睛，押上火車帶到寧波關押，二十四小時監視長達五個月。期間，他被迫簽下協議，不得通知家人及聘請律師，而且一開始的審訊是一天上演個好幾回，後來次數才漸漸減少。最後，終於有人告知林榮基，他犯了「非法經營罪」，不過他一直不太懂，為什麼那麼強大的共產黨會將精力放在區區一家小書店上。他覺得自己別無選擇只能認罪，並且被迫拍攝了認罪影片，其認罪聲明當然是由綁架他的人所撰寫的腳本。

在監禁的那段期間，他嚐到了完全的孤獨和絕望，他曾經一度想過自殺，但房間的軟墊讓他無法撞牆；他考慮用褲子上吊，但天花板和淋浴的蓮蓬頭都太高搆不到。他意識到，這個房間是為了防止人自殺而設計的。他開始好奇之前都是誰住在這裡，那些人都是怎麼自殺的。林榮基覺得自己到後來，已經完全失去了自我，他說並沒有人真的毆打他，因為根本不需要動手。他一邊描述他的困境，一邊用顫抖的手攪拌著咖啡。「我精神出問題了，因為我處在一個完全不正常的情況之中。他們想要悶死你。他們說他們可以讓你永遠閉嘴，外面的人永遠不會知道。他們並不需要打我。」

林榮基很後來才知道他的同事也被抓了。審訊的重點總是圍繞在一本由桂民海出版的書上，書的內容涉及習近平過去的情感關係。二〇一六年二月底，林榮基簽下了認罪聲明，並且拍攝一段自白影片，他在鏡頭前逐字逐句地朗讀出監禁者為他寫好的腳本。三月，他被保釋，並且轉移到廣東韶關，安排在一間圖書館工作。他拿到一支裝有GPS追蹤器的手機，需要每天向警察局報備。這段期間他處在一個奇怪的狀態，雖然相對自由許多，但依然受到監視。有一天，他被帶去跟另外三位同事李波、張志平和呂波見面，一同享用了豪華的晚餐。這些同事不僅被保釋，甚至被允許返回香港。晚餐的時候，只見李波一派輕鬆，臉上帶著微笑，而且一再聲稱他是自願從香港回來，這讓此頓聚餐變得愈發超現實。李波甚至給了每個人十萬元人民幣遣散費當作補償。但所有人都很清楚，自己的一舉一動都受到監視。我聽著林榮基的分享，腦中一直浮現我的作家朋友張麗佳曾提到的一個譬喻。她說，中國就像一個鳥籠。有時候，鐵欄杆遙遠地在你看不到的地方，但它們始終存在。

至於在香港的情況，林榮基的前妻已經向警方報案失蹤，這為他提供了意外的機會。監視他的人決定派他回香港一趟，一方面去跟香港警方取消報案，另一方面也為他們帶回一台電腦，這樣就有硬碟可以作為呈堂證物。他們還說，書店已經賣給了新主人，在林榮基的審判結束之後，只要他繼續提供客戶的買書紀錄，他就能回到他原來的工作崗位。林榮基想不出有其他選擇，只能應聲答應。

然而，等他一回到香港，才知道世界已經不一樣了。在順利連上網路之後，林榮基驚訝地發現自己的失蹤已成了國際頭條。六千名香港人走上街頭聲援他，讓各界開始關注書商的困境，甚至歐洲議會也提及了他的案子。林榮基徹夜未眠，一直思考著該怎麼做，後來他做出關鍵的一步，徹底改變了他的命運。取電腦的那天，不知怎麼的，他發現電腦不小心拿錯了，他便打電話告訴他的監視者，對方同意他再多待一個晚上，以便取回正確的電腦。那天晚上，他去了二十年沒去的廟街。人們坐在人行道的手提折疊椅上，一邊吃東西，一邊吵吵嚷嚷地談天。他看著這些人，突然意識到自己有多麼喜歡看香港人的生活。

他喜歡看香港人幫助其他路人，喜歡看他們違規橫越馬路，喜歡他們做事有效率。甚至被一群香港人推擠了，他也很歡喜，因為他能感覺到，他們是出於自己的意志推擠他。香港人有自由和尊嚴。在他眼前，人們坐在一起喝啤酒、嗑辣蛤蠣，這麼樣一個平凡無奇的夜晚，與之前他與前同事在監視和緊張的氛圍下共進的豪華晚餐，形成極大的對比。

這讓他想明白，如果他失去了自己的主體性，那他將不再是香港人。一想到自己的身分認同被剝奪，他的內心就燃起了憤怒之火。他在一份萬言書中寫道：「我今天變成他們一伙人，日後只會令更多人入伙。」他想到，有人正等著他背叛他的香港同胞，他想到，六千名素不相識的香港人曾為他走上街頭抗議。他們才應該是他的榜樣，他不應該讓他們失望。

他多停留的那天晚上，整夜輾轉反側，思緒不斷地轉。隔天他要準備啟程回到邊界的另一邊。臨走前，他要了最後一口香菸抽，邊抽邊想起了一首詩，是他以前在學校學到的，香港作家舒巷城的詩：

我沒見過
屈膝的書枱，
雖然我見過
屈膝的讀書人。[8]

如果他回到了大陸，那麼他曾經學到的那些詩和讀過的那些書，還有什麼意義呢？他不願做屈膝的人。他拋下那半截香菸，決定不回去了。他知道自己這麼做，可能導致他女友和還在中國保釋候審的同事受到懲罰，但他也知道，自己是唯一能夠發聲的人，因為其他人在中國還有妻小和親友，這些人會被當作要脅的籌碼。而他一個人也沒有。「他們沒辦法，但我可以。」他告訴我。他沒有依約回到中國，而是在立法會大廈前開了一場公開記者會。要做出這個行動需要很大的勇氣，他卻一直強調，自己一點都不是個勇敢的人。

林榮基有一段時間接受香港警察提供的人身保護，免受中國大陸當局的追緝。他的故事血淋淋地體現了，一國兩制是不可能的。他的同事依然不自由，而這在在提醒著人們，中國的安全機構現在正肆無忌憚地深入香港。二〇一七年，再度發生了類似的引渡案件。曾是一九八九年學生領袖的中國大亨肖建華，坐在輪椅上被人從香港一家豪華酒店帶走，他的頭上還被蒙著毯子。[9]這座城市在過去長期為異議人士和危險思想提供庇護，如今，它不再是個安全的避難所。

香港正在加速滑向成為一個完全不同的城市。香港與中國最大的不同，在於香港有各種自由，但如今正一點一點被剝奪了。在雨傘運動之後頭幾年，社運人士還對香港制度保有足夠的信心，試圖在體制內工作。許多新興的在地政黨大量湧現，他們主要關注如何維護香港的身分認同和自治權；一些更激進的政黨甚至公開主張獨立。他們愈走愈激進，其實也反映了他們逐漸轉向身分政治，拒絕了傳統政黨那種溫和的立場和路線。

但他們沒有預見到的是，這個體制會為了故意將他們排除在外，而逐漸改變。當社運人士試圖成立自己的政黨，他們之中有些人會被禁止開設銀行帳戶或註冊政黨。當他們試圖參選，就會突然出現新規定，要求候選人證明自己認同香港是中國不可分割的一部分。其中有六個人簽下了承諾書，但依然被禁止參選。另外六個當選的本土派候選人，則因違反當時根本不存在的規定，被毫不客氣地逐出議會。香港的政治正在上演卡夫卡式的荒謬。

二〇一六年發生立法局宣誓風波，先是兩名議員於十一月被褫奪資格，另外四名則在八個月後面臨同樣命運。他們犯的罪，是在宣誓就職的時候自行更動了誓詞。首先是兩名議員宣誓效忠及維護Hong Kong Nation（香港民族），還在肩上披掛HONG KONG IS NOT CHINA（香港不是中國）的標語。這兩個人之一是三十歲的梁頌恆，綽號「巴治奧」（Baggio），他原本是備案人選，在梁天琦因支持香港獨立而被禁止參選之後，才跳上位取而代之。我跟他在他律師的辦公室樓下的咖啡廳見面，他絕望地告訴我：「這裡一團糟。」他瘦骨如柴，黑色牛仔褲在他纖細的膝蓋部位顯得鬆鬆垮垮。他正面臨破產。他在宣誓時的行動飽受各界嚴厲批評，連在泛民主陣營也是批評聲浪居多。他哀怨地反問：「這怎麼能說是幼稚呢？」他說他在宣誓之前，已經參考過之前宣誓的判例，並認為他的做法有足夠前例可以支持。「這是我們政治議程的一部分，你不能以結果論來評斷我們的行為。」事實上，內訌及相互指責正在分散大家的注意力，讓大家沒有注意到真正在破壞這個體制的問題。

下一批被取消資格的議員包括學生運動人士羅冠聰，他在二十三歲時當選為最年輕的立法會議員。他在宣誓的時候，以存有質疑的語調唸出「中華人民共和國」這個詞，還引述了印度聖雄甘地的一段名言：「你可以用鎖鏈綁住我，你可以折磨我，你甚至可以摧毀這個身軀，但你永遠不能禁錮我的思想。」他告訴我：「我事先諮詢過法律意見，其實香港立法會議員在宣誓之前發表意見是傳統。所以我認為北京政府一直在濫用釋法的權力，破壞我們議會的傳統。」

另一位被踢出立法會的議員是四十多歲的劉小麗，她個子矮小，是社會科學講師。我去她辦公室拜訪她時，她正在準備搬遷。我注意到牆上掛著四幅知識分子和後結構主義者的黑白照片，其中包括了哈伯瑪斯和傅柯。這些人啟發了劉小麗的行動。她並沒有在誓詞中添加任何新內容，也沒有使用任何道具。她之所以被取消資格，是因為她用過慢的速度宣誓，在唸出每個詞之間有長達六秒的停頓。「這背後是有後現代文化理論支撐的，」她對我解釋了她的行為，「你如何激發人們去反思宣誓的意義，如何透過儀式去激發人們反思。」

當局的回應也很激發人們反思，它們取消了這些議員的資格。港府已向法院提起法律訴訟，但在法官做出判決之前，全國人大常委會先行發布了自己對《基本法》的解釋，而且這項釋法具追溯力，生效日期為一九九七年七月一日。全國人大常委會是中國的最高法律機構，它對此有絕對的法律權力。這是北京自一九九七年香港政權移交以來，第五次對

《基本法》進行釋法，成功地一舉削弱了香港的自治、法院和政治機構。這樣的模式清楚顯示：如果北京不喜歡香港的法律，那就直接重新解釋它們。

在全國人大釋法的八天後，香港高等法院法官區慶祥才做出判決。我出於好奇，也去了趟高等法院。這裡一切都很熟悉，跟我二十年前還在香港報社工作時的景象相差無幾，法院外成群的攝影師依舊在爭奪拍攝角度，如果有人搶了別人的位置，年輕記者就出言嘲笑。當新聞發言人拿著判決書影本走出來的時候，現場一陣興奮鼓譟，配有記者證的記者立刻上前抓走報告書，各自奔回自己的新聞編輯室。傾刻之間，事情就落幕了。實際上的判決是什麼一點都不重要，每個人都心知肚明法官會支持北京的立場。現場最大亮點，大概是那些年輕記者奮力奔跑的模樣。

我突然意識到，自己參與了一場精心設計的謎局。這才不是什麼新聞，因為判決內容從來就已經定好了。但我們還是在現場，扮演著別人分配給我們的角色。媒體在假裝報導新聞，法官在唸自己寫的台詞，而這齣戲最終的導演是北京。在這個世界，每個人都知道自己沒有真正的立法權，但議員依然假裝自己是立法者；每個人都知道選舉結果都在預測之中，但公眾依然假裝自己參與了選舉；每個人都知道行政長官一點自治權也沒有，行政長官依然假裝自己有。香港的各個體制機關都在被掏空，但沒有人知道要如何退出這場戲。我對自己也參與了這場刻意搬演的鬧劇感到噁心，但實在很難知道，我們還能怎麼做。

香港身分認同如今正面臨重新校準，但也讓人開始注意到，我們需要重新審視香港的歷史。大約這段期間，發生了大量政策文件遺失的情況。大約五千份文件被轉移到英國國家檔案館，香港這裡並沒有公開的複本。其中有一些已經在英國公開發表，但這之中其實有部分是被編輯過的。大約一千份文件被封存起來，其中一些要到二〇四九年才能解密。這些文件涵蓋了大半的一九八〇年代的文件，尤其許多是跟《中英聯合聲明》談判時期有關的文件。從官僚和行政角度來說，文件丟失是相當麻煩的情況，因為這樣決策者未來在做政策的時候就沒有歷史脈絡或資料可以參考。而法院如果弄丟了文件，會讓案件處理變得更為複雜。但是除此之外，這也再次提醒了香港人，他們在很多事情方面其實很無能為力。他們無法決定自己的命運，也就無法決定自己未來要往何處去；他們失去了這些資料跟紀錄，也將失去對自己歷史的掌握。

為了對抗這個情勢，有一些年輕人志願發起檔案研究的行動。我認識三位可愛又認真的年輕人，他們形容自己是「超級死宅」。我們見面的時候，他們告訴我，這類文件丟失攸關生死存亡。其中一個人進一步說明後果：「檔案紀錄其實賦予了一個地方和這個地方的人們某種身分認同。當這些檔案紀錄遺失或被移除，要改變身分認同就很容易了。當我們談到殖民主義，很容易就可以想到，當局為了更容易改變和管理我們的身分認同，它會想辦法讓人民愈來愈不了解自己的歷史。在香港回歸之後，這種殖民狀態實際上並沒有改變，因為我們沒有歷史。我們完全對自己的歷史一無所知。這樣也就很難形成非常堅實的身分認同，真正了解我們自己是誰。」

這三位年輕人有時會組織檔案馬拉松行動，協力把香港歷史拼湊起來。他們請在英國的香港學生幫忙調資料和複印文件，申請的單位是位在邱園（Kew）的英國國家檔案館，這也是讓我找到義律和琦善通信的地方。然後他們會將文件分享給香港的志願者一起來處理。三人組熱切地跟我描述起他們某次會議的壯舉，當時靠一屋子的志願者，一起把英國首相府密檔「PREM19」這份厚達八千頁的資料整理出來。三人組之一平靜地在旁補充，這份資料記錄了從會談開始到正式簽署聯合聲明的一系列事件。志願者協助畫出時間軸，並將傳記或自傳等其他資料放進來相互參照，完整記錄了對事件的不同解釋。這群協力者充滿活力地投入檔案整理的工作之中，嗨的程度簡直跟搖滾音樂會有得拚。

老實說，我原本還不太相信怎麼會有人對查閱政府檔案有興趣。結果三人組之一說：「喔，有興趣的人超多！」三人組愈聊愈起勁，另外兩個人也七嘴八舌地爭相補充。「有四十多人！」一位說。「大部分是年輕人！」另一位插嘴道，「他們想更深入了解香港歷史，可惜其他地方或書上都無法告訴他們香港歷史的全貌。他們覺得檔案資料會有所幫助。」這段時間正逢本土意識抬頭，年輕的香港人正在建構自己的香港歷史敘事。先不論是不是書呆子，這些年輕人參與這類檔案整理工作其實相當危險，因為他們從根本上挑戰了北京的敘事。三人組之一說道：「當你試圖觸及歷史問題和地方認同，中國共產黨總是會想辦法攻擊你。」

教育部門也成了當權者打擊的目標，因為學生（尤其是大學學生會）在雨傘運動中扮演了重要的角色。一些親北京的校長被安插進最熱中參與香港政治的大學裡。教師們收到警告，誰提到獨立就有可能失去教師資格。[10]戴耀廷也因此陷入巨大麻煩。他因為沒有符合大學收受捐款的規定而被判有罪，將面臨三年不得接受捐款及不能監督研究員的懲罰。[11]不過儘管如此，我再次見到戴耀廷時，他看起來意外的樂觀。「現階段，我還沒有感受到直接對我個人的威脅，」他爽朗地對我說，「我剛從大學那邊獲得三年的研究經費，所以我不認為有受到懲罰。某種程度來說，我算滿受到支持的。」

他有預感，未來會有新一輪的大規模抗議。他列舉了雨傘運動一些失敗之處，比如：持續時間太長、地點集中在三個地方、內部溝通不足、沒有退場機制。在思考戰術的時候，他的想法非常有先見之明。「實際封鎖一條道路，你不需要一萬人。一千人就夠了。如果你有一萬人，你可以在香港各地封鎖十個路口。」

我幾乎沒意識到他在說什麼。在我看來，雨傘運動的餘波分裂了香港；年紀比較大的居民對長時間的占領和這段時間造成的破壞感到憤怒，而那些參與其中的人則感到沮喪和氣餒。我看不出有誰還想再發起一次行動，我覺得戴耀廷對局勢的判斷有誤差。但他確信一場更大的抗命運動即將到來，有部分是因為當局沒有做出讓步。他告訴我，他甚至寫了一封警告信給北京。他把信中內容講給我聽：「我們是一群非常理性和溫和的民主人士。我們致力於非暴力抗命行動。某種程度來說，我們的要求非常溫和，完全符合《基本法》的框架。我們在此提出警告，如果連這樣溫和的要求都達不到，恐怕人們將採取更激進的行動。」

兩天後，我到沙田山坡上的中文大學，採訪戴耀廷的共同發起人夥伴陳健民。我抵達陳健民辦公室的時候，發現陳和一名大學IT工作人員正在查看電腦。原來是他的電腦又被駭客攻擊了，但這是他第一次收到警告，說駭客很可能是受國家資助。似乎沒有人知道該怎麼辦。當我們坐下來聊天時，我注意到他書架上有一張曼德拉（Nelson Mandela）的照片。

身為社會學家，陳健民對本土運動推動下正在發生的身分認同轉變很感興趣。香港人的身分認同，現在被認為跟中國人的身分認同相衝突，而不是重疊。當香港人開始抱怨大陸人是蝗蟲的時候，雙方的分歧變得愈加嚴重，許多年輕人覺得自己跟中國完全脫節。他們甚至拒絕參加一年一度六月四日紀念一九八九年死難者的守夜活動，因為他們認為中國跟自己沒有任何關係。

陳健民也警告，未來將出現新一波更嚴重的社會動盪。「這是一個惡性循環，我預期會發生非常嚴重的暴亂。一旦他們覺得自己被體制完全拒於門外，他們當然會採取更多體制外的手段，甚至暴力的手段。因為他們年輕，而且憤恨不平。情況相當危險。」

我並沒有把這些警告放在心上，甚至當時也沒有寫進報告裡。因為我一直都有跟雨傘運動的積極參與者交談，他們士氣非常低落，我無法想像他們會再次走上同樣的道路。他們當初占中的時候耗費了大量的精力，投注了大量的希望，以至於他們的精力和希望都耗盡了。我在雨傘運動中認識的那位健談的朋友，就是一個典型的例子。我們在一家咖啡店見面，他一邊啜飲著加了奶油的摩卡，一邊垂頭喪氣、滔滔不絕地說話。他在抗爭中耗盡了心力，如今失望透頂，對所有事情都再也提不起勁。他已經不再參加任何示威活動，包括六四天安門守夜活動；這一切似乎都變得毫無意義。他的所有朋友都在想辦法離開香港。我們聊到雨傘運動的最後一天，他說：「我當時以為我們已經跌到谷底了。但自那之後，我們還一直在走下坡，現在我們都等著被中國壓垮。」

我知道他在說什麼。感覺像是在電動遊戲裡，我們掉進了一個深不可測的坑中。有時候會出現一個平台，拖慢我們掉下去的速度。但當我們才剛站穩，平台又會迅速消失，露出底下的無底深淵。你似乎只能繼續往下跌落，沒有盡頭。

而且在這段跌落的過程中，總是會跑出一些更令人沮喪的關卡。其中之一是二〇一七年，高等法院宣判三名學生社運人士黃之鋒、周永康、羅冠聰因參與占領公民廣場，判處六至八個月的監禁。[12]原本法院裁定判處他們一百二十小時的社區服務，但政府認為原審判刑過輕，由代表政府的律政司提出上訴，要求高等法院改判監禁。這三名學生社運人士成為香港第一批後雨傘時代的政治犯。

某天，我去拜訪一位年輕平面設計師，他的名字叫 Kit Man，有人稱他是當代版的九龍皇帝。這位新銳設計師身材苗條、留著尖尖的飛機頭、笑容燦爛。他以手工毛筆字，創造了一套名為「勁揪體」的電腦字體。這款字體線條有粗有細、風格強烈，很受一些香港品牌的歡迎，也經常用於傳達政治訴求的訊息。但讓我有點失望的是，他立刻與九龍皇帝撇清關係，他認為這樣相提並論並不恰當。「不斷會有人拿上來說，」他語氣帶了點惱怒，「但這沒辦法，因為他在香港太有名了。」

Kit Man辭去原本的工作，就是為了投身雨傘運動，甚至瞞著太太向銀行貸款。他感覺，香港就在自己眼前發生變化。他告訴我：「香港每天都在一點一點的被稀釋。」他擔心自己最愛去的茶館的服務生不再說廣東話，大學校園裡到處都是來自中國大陸的學生。他似乎找不到方法，發洩他對政治的興趣和關注。他曾嘗試畫政治漫畫，但卻找不到地方出版。我隨口問了一個關於書法的問題，他突然陷入沉默。他用手抹了抹臉，肩膀開始顫抖起來，他哭了，你聽得出他內心的苦澀。好一會兒他才開口說道：「這個政府不是香港人組成的。他們是外來者，他們不為香港工作。」每當他想起那些正在服刑的年輕社運人士，淚水又開始滑落臉頰。他說：「每次我都忍不住流淚。我們還在戰鬥，但戰鬥現在變得更艱難了。」

後來我在不同學術場合，不斷碰到占中共同發起人陳健民。二〇一八年三月，他受邀到墨爾本我的大學演講，我們再次見面。他看起來臉色蒼白，嚴重失眠。戴耀廷之前那份信心可惜被辜負了；現在他們倆的工作都承受著壓力，同時還成為不法仇恨運動的目標。陳健民收到大量仇恨郵件，其中一封信裝著剃鬍的刀片。他接過匿名電話，對方威脅要強姦他的妻子和女兒。他帶小孩去上週末戲劇課的途中還被人跟蹤。儘管根據過去的判例，戴耀廷有把握他們有辦法全身而退，但是包括年老體弱的朱耀明牧師在內的占中三子，如今都面臨殖民時代的公共秩序罪名：「煽惑他人作出公眾妨擾」、「串謀作出公眾妨擾」，以及「煽惑他人煽惑公眾妨擾」。[13]另外六名社運人士也在受審中，他們一眾九個人被稱為「占中九子」。

將近一年過去，我和陳健民又再次碰面，這次是在香港。我跟史林（Graeme Smith）邀請他跟羅冠聰，一起錄我們的podacst《小紅播客》。那時羅冠聰二十五歲，是一名學生運動分子，成立了一個政黨。他先是當選立法會議員，然後又被取消議員資格，接著入獄服刑，而後因終審法院推翻上訴庭判決後又即刻被釋放。他的生活是如此跌宕起伏，他形容相比之下，在監獄裡與黑道人士共處一室的那六個月平靜許多。

聽著眼前這位年輕的前囚犯，正給予另一個即將入獄的政治犯建議，不禁令人覺得這又是跌入谷底的一次。陳健民勢必也逃不過牢獄之災，他說自己決定「輕裝上路」，為入獄做準備。他才剛提前從自己熱愛的工作崗位退休，並在五、六百名學生的見證下，發表了長達三小時的告別演說。他在演說中概述了自己的政治啟蒙，從中國民主運動家魏京生，談到了托克維爾的《民主在美國》（*Democracy in America*）。還有更多學生都想要參加，但學校沒有辦法，或者不想找另一個更大的演講會場。

讓我驚訝的是，陳健民看起來一點都不消沉，反而很開朗，有時還會開玩笑。這麼多年來，我在中國採訪了許多異議分子，我已經習慣面對那些以憤怒做為動力來源的人們。

但陳健民的態度似乎更像是一種疲憊的無奈，他的內心似乎平靜如止水，幽默感中透著一點冷酷。他似乎認為入獄是必然的。「我想我讀了很多在獄中書寫的信和書籍，甚至從年輕時候就開始讀了，」他笑著說，「所以似乎我早就為此做好了準備。我想，這是社會在為民主奮鬥時的必經之路。」

他認為自己可以抱持這樣的態度，是因為香港維權人士受的苦，比內地維權人士來得少，但在我看來，這是因為兩地人的主體性不同。大陸的異見人士被困在一個荒涼、卡夫卡式的真空地帶，他們甚至有時不允許流亡出國。陳健民則有收到其他國家提出政治庇護，但都被他拒絕了。他決定接受審判，並且會在審判期間出庭自辯。儘管他的律師一直警告他不要這麼做，因為這樣很容易會陷入自證其罪的局面。

占中九子之中，陳健民是唯一願意出庭自辯的人。但他做下這個決定是經過深思熟慮的。他解釋說：「我之所以選擇現身證人席，是因為如果我們不這樣做，我們就只有一個版本的故事。政府說我們在製造公害，但那是政府的說法。所以我們有責任重述這個故事，還原歷史。」我以前也聽過這句話，流亡海外的天安門社運人士認為這就是為什麼他們決定寫自己的故事。現在，香港人也在努力保護自己的故事，努力抵抗共產黨可怕的敘事控制。

陳健民之所以這麼確信自己會入獄，正是那條史無前例的「煽惑他人煽惑公眾」的指控。這種罪名讓人彷彿進入了愛麗絲夢遊仙境一樣，不合理又毫無邏輯，定義範圍廣到沒有意義，充其量就是為了要威嚇。普通法再一次成為武器，幫忙對付跟阻撓運動人士。

此時此刻，香港爭取民主的奮鬥似乎失敗了。這場運動被擊垮，領導這場運動的人被監禁、被邊緣化，震盪的餘波正緩慢席捲教育系統，不讓它繼續教導下一代批判思考的能力。許多年輕人正竭盡所能地離開香港，跟一九八〇年代初一樣上演了移民潮。但陳健民並不同意這個看法。他說，香港人比較像罹患了放棄生存症候群（resignation syndrome）。這個疾病最初是在一些到瑞典尋求庇護的難民兒童身上發現的，通常發生在一些等待庇護申請多年後卻被拒絕的家庭。[14]那些家庭的孩子突然變得緊張退縮，到最後只能躺在床上，不說話、不吃飯、無法下床，甚至不再睜開眼睛。「似乎這裡許多人也開始患上了放棄生存症候群，」陳健民說，「他們這麼長時間以來一直希望擁有民主，但現實卻如此讓人難以接受。」但事情並沒有結束，香港人並沒有放棄他們的價值，他們只是累了。「所以我們拭目以待，我們等著看，我不會那麼倉促就下結論。」他說。

陳健民的案子會是這個世代最重要的政治審判。某天晚上，我和三十多歲的政治藝術家黃宇軒一起喝啤酒，他正試圖用藝術的角度來探究這場運動。留著一頭長髮的黃宇軒，專注地看著終審法院大樓屋頂上那座正義女神雕像。這座古希臘雕像將近三公尺高，女神蒙著雙眼，穿著飄逸的長袍。他想到一個點子，他想讓女神「說話」。他花了大把時間研究法律條文，確認可以如何實現這個目標。他曾想過使用無人機，不過很快就放棄了，因為那個區域使用無人機是非法的；放天燈太過危險，使用氦氣球或許可行，但是在建築物六十公尺的範圍內施放氣球是違法的。不過他倒是注意到，法條內容其實寫得相當模糊，如果氣球有綁繩子的話，似乎便不在此限。此外他還要考量，這個藝術行動會不會被視為抗議。這裡的關鍵在人數。如果超過三十人，就會構成集會遊行，那就需要警方的許可。但即使低於這個門檻，只要該行動本質上跟政治有關，依然有可能出問題。近來當局祭出的指控愈來愈籠統，時常擅自把非法集會的罪名冠在社運人士頭上。[15]

「我們在決定我們會不會被捕。」黃宇軒笑著說，一邊啜飲著他手上的那杯手工印度淡色艾爾啤酒。黃宇軒和他的合作夥伴林志輝，都是名為「Add Oil Team 打氣小隊」的藝術團體成員。這個團體專門創作政治性的裝置藝術。這幾年來，他們時常游走法律邊緣。雨傘運動期間，他們曾在金鐘投影一些政治性的宣言。隔年，他們則成了最受矚目的藝術審查受害者。他們當時在香港最高建築物環球貿易廣場外牆上播映影片，中途卻被香港藝術發展局停播。因為黃宇軒和林志輝在他們的作品中嵌入一個倒數計時器，顯示著「一國兩制」將到期的二〇四七年距離現在的秒數。藝發局給出一套既複雜又官僚的說詞，辯護他們的審查是正當的。但無論如何，倒數計時器消失的這件事，無意間成了一個可怕的預言。在各種侵蝕的速度不斷加速之下，香港所有跟中國大陸有所區別的獨特性和自治權都受到了威脅，二〇四七年似乎迫在眉睫。

黃宇軒相當氣憤，立刻寫了一篇專欄文章，抨擊這樣的審查。[16]「前天不敏感的，昨日敏感了；昨日不敏感的，今日敏感了，」他寫道，「人人每天都比昨日變得更焦慮。愈來愈多微細的東西，看起來都**可能會出事**。……氣氛一旦形成，有權者根本不用再下什麼命令，大家都會預早就範：無日無之建立**新的敏感標準**，在恐懼中掃除所有。」他開始統計究竟發生多少件藝術審查，還考慮籌辦一個「審查博物館」。我們見面的時候，他跟我說，他已經記錄了大約四十個案例，我很驚訝竟然有這麼多件。他笑我怎麼那麼吃驚。「事實上，我認為這個數字很低了。這只是顯示這裡很多事都不一樣了。」

不出所料，二〇一九年四月初的時候，「占中九子」全被判有罪。法院認定，公民抗命在法律上不構成任何抗辯理由，占領中環造成道路堵塞是不合理的，也沒有正當理由。陳健民被判「串謀作出公眾妨擾」及「煽惑他人作出公眾妨擾」等罪名成立。「煽惑他人煽惑公眾妨擾」這一項他被判無罪，其他五人則被判有罪。法庭宣布判決結果之後，一群支持者為這些運動人士鼓掌了數分鐘以示支持。兩週後，陳健民和戴耀廷皆被判入獄十六個月。占中九子所有人都身揹罪名，但其中有些人因年紀大或身體虛弱而免於入獄。戴耀廷再一次錯了；原本應該保護這場運動的法律，如今卻被用來囚禁他。這是對法學教授最大的侮辱。

判決出爐那天，我在皇后像廣場見到了黃宇軒和他的團隊，廣場對面就是終審法院。法院的花崗岩柱廊是新古典主義風格，設計師是曾參與白金漢宮工程的建築師。黃宇軒和其他人都在手機上觀看了法院判決結果，每個人都非常沮喪，也都對此相當不甘。一輛貨車開了過來，有人從車斗深處拿出一串巨大的白色氦氣球。這串氣球立刻吸引所有人的目光，大家都被這麼大的氣球給逗笑了。打氣小隊另外還準備了一件白色的横幅，上面畫著一個卡通式的話框，框框裡寫著「無罪 Not Guilty」。他們計畫將這串氣球慢慢浮上半空，最終讓畫面看起來像是正義女神說出「無罪」兩個字。

行動就這樣突然展開了。為了監看警察的動向，我們跑到法院那裡去，而我們的一舉一動都被兩名攝影師直播到打氣小隊的臉書上。打氣小隊的成員慢慢地放線，讓氣球帶著布條慢慢升高。「無罪」的話框在風中擺盪，慢慢地飄到了正義女神的嘴邊。然後負責拉住氣球兩端繩子的人員馬上站立不動，站在一旁的我們，從昔日的旁觀者角色，頓時都變成了行動的一員，每個人都在盡其所能地直播或者傳照片，努力將這一幕傳播到推特、臉書、微信、WhatsApp 這些社群平台上。打氣小隊老早料想到他們的行動不會有傳統媒體來報導，現在幾乎所有媒體都被親中的老闆收購。整個行動都是為網路世代所設計的，行動成果究竟有多成功，完全取決於它在網路上的能見度。

那一刻，我意識到自己無意間也成了這次藝術行動的公關人員。我為這個團隊貢獻的價值，就是我推特上的六萬名粉絲。我原本以為自己在做記者的工作，但是當我開始在推特上宣傳這個活動，基本上等於我也跟著舉起標語或喊出口號。

大約二十分鐘過後，打氣小隊開始下降氣球標語，準備撤退。黃宇軒在打氣小隊粉專上發布了一則簡短的中英文聲明，寫著：「如果正義女神會說話，此刻她會提醒世界：他們其實無罪。我們都心知，他們其實無罪。歷史亦肯定會宣判他們和為香港爭取民主的人無罪。參與二〇一四年雨傘運動的人們，由始至終站在正義的一方。」

我在推特轉推了他的聲明，卻同時擔憂自己是否在不知不覺間越界，變成了行動主義者。我在腦海裡快速盤點，確定自己從未做出任何可能違反新聞中立性的事情。我同意這個聲明和布條，並不影響我做報導的方式。但是儘管如此，我心中的擔憂依然如影隨形。因為我認為，新聞中立性很可能在某一個時刻將變得不道德，繼續在這種時刻維持客觀中立，反而可能會摧毀我所珍視的價值。如果我必須在成為記者還是成為香港人之間做出選擇，我會選擇哪一個呢？必須做出選擇的那一天，似乎就要到來。

這次的藝術行動相當成功。沒有人被捕。但藝術家們沒有任何一點欣喜的樣子。他們大多數時間都非常沉默且嚴肅，他們默默地將氦氣球放氣，默默地清理現場。這個行動看起來如此微小又沒什麼效果，只是更顯得在對抗政治勢力的時候，藝術的力量是多麼有限。占中九子依然被判入獄。什麼也沒撼動。深夜時分，黃宇軒還繼續在臉書上發文。占中九子在宣判之後發表的感言，讓他止不住地淚如雨下。他寫道：「這件事我愈想愈生氣，晚上也難以入眠。當權者可以就這樣把一大堆人扔進監獄嗎？這難道不是在威脅人民，要乖乖地過**正常**的生活，然後快樂地和平過日子嗎？世道不應該如此。」

第八章

國

如果我哋撤離咗，我哋就會聽日成為TVB口中嘅暴徒，佢哋會影呢個立法會裡面嘅頹垣敗瓦、一片凌亂，指責我哋係暴徒。而家我哋呢個運動，係冇得割蓆，要贏，我哋就一齊贏落去，要輸，我哋就要輸十年，我哋成個公民社會，會有十年永不翻身。我哋嘅學生會被捕、我哋嘅領袖會被捕。……我除低口罩，係想畀大家知道，其實我哋香港人真係冇得再輸架啦……

——梁繼平

摩天大樓峽谷之間波光粼粼，一片雪花石膏般潔白的海洋淹沒了這座城市。白色，是中國傳統哀悼的顏色。身穿白衣的人群湧入每一座人行天橋、每一條地下道。從上往下看，一條塞得扎扎實實的人龍蜿蜒曲折，幾乎看不出動靜。這一天是二〇一九年六月九日，一百萬名示威者走上街頭，抗議政府計畫修訂《逃犯條例》。這一天人民展現驚人的集體力量。這場人民和政府的對決，也代表香港民族的長成，和它衰亡的開始。

這場政治風暴起因於一起謀殺案。一名香港男子在台灣殺害他懷孕的女友之後逃往香港，由於沒有引渡條款，無法將他送回台灣接受審判。香港的行政長官、不苟言笑的前公務員林鄭月娥，決定以此案為藉口修改引渡法。這項《逃犯條例》修訂草案，將允許把來自香港的嫌疑人引渡到包括中國大陸在內的司法管轄區受審，但中國大陸的司法系統往往充斥著任意居留、不公正審判甚至酷刑。倘若通過此法，香港將不再是大陸異議人士和社運人士的避難所了。而對香港人來說，這也代表著一國兩制的終結。

香港民眾雖然對遊行人數如此之多感到驚訝和興奮，但以他們精明的賭徒眼光，其實也注意到香港的未來仍充滿不確定性。當時網路上瘋傳一段影片，影片中的對話精準抓到了香港人的複雜心情。

「你認為這次遊行會帶來改變嗎？」鏡頭外一位記者對著一位年輕人問道。

「不，絕對不會。」年輕人毫不猶豫地回答道。

記者繼續追問：「那你為什麼還要來？」

他直截了當地說：「至少你嘗試過了。」

很多人都嘗試走出來，無論是中國人還是旅居海外的人，無論是年長者還是年輕人。當天人數眾多，隊伍行進得極度龜速，中間甚至一度停在路上。明明在平時不用一個小時就能走完的路，那天卻花了九個小時。我跟我的孩子也在遊行隊伍之中。十二歲的馮雨甚至做了他們自己的標語，上頭寫著諷刺中國國家主席習近平的綽號：「習大大＝老大哥」。我決定不當記者報導這次遊行，而是直接以抗議者的身分參與其中；我覺得親身感受這一刻，似乎比報導它來得更重要。然而，隨著時間過去，我開始愈來愈後悔自己的決定。光只是遊行無法滿足我，我渴望採訪走在我身邊的人，忍不住一邊走一邊在心裡草擬報導內容。記者這個身分早已成為我的一部分。那一天我感覺到，我必須把那個時刻報導出來，才真正了解跟感受。我既是香港人，也是記者，而不只是其中之一。

我們一步一步跟著隊伍向前走，前面一位外表看起來六十多歲，臉上長著白斑的中國男子，不斷地回頭看我。最後他終於開口了。

「為什麼外國人今天也來遊行？」他問我。

我的心揪了一下，然後也才發現，原來我一直在等著有人來質疑我的資格。

「我在香港長大，」我回答他，「我是永久居民。我是半個中國人，我的孩子是四分之三的中國人。我們過來表示我們的支持，因為我們相信今天應該要有盡可能多的人走出來。」

「謝謝你啊！」他說，而且笑得很開心，「謝謝你！」

這是我第一次感受到，這場危機將改變香港人對自己的看法，這一次不再像雨傘運動那時一樣，侷限在一套狹隘、排他、本土主義的分類方式。這場遊行接納了那些更重視原則以及希望的人，不再只聚焦於解決特定問題，而是嘗試超越既有的經驗，去想像共同的更好的未來。這一刻是理想主義的勝利。長久以來，無論哪個時期的殖民統治者都以為，這個地方的人民行動是為了追求金錢。香港是中國土地上唯一允許示威抗議的地方。為了捍衛自己的身分認同，香港人不枉身為抗議之城的子民，紛紛站出來捍衛自己的身分認同。他們一起走出來，為自己的身分認同發聲。

民眾展現出來的情緒如此強烈，讓香港統治者倍感吃驚，但之所以吃驚，其實是因為他們長久以來已經習慣了無視他們的人民。香港是中國的特別行政區，香港政府的權威不是來自人民，而是來自北京。港府已經掌握了公眾諮詢的藝術，這些諮詢過程幾乎像是某種嘲弄。[1]有時候甚至諮詢期都還沒結束，它就先宣布了最終決定[2]，其他時候它不是操弄整個過程，就是想辦法讓公眾的回應少到可以直接忽略。[3]這一次，港府提出修改引渡條例的草案，明明會造成深遠的影響，但卻將諮詢期縮減到只有短短二十天。[4]

與此同時，民間的不滿情緒已經醞釀了好幾個月。四月，「民間人權陣線」號召上街反對政府修訂《逃犯條例》，總共十三萬人響應了遊行。[5]五月，立法會在準備審議該條例的修訂草案時，會中爆發嚴重的肢體衝突，香港有史以來第一次發生這樣的情況。[6]當時民主派和建制派議員對委員會人選未達成共識，竟各自在同一地點召開委員會，導致雙方開始搶奪主席台，過程中一名立法會議員受傷昏迷被緊急送醫，另有三人受傷。六月，香港法律界發起黑衣靜默遊行，罕見地全程無標語、無口號。[7]就連平常消極而默不作聲的商界也開始出現反抗的聲音，因為他們惶恐地發現，未來他們很可能會無意之間犯下賄賂或與稅務有關的罪行，而被引渡到大陸。我跟羅冠聰聊到這件事，他描述香港是「一個城市兩種世界」，感受最明顯的是那些想撼動政治邊界的人。而現在，這個籠子的鐵欄杆正在往內縮，倏地之間，其他香港人才赫然發現這些突兀又恐怖的欄杆其實一直存在。

雖然那時我還住在香港，但老實說，當時我也沒有認知到《逃犯條例》問題的嚴重性。那時，我和兩個正值青春期的孩子，一起住在離島上一間十一坪的公寓裡。每天早上得五點四十五分起床，這樣才能趕上渡船，把孩子準時送到學校。我們的日子總是吵吵嚷嚷，每一天都在筋疲力竭的昏沉中過去。我們的公寓太小，孩子們成長得太快，我們時常因為撞到家具或跟彼此衝突而遍體鱗傷。我們學會了把自己縮到最小，好塞進一個人口密集的地方；不許唱歌、不許跳舞、不許大聲說話。要再更繁榮起來是不可能的了，同時還必須壓制內在的熱情，讓自己變得更溫和。我們附近大部分的公共空間，比如超市外貼著磁磚的廣場和兒童的遊樂場，都屬私人經營，充滿各種禁令。我們必須克制自己的個性，只有在週末的時候才能跑到山坡上去，盡情釋放自己。香港的山坡已經默默成為我們的後院。每次孩子們抱怨空間太小，我都會提醒他們，我們家其實有到公共租屋的平均喔，每個人可以大約分到將近四坪的空間。[8]

空間和時間都變成了奢侈品，似乎完全超出我們的能力範圍。我看網飛（Netflix）的影片時，不再關心演員穿什麼衣服，相反地，我總是盡情地欣賞他們住的地方。我渴望得到更多，眼睛總是在注意哪裡有獨立更衣間，或是浴室是否有雙洗手台。我著迷於觀看這些寬敞奢侈的生活環境，簡直到上癮的程度。我們當前住的這間小小兩房公寓，大小甚至不到我童年時期政府分配給我們的「家傭房」的一半。我現在的香港生活，某種程度上來說依然算過得還不錯，但跟童年時期的泳池派對和夏日搭船出遊的生活依然有天壤之別。我在大學擔任講師，薪水其實遠高於平均水準，但是每個月月底我仍總是負債累累。我的生活費常因為每天的輪船費和超市高昂的食品價格而陷入緊繃。當地超市六片麵包就要花掉我三美元（約二十三元港幣，折合台幣約八十九元）。晚上記錄開銷的時候我都會好奇，一般的店員和大樓清潔人員都怎麼過日子。我來香港是為了寫跟政治相關的文章，但光是日常生活就耗盡我所有精力。

這一切都是香港經濟體制的副產品，只有少數富有的家族企業集團控制著大片土地和一些重要服務，比如電信公司、公共交通運輸和公共設施。我的手機費繳給了某一個地產開發商，電費付給了另一個地產開發商。無論是搭公車、到商場購物、在星巴克喝咖啡，還是在當地超市購買昂貴的麵包，最終利潤都進到大亨的口袋裡。這座城市基本上由寡頭壟斷，整個經濟被分割成好幾塊，以幾近封建的方式被寡頭控制。這個體系從英國統治時期就開始了，在主權回歸中國之後依然繼續保持。北京很仰賴香港的鉅子大亨，有時會對他們施加壓力，碰到政治局勢緊張的時候會召集他們，以便確保他們繼續穩住大船。[9]

來自英國和中國的統治者，總是不斷灌輸和強調香港人都是純然的經濟行為者，以至於最後香港人也開始相信自己本來就是經濟動物。但這從來不是事實。香港人愛錢，但他們骨子裡也是政治動物。當他們的利益受到威脅時，就會大量地抗議[10]，就像一九八九年他們出來聲援天安門運動、二〇〇三年他們出來抗議《基本法》第二十三條，以及二〇一二年他們出來反對愛國教育。在更早之前，早在英國統治期間，也發生過許多如今被遺忘許久的政治抗議行動，例如一八四四年，英國剛占領的兩年後，為了反抗政府徵收人頭稅，苦力群起大罷工，又例如一八九九年的六日戰爭，以及其他零星為反對法律不公正而發動的罷工。

二〇一九年六月九日的示威遊行，正如那位年輕抗議者信誓旦旦的預期一樣，並沒有帶來任何改變。港府大剌剌宣布，將在三天後繼續推進《逃犯條例》二讀。此舉引爆了公眾更加強烈的不滿聲浪，民間開始號召全城罷工。這次串聯的範圍非常廣，有公車司機呼籲一起慢速行駛，也有成人網站暫時關閉來表達支持抗議。年輕的抗議者更是直接在立法會大樓外頭集結，徹夜包圍立法會，阻止議員進入大樓工作。

整區包括中央政府總部、立法會和行政長官辦公室，皆被群眾團團包圍，現場原本緊張又肅殺的氣氛，後來被一群頌唱〈唱哈利路亞讚美主〉（Sing Hallelujah to the Lord!）的民眾緩和了不少。其中唱歌的一些人確實是虔誠的基督徒，但其他人則趁機鑽法律漏洞，因為據說，如果在公共場合被認定是宗教活動而非公眾集會的話，可以不用向警方申請許可。接下來的許多天裡，全曲只有一句歌詞的詩歌已經深深植入了我的腦袋，它不斷地在我腦海裡迴盪，甚至我睡覺都會夢到它在我耳邊響起。

第二天，也就是六月十二日，人群繼續集結在立法會大樓周圍，而且隨著時間過去，人數不減反增。我十四歲的兒子馮月很好奇現場發生的事，所以放學後我跟他約在地鐵站碰面。我們沿著高架陸橋慢慢走向立法會，突然聽見有人從遠處大喊：「防暴警察！」好一大群人突然向我們的方向湧過來，粗暴地把我們往後推回去。

「你最好回家。」我說。

「好。」我那個頭高大的兒子答應我。他的手緊緊握著我的手，就像他小時候那樣。我將他送上車，而後我走回外頭。人群在尖叫咆哮。一團團白色的煙霧不斷往空中翻騰。我站在一個陽台上，兩名戴著安全帽和防毒面罩的攝影師從我身邊擠過去，他們爬上梯子，準備拍攝更好的畫面。

「那邊發生了什麼事？」

「催淚彈。」其中一人回答，「媽的超嗆！眼睛他媽的快燒起來。」

我超級震驚。自香港回歸以來，上一次，也是第一次警方對著人民使用催淚瓦斯，是在雨傘運動期間。那次香港人感受到巨大的背叛，深刻到有人為此製作了紀念T恤。設計者在T恤印上催淚彈和數字「八十七」，紀念警方總共發射了八十七顆催淚彈。[11]我自己也收藏了一件。

這一次，我第一次吸到催淚彈。我的耳朵刺痛不已，眼睛不停流淚，嘴巴裡像在燃燒。我周圍的每個人都在咳嗽，用礦泉水沖洗他們的眼睛。就在那時，我的手機收到了一條朋友的簡訊，她是盛氣凌人的印度小說家，我們原本約在立法會附近的太古廣場見面喝一杯。

「你現在在哪？」她寫道，「瑜伽剛下課。」

我回傳訊息：「他們在扔催淚彈。」

「我的天呀，快離開那！」

等我抵達那個鋪著閃閃發光的大理石，以鉻金屬裝飾的中庭，走到她桌子旁時，我的朋友已經點了兩杯灰皮諾。我說現在不是喝酒的時候。

「你還有什麼事要做？」她俐落地回應，「外面不安全。喝點酒會讓你感覺好一點，然後你就可以再出去了。」

站在新聞工作者角度來看，這很荒謬，但我還是坐了下來，因為我已經頭暈目眩。我大口乾掉我的葡萄酒，看著帶著面罩的抗議者衝進商場，不停地咳嗽乾嘔，一群人圍成一團為彼此沖水急救。附近，一位身穿蝴蝶結襯衫、腳蹬高跟鞋的女士繼續開著她的商務會議，她操著一口法國口音的英語，為了蓋過外面催淚彈的轟鳴聲，她還提高了音量。原本被切分成兩個世界的城市，在那一瞬間合而為一了。

與此同時，警方不僅使用了催淚瓦斯，還動用了橡膠子彈，抗議運動已被定調為暴動。當我再次出去時，前線已經被推到了商場外面，一群憤怒的人民正在與警察對峙。一位男子在尖叫，他的聲音嘶啞，身體因憤怒而顫抖。另一名人士攀過一個路障，不停揮舞著手中的自製海報，上面寫著：「警察，你不也是香港人嗎？」警察衝向一團色彩繽紛的雨傘，將群眾驅散。「畜生！」我旁邊有人上氣不接下氣地罵著，「瘋子！」世界正在傾斜，我們往下墜落的速度正在加快。

當天，警方總共發射了一百五十發催淚彈，幾乎是整個雨傘運動期間的兩倍。三天後，林鄭月娥宣布「暫停」草案工作，但並沒有提要撤回。無論如何，這依然為時已晚。到了這個時候，抗議運動開始有新的訴求加進來，包括要求調查警察暴力、要求特赦被捕者，以及撤回「暴動」的標籤，再連同一直喊的「真普選」，形成了五項訴求；現場的示威者將一隻手掌張開，高舉起來作為支持五大訴求的象徵。政府總部附近的某條人行道上，有抗議者舉著標語，上頭寫著：「不要開槍。我們是香港人！」

一週後，又有一場遊行啟動。這次參與者約定好都穿黑色的上衣，看得出來香港人的心情改變了，從原本展現人民力量的希望，轉變成對警察暴力憤怒的譴責。這一次，我以記者的身分參加。這個故事太重要了，不能錯過。除了《蘋果日報》以外，大多數香港報紙都被跟中國有關係的商人收購了，他們刊出有關抗議活動的報導很明顯帶有偏見，主要都引用政府放出的資料，試圖淡化警察暴力。雖然我懷疑我的報導會帶來任何改變，但我希望自己能盡力去反映基層群眾的不同聲音。「至少你嘗試過了。」這句話也成了我的口頭禪。

這一次，我穿著螢光背心，帶著錄音設備走在馮雨旁邊，馮雨的新牌子上寫著「Teargas Me. I dare you.」（來催淚我啊。怕你啊。）讓我們印象最深刻的是，許多民眾自發性地組織起來相互幫忙，沿途時不時有人把水瓶塞進我們手裡，幫我們扇風，往我們臉上噴水霧，幫我們把水瓶裝滿水，然後將空瓶子拿去回收。

我們走到金鐘政府總部附近，爬上一座人行天橋俯瞰下方的道路，我們想大概了解一下人群的規模。當我從上往下看，突然身體一陣熱潮湧上來，充滿了我的胸膛，我的整張臉都在發燙，而且頭開始發暈，得往旁邊靠著欄杆才能穩住重心。我們望著底下一顆顆微小的人頭，像在看一幅活生生的、會流動的澳洲原住民傳統點畫（dot painting）。那個時候，我們聽見人群之中有人用廣東話喊了聲：「香港人加油！」然後相同的口號聲開始此起彼落地在我們腳下響起，我突然覺得喉嚨很緊，全身又熱又喘不過氣，然後我才赫然意識到，這種感覺很像你第一次跟某個你真的喜歡得不得了的人約會，你在酒吧這頭，他在酒吧那頭，然後你們的目光遇上，你知道「對，就是他了。」我也跟林榮基一樣，在那一刻，我再次愛上了香港。

政治正在重新定義香港人與這座城市的關係。六一六那天，估計有二百萬人參加了遊行（香港總人口七百五十萬）。那一天是我們看清現實的日子，香港不再只是一個居住的地方。香港人可以視他們自己為一個民族，一個擁有獨特身分認同以及渴望自治的政治共同體。[12]香港人在自己城市的土地上，用腳走出了一條朝聖之路，他們走出來捍衛自己的身分認同和重視的價值。我腦中浮現兩條那天看到的標語，一條是「You Can't Silence Us」（你不能讓我們沉默），就掛在人行道上；另一條是「We Stand For What We Stand On」（我們代表我們所堅持的），這句是我在「香港眾志」成員的T恤上看到的，而「香港眾志」就是黃之鋒創立的政黨。所有人義無反顧地參與了這場非凡的政治想像，展現出對未來的渴望，然而辛酸的是，每個人都心知肚明，這段路注定以失敗告終。而且即便站在道德高地，也無法免於遭到警棍和催淚瓦斯的傷害。

「這是我們唯一能做的事：走路、流汗。但他們不聽。」八十七歲的香港前樞機主教陳日君告訴我。我在天橋下一個臨時搭建的平台上看到他。身材矮小的他，就站在從立法會議員淪為政治犯的羅冠聰旁邊。他笑容滿面，不停對著人群豎起兩根大拇指表達鼓勵。在酷暑下，他汗濕的雪白頭髮黏在額頭上。許多教堂為年輕的抗議者提供庇護，許多牧師在佈道的時候在台上出言表達支持。他們在中國大陸的工作變得岌岌可危。

「這是一場善與惡之間真正的鬥爭。」第二天我到陳日君樞機住的地方，慈幼會修院找他的時候，他這麼告訴我。那裡是一片寧靜的綠洲，天花板蓋得很高，庭院有一些雕像。不過這裡的平靜氛圍，顯然沒有讓這位年邁的紅衣主教的火氣降下來。他說他很忙，沒有時間說話，然後匆匆忙忙地衝進房間。但我們一開始聊起天，他話匣子又打開了。他抱持著堅定不移的信念，感覺有點像《星際大戰》裡的尤達，只不過他口中吐出的不是什麼格言警句，而是慷慨激昂的政治觀點，他總是直言不諱地支持民主和宗教自由。

陳日君樞機認為，教會一直是一股強大的力量，將某種頑固的道德信念植入香港人的心靈。香港的教育體系，是英國殖民時期留下的遺產之一。[13]香港大半的學生，且包括許多執政菁英，都曾在教會學校接受教育。紅衣主教以善惡的二元對立來描述這場鬥爭，聲音不自覺地拔高。「邪惡勢力很強大。政府付錢雇用其他人來製造混亂、使用暴力。他們也許正鼓勵警察嚴酷地對待年輕人。我常常為警察感到遺憾，因為政府把他們置於危險的境地。一切都是祕密！都在黑暗裡進行！這個行為是罪（sin）！」他講到激動處，忍不住就往桌子捶下去。我看他臉色漲紅、滿頭大汗，不禁擔心起他的血壓。

陳樞機同時認為，受到打壓的香港人自己也得負一部分責任。「我們太有耐心了，」他怒氣沖沖地說，「我們支持那麼多事。我們**假裝**這裡還有法治，這樣他們就可以判那麼多人入獄，可以取消那些有幾十萬選票的當選議員的資格。而我們不知道該怎麼辦，直到他們終於把我們逼上街頭遊行。」我想起那天在高等法院外面的時候，我的感覺就是這樣。這是我第一次聽到有人說出了我的心聲。我們其實生活在一個幻影世界，有人用政治宣傳讓我們信以為真，而我們的想像力已經被殖民得太久了，久到我們不顧一切地相信所有統治者告訴我們的事情，完全無視眼前有那麼多的反證。

臨走前，我問陳樞機他對林鄭月娥有什麼想法。林鄭月娥是個虔誠的天主教徒，她曾在受訪時說自己因為做了好事，相信天堂留了位子給她。[14]陳樞機對此更是疾言厲色。「魔鬼的僕人！」他毫不留情地大罵，嚴厲得讓我不禁開始同情起林鄭。他只用了五個字，就將她的靈魂投進永恆的地獄之火中。你實在很難去反駁一個有上帝做靠山的人。

香港人藉著一場接一場的遊行，試圖重新奪回政治權力，將政治從那個以不公正的方式選出來的立法會，拉到了街頭上。有一天，我到立法會和楊岳橋碰面，他是大律師、泛民主派政黨公民黨的黨魁。在兩天兩夜的街頭示威之後，他已經筋疲力竭。他盡力站在警察和抗議者之間，試圖阻止任何暴力事件發生。「我們不是在要求天上的月亮！」他說，「我們不是在要求一個我們從不配得到的東西！我們只是在要求已經清楚寫在《基本法》裡的事，那應是一個承諾。」這麼清楚明瞭的道理，政府其實很難反駁，所以它連試都沒試，直接拒絕談判。緊張的局勢繼續升溫。

「但這樣不是很危險嗎？」我問。

他看著我的眼睛說：「如果是這樣，那我們試著看看能走多遠。」

不久之後，死亡的悲傷降臨。首位死者是三十五歲的梁凌杰，他生前站在某個購物中心屋頂的鷹架上長達五個小時。那個購物中心，就是之前警方出動催淚瓦斯的時候，我喝葡萄酒的地方。梁凌杰身上穿著一件黃色雨衣，旁邊掛著手寫的標語，其中一處寫著「Make Love, No shoot!」（做愛，別開槍！）當消防人員靠近他的時候，他墜落了。幾天後，又有一名就讀教育大學的二十一歲學生，從一棟建築物躍下。[15] 她在樓梯間的牆面用紅色簽字筆留下了遺言，她寫到愈後面，字跡愈寫愈大，彷彿在向虛空吶喊。結尾處她寫道：「本人但願可以小命成功換取二百萬人的心願，請你們堅持下去。」

七月一日香港回歸紀念日即將到來，大家都覺得今年的示威遊行現場會非常激烈。一大早，第一個戰場落在升旗區。今年的升旗典禮被改為雨備，在防暴警察和裝滿水的塑膠路障團團包圍之下，政府官員們在室內進行典禮和演講，受邀的嘉賓透過電視螢幕觀看升旗典禮。但早在正式典禮之前，凌晨時分一群抗議人士已經搶先一步，摸黑舉行了自己的升旗典禮。他們把原本的區旗換成了一面畫著被燻黑、枯萎的紫荊花黑旗。這場運動正努力奪回屬於他們的國家象徵。

我和孩子們很早就去參加了遊行，我擔心時間愈晚愈有可能發生麻煩。馮雨這一次寫了新標語，提到了支持港警的「藍絲」，以及警察用來警告即將施放催淚彈的黑色旗幟。馮雨的標語寫著：

中國是紅色的
暴力是藍色的
催淚瓦斯是黑色的
瘀傷也是。

不少人帶著白色的紙花遊行，他們將紙花堆在太古廣場外，悼念逝世的黃雨衣人。這次的遊行多了一分苦澀的哀戚，一些人在臨時搭建的紀念區前忍不住低頭哭泣，彷彿也像在為自己的未來哀悼。

遊行途中，我們聽說有抗議者試圖闖入立法會大樓，所以我讓孩子們先回家去。立法會的衝突現場，像極了中世紀的戰場。抗議者從大樓側邊拆下金屬棒，有一些人將金屬棒當成了攻城槌，奮力地往強化玻璃門敲去，另一些人則在旁邊幫忙打氣。他們還用紙板和潛水浮標當盾牌，簡直像一群小孩在玩打仗遊戲。出乎意料的是，警方竟然完全撤退了。我站在天橋上，震驚地看著眼前上演的毀滅之舞，擊打建築物的碰碰聲不絕於耳。戴著黃色頭盔的抗議群眾，像憤怒的潮水般不斷湧過去。他們還發明了一套向前線運送物資的手勢，每當有一邊的人在頭頂上舉著兩根手指做出剪刀的動作，另一邊人就會有人將鉗子或束帶從頭上傳過去。

抗議者一度施放了煙霧彈，現場所有人都戴上防毒面罩。然後這時候，我的手機響了，是馮雨打來的。

「嗨，我可以看網飛的影片嗎？」

「可以！」我隔著防毒面具大喊，一邊祈禱孩子不要聽見人群在慌亂中推擠發出的喊叫聲。

「好耶，掰！老媽，小心別被催淚彈熏到！」

這裡局勢雖然緊張，但大多數時候單調而冗長，我為了提振精神，開始跟一位記者聊天。

「你平常跑什麼線？」我問他。

「政治線，」他苦笑，一邊摘下護目鏡，擦去臉上留下的汗水。「我在做立法會的報導。」

「你覺得接下來會發生什麼事？」

「抗議者最後會付出代價。」他回答，沒有一絲遲疑。

抗議者終於成功衝進大樓，我也小心翼翼地跟在他們後面進去。看著現場汙損凌亂的景象，我內心震動不已。警報器在尖叫，文件散落各地，牆上被人寫滿了反政府的塗鴉。我第一個看到的，是一個柱子被噴上大大的中文：「是你教我們和平遊行是沒用的」。過去的那個「和理非」，和平理性非暴力的雨傘運動未能成功贏得任何讓步，而現在這個新興的運動，正有意識地不落入同樣的模式。如今在衝突第一線，常常可見「勇武」的身影，他們總是戴著防毒面具、黃色頭盔和護目鏡。許多反對暴力的人拒絕公開批評其他抗議者的暴力行為。這樣的團結一致，開始讓香港人形塑出一個共同的歸屬感。

仔細一想就可以發現，衝進立法會的各種破壞行動，其實都是有意義的。抗議者的目標是權力的象徵，比如他們用噴漆把香港的區徽噴黑了大半，將「中華人民共和國」的地方故意塗黑，保留下「香港特別行政區」的字樣。又比如他們專門破壞那些他們不爽的政治人物照片，但絲毫沒動圖書和瓷器文物半根寒毛。他們甚至在喝掉冰箱裡的飲料之後還不忘付錢，都把錢匯集在一個籃子裡面。襲擊行動的目標是香港體制的結構性暴力，因為人民的參政權被剝奪了。同時這次行動也顯示這場運動正在擴大，人們開始瞄準香港缺乏民主的問題。

議事廳內，一位身穿黑色T恤和黑色短褲的瘦弱年輕人突然跳上長桌。他摘下口罩露出瘦削的臉龐，其他抗議者試圖伸手將他拉下來，因為在暴動中暴露身分的風險太大，最高可判十年監禁。這位年輕人扯開嗓子大聲說話，聲音因為急迫而顫抖。「我除低口罩，係想畀大家知道，其實我哋香港人真係冇得再輸架啦……」他一邊喊著，手指不斷戳向空氣。「如果我哋撤離咗，我哋就會聽日成為TVB口中嘅暴徒，佢哋會影呢個立法會裡面嘅頹垣敗瓦、一片凌亂，指責我哋係暴徒。而家我哋呢個運動，係冇得割蓆，要贏，我哋就一齊贏落去，要輸，我哋就要輸十年，我哋成個公民社會，會有十年永不翻身。我哋嘅學生會被捕、我哋嘅領袖會被捕。」[16]①他這番宣言清楚表明，政治的鬥爭一定伴隨著控制敘事的鬥爭。這是為什麼陳健民願意站出來，也是為什麼這個年輕人願意站出來，無懼十年監禁的風險。

這位年輕人是誰呢？我很在意他，總覺得他很面熟。當時我內心沉重無比，難以言喻，直到抗議者離開議會，防暴警察施放催淚彈清空街道之後，都還在掛念。後來我想起來，我確實認識他，或者至少確實見過他。大約十天之前，我參加了某個學術會議，曾看到他和另個人合作發表論文，這篇論文相當精采，寫的是威權、反動員和公民社會。這位年輕人名叫梁繼平，二十五歲，是華盛頓大學博士候選人。二〇一四年他還是大學生的時候，曾編輯一本爭議性極大的刊物《香港民族論》，主張加強香港民族主義，避免跟中國同化。[17]當時這項主張非常前衛，還遭到時任行政長官的批評，如今它則成了政治炸彈。

這場研討會非常激勵人心，真的不是我在說。梁繼平曾是研究政治侍從主義（clientelism）的小組成員之一，所謂侍從主義指的是為了獲得政治支持而進行買票或賄選的行為。他的研究揭示了親北京的組織之間形成很細緻複雜的網絡連結，會特別照顧來自中國大陸的新移民。這些同鄉會和同鄉聯合會從區議會和商界獲得大量資金，讓他們能夠在香港為中國效力，比如動員成員支持政府政策，或是動員成員投票支持親政府的候選人。這些行為排擠了既有公民組織的空間，並且讓政府的資金被拿去用在特定的政治活動上。梁繼平在論文中畫了一個圖表，用七彩的絲帶彼此交叉環繞，展示了北京在香港的新權力網絡。我回頭翻查當時聽他演講時記下的筆記，我找到了這一句：「鎮壓可能會得到

① 譯注：「如果我們撤離了，我們就會明天成為香港無線口中的暴徒，他們會拍下立法會裡面的頹垣敗瓦、一片凌亂，指責我們是暴徒。所以我們現在整個運動，是不能割蓆。我們要贏，就要一起繼續贏下去；要輸，我們就要輸十年。我們整個公民社會，是會有十年永不翻身，我們的學生會被捕，我們的領袖會被捕……所以這次我們要贏就一定要一起贏。……我取下口罩，是為了讓大家知道，其實我們香港人真是沒有東西可以再輸了。……」影片參考：https://www.facebook.com/watch/?ref=external&v=2179324875499271

反效果。收編不一定能吸收異議聲音。」而梁繼平最終也成了自己研究的對象。

立法會七一衝突的隔天，我和孩子們離開香港，搬回墨爾本，因為我得準備開學了。在新冠疫情（COVID-19）爆發之前，我總是澳洲和香港兩地往返。每一次回來香港，我都深刻感受到抗議和衝突的壓力不斷攀升。抗議運動迅速蔓延了香港的每個角落，示威人士努力展現著功夫大師李小龍的功夫哲學：「要無形、無狀、如水……水可以流動，也可以摧毀。」在行動策略上，人們可以突然聚集起來，然後再突然散掉，這樣的做法幾年前戴耀廷有跟我提過，他本人現在正因為雨傘運動被關在牢裡。警方開始以公共安全為由，拒絕批准遊行，有時甚至在遊行進行到一半時，宣布該遊行違法。[18]這也意味著，許多以前總是很遵守法紀的人，也開始經常違反法律。

香港日日夜夜都在上演催淚彈扔擲秀，現場煙霧瀰漫，既恐怖又迷幻。催淚彈拖著長長的煙霧尾巴，以拋物線的路徑從半空中落下，蜿蜒地在地上翻滾，爆破四竄的煙霧不斷向上及向外延展，遮蔽了香港摩天大樓林立的街道。在這樣詭譎的煙霧中，一個全新的社會秩序正在崛起。

入夜，被抗議者占領的街道，成了前線示威者的伸展台，每個人臉上都戴著防毒面具，手臂套著黑色尼龍長手套，肩上披著飄逸的黑色披風，腳蹬厚底靴子。印有紅色十字標記的醫護人員在現場巡邏，我甚至看到戴著牧師領的神職人員，他的安全帽上寫著緊急牧靈服務。前線的抗議者被迫成為「滅彈專家」，他們手上戴著的黃色塑膠手套，有時只是普通的洗碗用塑膠手套。這些人想出一套巧妙的方法，撲滅那些有毒的催淚彈。例如他們會將催淚彈從地上操起，丟入裝有少量水的保溫杯中用力搖晃，直到催淚彈無法作用。或是他們會拿交通錐蓋住催淚彈，然後從頂端灌水進去，撲滅催淚彈。

警方卻是用更多的催淚彈和更多的暴力來回應人民。幾週以來，警方朝著擁擠的小巷、商場和港鐵投擲了大量的催淚彈，他們曾單日發射了高達八百發，迅速耗盡了庫存量，以致於開始使用過期四年的催淚彈。[19]到了二〇一九年底，警方總共發射超過一萬六千發催淚彈[20]，完全違反自己訂定的指引和聯合國《禁止化學武器公約》。[21]

七月底，發生了跟二〇一四年旺角襲擊事件相似的事件。在靠近中國邊境的元朗，一群當地三合會人士手持長棍和金屬棒衝進地鐵站內，在車廂中瘋狂地橫衝直撞。身穿白衣的黑道人士專找身穿黑衣的抗議者下手，但最後卻連剛好路過的人也遭殃。報案中心在三小時內湧入二萬四千通求助電話，警方卻在接獲首宗報案的三十五分鐘後才抵達現場。香港人正面臨一個新的現實：受警方保障的公共安全已徹底瓦解。八月底，警方在太子站襲擊了地鐵內的乘客，他們認為這些乘客是遊行結束後回家的示威者。一對年輕夫婦驚恐地緊緊相擁跪在地上，哭泣著懇求警察饒過他們。原本應該保護人民的警察，卻將棍棒瞄準了人民，人民驚駭地發現自己被遺棄了，彷彿腳下的地面被切斷，處在搖搖欲墜的恐怖狀態。

不在香港的時候，我整夜都掛在一個網站上，那個網站同時播映著九個不同地方的直播，每個畫面都在上演著警察暴力，好像警察暴力無時無刻隨時隨地都在發生。我再也無法入睡。當我眼皮支撐不住的時候，腦中就開始放映被恐懼純然包覆的夢境，我夢到長得像風暴兵般的警察正在我身後追殺，我在遍地鮮血的街道上狂奔，沿街都找不到任何人開門讓我躲進去。然而當你發現開始有警察冒充抗議者，現實與夢境似乎以最令人髮指的方式融合在一起，已經分不清楚哪個比較恐怖。某次的抗議活動，我曾看到一位年輕人頭戴一個棕色的麥當勞紙袋。他把自己的臉遮住，避免別人認出他的身分，但他的眼神閃爍，不斷地從紙袋的孔洞四處張望。同一天晚上，我遇到另一位年輕的前線抗議人士，他的黑色T恤上寫著，「#Scaredbaby @嚇死寶寶了」。

在另一次抗議活動中，我採訪兩位十五歲的孩子，他們身穿黑色衣服，臉上蒙著紅藍相間的大手帕。三個月前，他們的週末都在踢足球，現在，他們成了前線的後勤小組，幫忙拆磚頭、築路障，不時還要記得躲避警察。

「第一次和第二次我真的很害怕，但現在我不怕了。」其中一位這樣告訴我。

「我當然會害怕，但我們別無選擇。我們必須站在這裡，為香港而戰。」另一位這樣告訴我。

我曾經懷疑，這些年輕的抗議者之所以來參加運動，是因為覺得來這裡像在打電動。這裡會不斷激發你的腎上腺素，又像某種政治版的「Tinder」，人們可以跟政治立場相近的人見面，甚至建立革命情感，更別說這裡風險極高，充滿刺激。但在跟這兩個人談話之後，我開始為我之前的想法感到羞愧。我問他們，如果得在監獄裡待十年怎麼辦？十年大概占了他們目前年歲的三分之二。其中一位回答我：「我知道我在做什麼。我知道如果我被捕，我將面對的是什麼。但我們是在為自由、民主和正義而戰。」他們只比我兒子大一歲，我一邊跟他們倆聊，一邊回想起我跟兒子一起躲避鎮暴警察的那一天，他汗濕的手握在我手心。

有時候，抗議者會做出一些令人恐懼而且難以理解的暴力行為。八月，大批抗議者湧進國際機場，攻擊了兩名他們認為是中國政府代理人的大陸男子。眾人包圍了這兩名男子，並且毆打他們，甚至用束帶將其中一人綁在行李車上。直到這名男子被打到倒地不起，眾人才停手。後來這名男子被證實是中國官方媒體的記者。第二天，抗議者道歉了。他們站在入境大廳，舉著手寫的海報，上面寫著「我們的警察向我們開槍，政府背叛了我們，社會制度令我們失望。請給我們第二次機會。」不過，北京一位發言人卻稱，這場運動已經開始出現「恐怖主義的苗頭」。

暴力事件愈來愈嚴重，每一次的暴力都引來更加暴力的回應，形成了惡性循環。前線抗議者從一開始只是撿起催淚彈扔回去，變成開始對警察扔磚頭、在街上放火，然後演變成開始扔起汽油彈。因為他們看到了，警察正用暴力的方式逮捕年輕人，將他們摔倒在地，把他們的手扭在背後，壓著他們流血的臉龐在地上摩擦。

我身邊的朋友被逮捕了。某一天，我醒來看到楊政賢被拘留的照片。一個警察正用手電筒照著他的眼睛，他臉色蒼白，神情茫然。他說他都已經躺在地上，但是警察發現他是人權社運人士，竟然對著他的臉跟身體拳打腳踢。[22]幾天之後他才被釋放。這是他第五次被捕。他在推特寫道：「下一次若再被捕，大概會被拒絕保釋吧。然而，當我和我的人民一起戰鬥，我感到更自由。」

抗議運動正在改變香港，而且沒有回復的可能。在親政府和民主派陣營之間，你只能選一個。許多家庭陷入分裂的泥淖，衝突往往出現在世代之間。我自己的大家族就是這種情況。其中在香港跟我們最親的，都是上了年紀的表親。文化大革命期間，他們從中國逃出來，搬去了北角，那裡是親中的大本營。幾十年來，我們一起度過了大大小小的節慶。春節的時候，他們喜氣洋洋地帶著紅包上門拜訪，中秋節的時候一起吃月餅，聖誕節的時候則有成堆的聖誕禮物。

開始出現抗議運動之後，我們家族曾在一家泰國餐廳共進晚餐。我那位當音樂老師的堂姪的太太一進餐廳坐下來，就開始數落抗議者。「他們太幼稚了！」她的口氣非常嚴厲，把我嚇了一跳，因為在我印象中她一直是個和善又有耐心的人。「他們很無知！非常無知！這些年輕人教育很差。這裡的教育體系有問題。他們明明有這麼多賺錢的機會，結果現在搞這個。」這些年紀較大的移民會這樣想，其實並不意外。他們是中國歷史無情浪潮下的受害者，打從心裡害怕政治變得混亂。

她覺得這些抗議群眾都是被寵壞的孩子，讓香港得來不易的安全和秩序陷入危機。中國官方媒體也不斷宣傳這樣的觀點。北京一直強調，社會的不滿聲浪都是源自經濟問題，藉此巧妙地將高房價的問題推到富豪大亨身上。面對這樣的批評，大亨承諾提供土地建設平價的住房，但每個人都知道這跟抗議無關，只是更加顯示他們多麼仰賴北京。

親政府的陣營開始動員起來，組織一系列親中跟支持警察的集會，參加的人大概都來自梁繼平在論文中研究的團體。我曾去過一次。可是我到現場發現他們已經早早散會，明明離原定結束時間還有半小時，卻只剩零星幾個人在舉著布條自拍。布條上寫的是他們學校的名字，或是中國的城市名字。我跟一位科學家聊天，他和我堂姪的太太一樣，都覺得那些出來抗議的年輕人莫名其妙。「他們說他們沒有自由，沒有民主，這不是真的！」他愈說愈激動。他每天都從親北京的媒體上，看到蒙面抗議者對著警察丟磚頭、丟槌子。他認為這根本是恐怖主義。警方需要社會大眾的支持，才有辦法去打擊它。「如果警察用暴力去阻止另一個暴力，這很好啊，沒有問題。」等我們聊得差不多，那裡已經空無一人。垃圾桶裡堆滿皺巴巴的中國國旗，那些親北京的抗議者在拍完照之後就把國旗丟了，一些五星旗上還有黑色的腳印，看來是在人群匆忙散會的時候踩上的。

另一邊廂，抗議運動正在凝聚出一個政治上的香港民族，擁有自己的國歌和戰鬥口號：「光復香港，時代革命！」[23]這個戰鬥口號含意很廣，很難直接翻譯。有些人聽到這個口號，認為是在呼籲恢復香港的自由，有些人則認為是在呼籲香港要獨立。這句口號是一名年輕的本土派人士所提出的。他的名字叫梁天琦，曾因涉入二〇一六年「魚蛋革命」

暴動和襲警被判入獄六年。梁天琦是支持獨立的政黨「本土民主前線」的共同創立人，他在二〇一六年的選舉中被禁止參選。如今這個口號再度被高喊出來，梁天琦也被視為這場新運動的精神教父。

這場運動也開始傳唱起自己的國歌《願榮光歸香港》。這首鼓舞人心的歌曲是一位化名為「湯瑪斯」（化名全名Thomas dgx yhl，又簡稱作t, tdgx）的二十歲音樂家所設計、創作出來的。他將草稿版本上傳到網路上，蒐集網友的意見做修改。有人要求將「光復香港，時代革命」加進歌詞中，他照做了。這種在線上集思廣益，也是這場運動的特點之一，他們不想像政府那樣由上而下的發布指令。這場運動的目標是民主，所以試圖在每個層面都盡可能使用民主的做法。幾天之後，香港各地的遊行或集會上，都開始迴盪《願榮光歸香港》的歌聲：

何以這恐懼抹不走
何以為信念從沒退後
何解血在流，但邁進聲響透
建自由光輝香港

隨著每一次《願榮光歸香港》的演唱，香港民族逐漸找到了自己的聲音。歌曲成了抗議的表達方式之一，有市民開始在購物中心進行快閃合唱。有時，親北京的團體會動員自己人，高唱中國國歌來蓋掉《願榮光歸香港》。這象徵意味不言而喻。

反送中運動正在重新定義何謂香港人，從原本多重身分同時集一身，到後來轉變成砲口一致地拒絕北京將中國的身分認同強加過來。調查顯示，同時認為自己是香港人和中國人的人幾乎不見了；在某段時間，只有百分零點三的十八歲至二十九歲香港人，認為自己是中國人。[24]這不是在哪裡出生的問題，這場運動中一些著名的人物，例如羅冠聰和梁天琦都是出生在中國，但在香港接受教育，這讓我們看見任何擁抱香港價值觀的人都可以成為香港人。

某一天，我在中環皇后像廣場參加集會，那位曾在立法會脫下口罩，後來逃到美國的年輕人梁繼平突然出現在大螢幕上。現場人群紛紛安靜下來，氣氛頓時變得肅穆。在螢幕上的梁繼平說：「**香港人**這個集體身分，其實是活在我們的心內，以及在我們每次抗爭、每日實踐當中。即使與戴著口罩的抗爭者素未謀面，我們亦視之為手足；即使與被告席上的義士非親非故，我們亦稱之為家人。他們犧牲的血汗、自由與生命，都會化成養分，滋潤這個以苦難建成的共同體。」[25]身為一個香港人，不再是基於種族，也不再是基於地理位置，而是一個想像的政治共同體，人們因苦難而團結起來。

這場運動激發了更多想像力，開始出現一些創新的抗議方式。例如一群年紀還小，有時候害羞到連手都不敢牽的男孩和女孩，利用在上課前或午餐時間，進行「pen-zoning」，他們握著筆的兩端，一個接一個連成人鏈，環繞著他們的學校。又例如在獅子山上，一群人串起了長達六十公里的人鏈，每個人還將手機燈光打開，點亮了整個香港。另外還有人發起了「窗邊咆哮」（又名十點鳩嗌、十點鳩叫）的活動，每天晚上十點，各自從自己的公寓往窗外高喊抗議口號。我第一次聽到是在上環某條街上，兩旁是低矮的樓房，突然，我聽到一個虛弱顫抖的男聲喊著：「香港人！」接著街道的另一邊，另一個人自信地大聲喊出：「加油！」我的眼淚立刻奪眶而出。

九月初，林鄭月娥終於撤回了立法提案，但為時已晚。為香港魂而戰的運動已經溢出了香港邊境，世界各地的校園都有香港的支持者跟中國人起衝突。運動氛圍陷入白熱化。我當時答應在墨爾本主持一場座談會，與會者有香港歌手何韻詩、流亡的中國藝術家巴丟草和作家克萊夫・漢密爾頓（Clive Hamilton）。但是在借場地的時候，卻被許多地方以安全為由拒絕。後來好不容易終於確定了地點，竟然收到恐嚇信，使得我們只好在十幾輛警車和騎警的保護下辦完這場座談。顯然即使是在海外，討論香港議題的空間也在縮小。

更不用說在香港本地，情況也變得愈來愈危險。警察不再配戴他們的證件號碼，開始使用新型水砲車，對著抗議者噴灑洗不掉的藍色化學藥劑。而且他們常常針對的是現場的記者。我問過一位記者朋友，變成「藍色小精靈」的感覺是什麼，她說簡直痛爆，「痛到快死掉。」隨著風險不斷升高，我將遮住半臉的面罩，換成了昂貴的防毒面具。[26]我八月戴的時候，還覺得有點尷尬，到了十月，我默默感激自己買下了它。

我已經很習慣被催淚彈攻擊，可是胡椒噴霧卻讓我措手不及。我第一次碰到，是我在銅鑼灣拍攝警方逮捕一名男子的時候。那天是週日下午，剛過兩點，我還來不及穿上防護裝備，突然就有一名警察無預警地朝我臉上噴東西。我看著液體順著我的眼鏡鏡片往下流，然後我的臉、我的脖子、我的手臂開始感覺像火在燒，連T恤下的胸口和後背都在劇烈刺痛，像是有上千隻火蟻在我身上不斷亂咬。我拿起一瓶水不斷往身上澆灌，一邊跌跌撞撞走進附近一家餐館。我在廁所脫下衣服，用水沖洗。如果是被催淚彈擊中，我露在外面的手臂，會像被剝了一層皮那樣刺痛和抽痛。當然我的情況不是最嚴重的。我知道有印尼記者被布袋彈擊中眼睛失明，許多記者遭到毆打、騷擾，甚至拘留。與他們相比，我這點皮肉痛根本不算什麼。很多記者因為反覆接觸催淚瓦斯，後來都生病了。有一個朋友病得很重，必須臥床休息一個月。

對我來說，二〇一九年最恐怖的時刻，莫過於十月一日的中國國慶日。中港兩地的遊行隊伍形成了鮮明的對比：在中國，排列整齊的士兵踏著正步，走過北京空蕩蕩的街道；反觀在香港，來自各方的憤怒黑衣示威者，自發地組織了非官方的遊行，有一些人還戴上了V怪客的面具。這場遊行並沒有獲得允許，但它看起來非常和平，我甚至中途在中環停下來買了一杯珍珠奶茶。五分鐘後我走出店外，街道上瀰漫著新鮮的催淚瓦斯氣味，數十輛警車封鎖了主要的海濱道路。那一天有十三個地方爆發衝突，警方首次使用了實彈。[27]一名十八歲學生試圖用桿子攻擊警察，被警察近距離開槍擊中胸膛命危。[28]後來這名學生倖存了下來，但他人還躺在病床上就被起訴，被控「襲警」和「參與暴動」。[29]

我和一群記者站在灣仔的一條街上拍攝現場實況，一群穿著黑色護具，胸前掛著槍枝，模樣宛如風暴兵的警察，浩浩蕩蕩地朝著我們的方向掃蕩過來。他們近逼到我們面前，然後一名警察抓住一位胖胖的旁觀路人，直接將他逮捕。那個人戴著口罩、穿著黑衣、揹著米色背包。我們將鏡頭轉過去，另一名警察突然用槍指著一名年輕記者，她穿著牛仔褲，螢光夾克和綠色襯衫，就正好站在我旁邊。然後那名警察將槍口輪流對著我們每一個人。我無法呼吸，大氣都不敢喘一口，以最快的速度往後退，雙手止不住地顫抖。我很羞愧自己沒有足夠的勇氣。記者報導新聞的衝勁消失了，我只想著要保護自己。我躲進一條小巷子，試圖避開衝突現場，卻在轉角處，遇到了另一群同樣凶猛的警察。自從發生一名電台記者頭部中傷之後，新聞台不再讓記者上街拍攝了。國際公認的戰爭規範，顯然在這裡並不適用。我該打道回家了。

回程路上，我瞥見一扇金屬門打開，一位老先生探出頭來，往四面張望。在確認沒有危險之後，他又轉身進入屋內。接著，同一扇門匆匆走出了一個個穿著不同顏色衣服的年輕人，他們個個面色蒼白，臉上寫滿了恐懼。我立刻明白，剛剛那名老人一直在幫助抗議人士躲避警察，因為警察專門逮捕任何穿黑色衣服的人。老人與這些人完全素昧平生，卻願意讓他們進屋將抗爭的裝備換掉。老人偷偷摸摸、憂慮害怕的臉龐，讓我想起德國在二戰占領法國的時期，也曾發生類似的情景。對香港人來說，警察已經成了占領勢力壓迫和控制的象徵。

第二天早上，我參加了一場聆訊，總共有九十七名被告，其中包含兩名十四歲的青少年。這是香港回歸以後，史上最大規模的集體審判。[30] 一名人士被控襲警罪，其他九十六人被控暴動罪，最高刑期為十年。聆訊才剛開始就被迫休會；第一批抗議者出現在被告席的時候，還有許多人到當天早上都還沒見到他們的律師。甚至一些案子控方連控罪都還沒準備好，這使得被告律師無法提出合理的辯護理由來爭取當事人的釋放。[31] 法律系統不堪負荷，搖搖欲墜，正當程序幾乎被暫停。數百名黑衣抗議者跑到法院聲援被告，把法院大樓樓下擠得水洩不通。我詢問其中一人是否有認識的被告，他回答：「今天有九十七人出庭，他們都是我的手足和家人。」在這個遭受攻擊的時刻，香港民族正在團結起來。

但是香港人即將以最糟糕的方式發現，他們仍有能力做出真正恐怖的行動。又有一名學生不幸在運動中離世，那之後的一整週，抗議者直接封鎖了道路，干擾公共交通運行。上午一名警察朝一名抗議者開槍，擊中了他的肚子，下午發生一名男子遭抗議者放火，全身嚴重燒傷。接下來的情勢，每況愈下。

十一月，香港中文大學一座人行天橋上，發生了警察和抗議的學生對峙戰鬥了長達二十四小時。這是直接在都市裡正面交戰。警察不斷向學生發射催淚彈，學生則以汽油彈和弓箭等武器回擊。那一週的尾聲，學生轉移到理工大學，封鎖了連接要道的紅磡海底隧道入口。警方圍堵了校園，甚至逮捕試圖離開的志願醫護人員。一些中學校長組成了協商代表團進入校園，根據特赦協議，護送了一百多名未成年學生離開現場。我後來跟其中一名十七歲學生談話，大人們承諾不追究，但他完全不相信。「我在逮捕的名單上，」他告訴我，神情沒有一點畏懼，「我等著。」

這一次毫無疑問是一場激烈的硬戰。抗議者甚至朝校園裡那個五十公尺長的泳池練習丟擲汽油彈。[32]警方的回應是無情地使用催淚瓦斯、橡膠子彈、胡椒噴霧、高壓水柱，甚至出動俗稱「聲波砲」的長距離揚聲裝置。好好一個讀書學習的地方，現在已成了戰場。學生曾試著爬過下水道，或是從天橋降下繩子逃生。衝突持續了兩週，直到落幕之時，已經有一千一百人被捕。這段過程中各種暴力激烈無情地輪番上演，大學裡許多人，包括記者，都出現了創傷後壓力症候群。

就連只是目睹事件發生也讓人如坐針氈，難以忍受。我曾看到警察將一群黑衣女孩送上警車，每個人的手臂都搭在面前另一個人的肩膀上，像在跳奇怪的康加舞。警察為了方便將人上銬，要求人們在街上跪成一排。一名女子只是下樓到自己的公寓大廳察看信箱，就莫名其妙被警察拘留。一名警察垂直投出催淚彈，結果反彈到自己身上，自己吃苦果。這一幕讓我們看得捧腹大笑，看來我們對警方頻繁使用催淚彈已經見怪不怪。然而無論我們對這荒謬的現實多麼習以為常，我們依然不能別開眼去。我們必須繼續見證下去，這樣我們才能了解，並且記住政府做了什麼。

林鄭月娥稱抗議者是「人民的敵人」[33]，這個直接從中國共產黨那裡拿來的詞彙，令人不寒而慄。但究竟誰是敵人，誰是人民，你完全無從得知。在如此渾沌黯淡的時刻，突然出現一道光明。好幾個月以來，政府官員總是在說，支持政府行動的人是「沉默的大多數」。二〇一九年十一月舉辦區議會選舉，提供了印證的機會。選舉結果出爐，事實證明，政府一再對人民的呼聲充耳不聞，支持抗議運動才是沉默的大多數，而且是壓倒性獲勝。全港十八個區議會中，有十七個區原本是親中的建制派主導，都被泛民主派拿下。34 但這並沒有讓一個從未對人民負責的政府做出改變。

在新一批的政治人物之中，有一位沉著自信的藝術家，她的名字叫張嘉莉，留著一顆俐落有形的波波頭。她所在的選區跑馬地，十六年來都一直把持在時任的親中議員手中。出於對政治局勢的絕望，她決定出來參選，跟那位議員的兒子競爭。她告訴我：「我認為我們其實失去了很多，甚至可能失去了一切。」她帶我參觀她的辦公室，是一個狹小的三角形房間，位在建築物的側面。後來，她以幾近百分之十五的得票率之差，贏得了選舉。35

我同意必須繼續抵抗下去，但我也清楚繼續下去的必然結果就是面臨鎮壓，這樣的認知失調讓我內心難以平衡。吃麵的時候，我對張嘉莉提出這個問題。她告訴我，最近她在做一項表演藝術作品，其中有一塊是她要象徵性告別香港。她將自己整個身體都埋進香港的土壤中，面朝著深圳摩天大樓林立的超現代天際線。她說，她透過這個行動再次找到了力量，可以繼續為選舉而戰。「我已經死了，」她告訴我，「我已經走過一遭，所以我有勇氣做任何事情。我知道我不會去自殺，因為我已經死過一次了。」我懂她想表達的意思；

我們已經永久失去了我們過去的城市，以及我們過去的自己。我們別無選擇，只能重新發明一個新的自己。

在香港人開始重新想像和塑造他們的身分認同的時候，熟悉的景象正在慢慢消失。一些中國國有銀行和某些被認為親中的商店，比如星巴克，都開始隱身在白色木製或金屬的工地圍欄後面，門口掛著「維修」或「裝修中」的告示。但實際上，這些國有企業或公司是為了保護自己不受抗議者的破壞。一位朋友評論道：「他們都在地下活動了，跟共產黨一樣。」雖然香港已經回歸中國，但共產黨在香港依然在暗地裡運作。

當商店架起了防護裝置，代表著經濟戰愈演愈烈。抗議運動以經濟作為武器，開始抵制「藍絲」或那些支持警察及支持港府的企業，轉而去「黃絲」或者支持抗議的企業那裡消費。坊間出現了一款名為「和你Pay」（WoliPay）的手機應用程式，可以根據企業的政治立場區分黃藍。港府對此發表大量評論，批評民間亂搞「黃色經濟圈」，不僅荒謬而且罔顧道德。[36]

香港的市容也發生了變化。當局在許多橫跨主要幹道的人行橋上築起了鐵絲網，避免示威者藉這個地方投擲攻擊物。人們走在裡面，宛如置身一個巨大的雞籠，或者監獄。大學校園加裝了驗票閘門，愈來愈多的外國學者和社運人士被禁止進入香港。這座城市被封鎖了，批評北京的人都被擋在門外。

此外，還有更多東西在消失。像是香港每年農曆年都會舉辦的年貨市集。小時候，我們都去維多利亞公園逛市集，採買玩具、桃花噴霧，以及一盆高度及腰的金桔樹。我母親之後會摘下金桔樹結出的果實做成果醬。我和我的孩子繼續延續了這個傳統；二〇一九年豬年的時候，我們買回家的是一隻愛喝珍珠奶茶的小豬玩偶，和一顆看起來像火腿罐頭的抱枕。但到了二〇二〇年，政府下令禁賣乾貨（按：即包括創意產品在內的所有非鮮花類產品），並且禁止擺放政治宣傳產品。[37]有團體仍然執意以身試法，繼續在他們的攤位分享政治相關的作品，但很快就被當局檢舉關閉了。[38]從此以後，再也看不到珍珠奶茶小豬，以及其他有趣的玩意。

某天，我到立法院附近參加一個建造連儂牆的活動。我遠遠看到現場有一些穿著黃色和橘色螢光背心的記者，更遠一點的地方則聚集了一小批黑豹部隊。黑豹是懲教署的精銳應變部隊，專門負責鎮壓監獄暴動和平定城市騷亂。黑豹部隊的成員身上穿著整套防具，包括黑色防彈背心、黑色護膝和墊肩，並且配有致命武器，乍看之下很像在玩角色扮演。他們的防彈背心附有塑膠束帶，腿上套著槍套，背上綁著警棍。那天稍早時候，警方在推特上警告稱，過去六個月，總共有一百個人在連儂牆因犯罪行為被捕。[39]恐嚇確實起了作用。等我抵達時，人數稀少的抗議者已經離開了，牆面沒有貼上任何東西，光禿禿的一片。附近一棵榕樹的氣根上掛著一張便利貼，上面寫著「F＿K police. F＿K government.」（——你警察。——你政府。）

另一天，我遇到一位從事服裝業的朋友。他一直無法從中國進口黑色T恤。雖然還沒有正式禁止，但每個在時尚界工作的人都知道有些東西已被列入黑名單。（有傳言說，便利貼和黃色安全帽也在禁止名單上。）「政府真的太荒謬了，」他說，「他們可以禁止所有黑色服裝，包括黑色T恤和黑色褲子嗎？然後他們就真的認為這樣可以解決問題嗎？真的太蠢了。」不僅語言被消失了，現在連顏色也開始被消失。

在香港最早的幾次遊行之後，這座城市的自我調整能力總是讓我驚嘆不已，它竟可以在一夜之間就擺脫那些混亂，恢復正常。有時候，我過了午夜才搭渡輪回家，當時街上還留守著上千人繼續占領街道，一些穿著黑衣的示威者設置了路障，建造了精緻的竹製圍籬。第二天早上七點，我回去上班的時候，街上已經完全清空了。昨晚發生的一切事情，都彷彿一場幻夢。隨著政府加強禁令的力道，這場幻夢逐漸妨礙到人們的日常生活。大多數人繼續過著他們的日常生活，上菜市場買東西，早餐一邊吃麵一邊看報紙。人們逐漸不再談論某些話題。首先是對催淚彈見怪不怪，也幾乎不再有人批評，再後來是對警方的大規模逮捕感到麻木。一直帶著憤怒的情緒，確實很難正常生活和工作，然而當人們對異常開始習以為常，也逐漸不再有情緒，這種情況非常令人擔憂。

前線的抗議策略不斷在改變。尤其這場運動的效率變得非常高，有一位朋友告訴我，某次集會只花了幾天時間就召集了五萬人。週末的大型遊行開始之前，會有一些小型的快閃活動，例如「和你午餐」，上班族趁午休時間抗議；或是「和你唱」，中學生利用早上時間唱歌抗議。抗議活動正慢慢融入人們的日常生活。

抗議者之間的氛圍也變得比以往更加沉悶，人們開始苦中作樂。有一天，我遇到一群年輕人，其中一些人還在念中學。「非常非常糟糕的事情發生我們這一代身上，」其中一位學生告訴我，「SARS、雨傘運動，然後是這個。」確實如此。一九九七年出生的孩子，被稱為「被詛咒的一代」。二〇〇三年他們幼稚園畢業，畢業典禮卻因為碰到SARS疫情而被取消；二〇〇九年小學畢業，畢業典禮又因為碰到豬瘟而被取消；他們上了高中，最後一年則因為雨傘運動而中斷。現在，他們之中一些人的大學畢業典禮也被取消了。

「你覺得有希望嗎？」我問。

「沒有。」

「一點都沒有？」

「一點都沒有。」

他們所有人都覺得這個運動注定失敗，但這並沒有動搖他們繼續下去的決心。

「我們都站起來了，但我們的背後是牆壁。」一位年輕人說。

「沒有回頭路了。」另一位年輕人說。

「現在基本上只有一條路可走。你要不戰鬥回去，就是被警察抓走，」另一位看起來可靠又開朗的年輕人說。他是前線「勇武派」，用起暴力毫不遲疑。「這不是一般的鬥爭。這是一場戰爭。政府正在使用軍用武器，例如真槍在對付抗議者。我們需要反擊回去，團結起來對抗這個政府。」他已經被催淚瓦斯熏過大概一百次，被胡椒噴霧伺候過五次。我問他們，他們認為運動現在該怎麼做？一位女孩從口袋掏出兩張貼紙，一張寫著「幹你媽的」，另一張寫著「戰鬥到最後一刻」。所有人都大笑了起來。

某一天，我去拜訪ＭＣ仁（陳廣仁）的工作室。那天他穿著白色的實驗室外套和灰色的拖鞋在主持儀式。房間裡原本有一隻他相當鍾愛的巴哥犬，名叫Gudiii。牠幾個月前過世了，享壽十七歲，這個房間如今變得更加空虛。ＭＣ仁曾為他的愛犬舉辦了為期一個月的葬禮儀式，希望牠能夠投胎到更高層次的生命形態。

他的樂團大懶堂（ＬＭＦ），原本打算一月一日的二十週年紀念演出之後就不再創作。結果，他又寫了一首新歌名為《二〇一九》，這首歌已被視為反送中運動的另一首標誌性歌曲。樂團的錄音室位在旺角，數百公尺之外是那個被抗議者攻擊的警察局。一連幾個晚上，他們看著兩方激烈對戰，聞著不時滲進導播室的催淚瓦斯。最後他們錄製了一首黑暗、憤怒的歌，低沉的節拍，令人想起一九九一年上映的《五億探長雷洛傳》的電影配樂，這部電影演的是警察貪腐的故事。歌曲之所以取名為《二〇一九》，也是刻意讓人聯想到喬治·歐威爾的《一九八四》。「香港事實上是一台時光機，」ＭＣ仁一臉開心，像在說什麼祕密一樣湊過來，眼睛睜得大大的，慵懶地對我說，「我們正從一九九七年回到一九八四年。」

有些人認為ＭＣ仁很瘋，一部分是因為他不停地談起別人迴避的話題。我已經習慣他總是滔滔不絕，不時還會翻翻白眼。我始終沒搞懂他究竟是天才還是瘋子；這份懷疑，在我魯莽地讓他用複音打開我第三隻眼之後，甚至變得更加強烈。雖然我也不確定是否相信第三隻眼的存在，但那次的經驗確實讓我非常震撼。這幾年來我發現，無論ＭＣ仁的觀察聽起來有多麼離經叛道，通常隱含著某個不可否認的真理。「一切都是演戲，」他戲劇性地放低音調，把椅子挪近了一些，「我們看到警察偽裝成抗議者開始燒東西。因為他們想拍到暴力畫面，然後提供給中國的電視台。」

他把他滿腔的憤怒化為歌詞：

你有槍又有彈有霧
用血肉之軀對抗　照 fuck the po po
你要攪炒　有排同你玩
催淚彈　驅散　又折返
撐起自由雨傘

這些話語聽起來鏗鏘有力，但即使如此，ＭＣ仁依然認為，他未能完全捕捉到前線正在發生的事情。原本滔滔不絕地語速減慢了，他似乎有點猶豫。「我們的現實狀況遠比歌詞寫的更加嚴峻。這不是音樂，而是在香港的人都看到且感受到的現實生活。他們都**嗅**得到。」

他最怕的是有人去抹除它，他害怕有人抹除了過去，也抹除了現在。在這座城市，抹除本身也成了一種藝術形式。九龍皇帝不斷地塗鴉，直到面臨被抹去的命運。二〇一七年，九龍皇帝又短暫地再次上了新聞。據報導，某個政府承包商在一個電箱刷上白漆，蓋掉了九龍皇帝所剩無幾的作品。在示威抗議活動爆發前，我經常外出巡田水，期待找到更多他的作品。我意外在火車站附近的一堵牆上找到，那堵牆圍著一個上鎖的鐵柵欄，九龍皇帝的字跡上都被塗上了黑點，只留下字跡的邊角仍看得出獨特之姿。我在另一個地方也有找到，九龍皇帝的字跡如幽靈般在一個混凝土橋墩上若隱若現，因為長年日曬風化的關係，幾乎要消失了。大自然也在抹去他留下來的作品。

抗議活動期間，我收到九龍皇帝的朋友鍾燕齊的訊息，他答應與我見面。鍾燕齊這個人很謎樣。五年前我們見過面，他很有禮貌，但有點唐突。他給了我三本他寫曾灶財的書，但隨後就忽略我所有的訊息。與此同時，我交談過的每個人似乎都對他有意見，而且通常是負面的。有一些藝術家參加他籌劃的致敬展覽之後就跟他鬧翻了，我從小道消息聽說，有些人拒絕再和他說話。

曾灶財的另一位主要收藏家劉建威，非常不喜歡鍾燕齊。他指責鍾燕齊故意破壞九龍皇帝的作品。我和劉建威談論起這件事，他變得很氣憤，整張臉漲紅，激動得講話都打結了。他告訴我，鍾燕齊為了創作自己的行為藝術作品，燒掉了九龍皇帝的一些作品。甚至還有更誇張的例子，他指責鍾燕齊抹掉了九龍皇帝一件巨大的壁畫作品。他在作品上面用噴漆畫了一個稜角分明的摩天大樓圖樣，並且以大寫字母寫著「ART IS NOT EVERYTHING BUT WE NEED IT」（藝術不是一切，但我們需要它）。這個行為看起來無疑在刻意破壞，更別說曾灶財的作品已經所剩無幾。劉建威對此相當反感，跑去警察局提出正式投訴。我問他怎麼看鍾燕齊的行為，他只給了我兩個形容詞：「自大。愚蠢。」

鍾燕齊確實相當古怪。他身材苗條，很引人注目，粗黑框的圓眼鏡是他的醒目標誌。他的辦公室宛如一個神奇的童年博物館。天花板上懸掛著裝滿紅白塑膠球的繩袋、好幾綑跳繩用的繩子，和一個老式的木製風箏線捲。旁邊一箱箱的商品堆得老高，擋住了他後面的文具收藏櫃。櫃子上有復古老式鋼筆、新式的橡皮擦和一把把木製的直尺，木尺上塗寫著好幾代擁有過這把尺的學生名字。另一個角落有一些沒有頭髮的大眼嬰兒娃娃，它們穿著粉紅色的連身褲，爬在貨架子上，嘟著嘴、目光呆呆地。鍾燕齊雖然自稱「歷史的圖書館員」[40]，但擁有這麼多玩具的他，其實更像是彼得潘。他其實小時候在一個非常貧困的家庭中長大，直到大學畢業後，才給自己買了一個玩具。鍾燕齊全心全意地經營一個非政府組織，專門收羅多餘的文具，整理之後再轉贈給香港和大陸有需要的人。

雖然抗議運動持續進行中，但鍾燕齊並不想談論政治。他禮貌地說，他對那個一點也不感興趣。因此閒聊了幾句之後，我小心翼翼地提到劉建威的指控，詢問鍾燕齊他是否真的為了製作影片，而破壞了一些九龍皇帝的書法。他高興地拿出那支有爭議的影片。光只是看影片，就讓我非常痛苦。首先是「看見。消失」出現在螢幕上，背景是一堵牆，牆上寫滿了九龍皇帝褪色的書法。一段緊張、鬼魅般的音樂響起，前景是慢動作燃燒的火苗，它的卷鬚正在舔舐一張寫滿九龍皇帝黑色字跡的紙。然後是第二幅紅色書法在火焰中燃燒，羽絨般的灰燼裊裊升上空中。那團火來自一個方形的鐵罐，這個鐵罐是中元節的時候拿來燒祭品的器具。根據中國傳統，那些沒有被妥善安葬，或是被家人虐待的死者會變成飢餓的怨靈，人們要準備祭品來安撫這些鬼魂。這部影片我第一次看，嚇得倒抽一口氣。第二次看，還是被嚇得雙手抱頭。

鍾燕齊似乎被我的反應逗得很開心。他解釋說，他手上有五百多件九龍皇帝的作品，為了讓人們關注九龍皇帝的遺產和影響，他決定犧牲其中幾件作品。我問他，那個惡鬼是不是他刻意使用的隱喻，他點頭。我又問，如果九龍皇帝的魂魄仍在世間遊走，他認為它想要什麼？他回答我：「希望仍有人記得他，仍有人去認識他所做的事情。」

他的策略似乎太違反直覺，而且我很緊張，不知道該不該提起那幅壁畫的事。沒想到，鍾燕齊竟然興高采烈地承認了，但他告訴我，那只是故事的一半。原來在他作畫之前，他先在九龍皇帝的書法上覆蓋了一層塑膠保護膜，結果成功地讓人誤以為書法真的被破壞了。他心滿意足地告訴我。他將他想畫的模板噴在保護膜上，然後拍照。拍完照之後，將塑膠膜撕下來，底下的九龍皇帝的書法字毫髮無傷。

我好奇，如果真的是這樣，那劉建威為什麼會去報警？鍾燕齊咯咯地笑了起來。他說，劉建威只是沒有發現這個「破壞」完全是假的。

然後他跟我分享了他的祕密。他深受九龍皇帝的啟發，所以精心設計了一個任務，前面那兩件事只是其中一小部分。他向我透露，大約二〇一二年曾出現神祕的塗鴉游擊活動，塗鴉者將九龍皇帝的裂嘴笑容圖案噴在電箱上，他本人就是幕後策劃者。這些塗鴉有不同的標題，例如：「誰害怕九龍皇帝？」「我是一九二一至二〇〇七年的皇帝」。鍾燕齊自豪地說：「我有不同的版本！」模板和噴漆工具總是放在車子上，他感覺對的時候，就在電箱或牆上噴一幅畫作為紀念。但是噴漆的位置並不是哪裡都可以，他只在九龍皇帝字跡出沒過的地方噴漆。我懷疑有多少人懂這個連結，但鍾燕齊並不在乎。「我不會說這到底是不是在搞藝術，」他說道，「我只是想做些事情，讓人們不要忘記，我們以前還有皇帝。」

我有點不知所措，因為原本我來之前已經準備好，要跟鍾燕齊對質破壞公物的事情。但最大的驚喜還在後面。我準備告辭，鍾燕齊陪我走到電梯口。這座電梯是老式的吊籠電梯，有兩扇水平的門，電梯操作員需要同時將門拉上拉下，才能讓門順利拉到中間相接。「你趕時間嗎？」鍾燕齊隨口問了我，「你有五分鐘的時間嗎？」他跟著我一起跳進電梯，我們一起下樓。當我們抵達一樓，他大步穿過大樓的裝卸貨區，當他拐個彎沿著一條非常大的街道走去時，他加快了腳步。他一句話也沒解釋，我在後面努力地跟上，然後他驚險地閃過汽車，慢跑穿過一條公路。後來我們到了一個中央分隔帶，他爬上堤岸。在我們前方有一片矮樹叢，樹叢的後方是高架道路的圓型橋墩。我簡直不敢相信自己的眼睛。

橋墩覆滿了九龍皇帝的書法字。而且字體漆黑粗壯，看起來狀態極佳，不像我之前找到的都已經灰灰花花的、被陽光曬到褪色了。這整片書法字跡範圍大約有一平方公尺，比其他在野外發現的作品都要大上許多，而且狀況也更好。九龍皇帝的作品稀少，又價值不菲，這幅作品肯定非常值錢，怎麼可能有辦法留到現在，而完全不被發現呢？正當我思考這個問題時，我注意到作品的邊緣還有油漆覆蓋的痕跡，很難說這幅作品還有多少被覆蓋在油漆下面。

原來，這就是鍾燕齊正在進行的大計畫。我不敢置信地瞪大眼睛望著他，他一一解釋給我聽。鍾燕齊說，他以前常陪著九龍皇帝在柱子上塗鴉，然後他會將作品的位置記錄在一份試算表中。他也會記錄哪個位置的作品後來被政府承包商給漆上了灰漆。現在，他制定了一套策略，依序刮除那些灰漆，讓下方的書法再次顯露出來。這項工作耗時而繁複，光是眼前這根柱子就花了他一個多禮拜的時間。一等整幅書法作品重現天日，他就會刷上一層透明保護油，然後他會在上頭再覆蓋一層新的灰漆，避免讓任何人發現。他一點一點揭開祕密，臉上漾起了笑容，得意洋洋的樣子像極了偷藏聖誕禮物的小孩。

看著這樣隱密又令人費解的修復手法，我感到既困惑又驚訝，一時說不出一句完整的話。我很難理解鍾燕齊為什麼要花這麼多心思，重新蓋住這些書法作品。他說：「這是因為，我覺得現在這個時間不太適合，讓所有作品展現在公共空間。」他擔心港府沒有保護九龍皇帝作品的決心，很有可能最後會讓所有新出土的作品，都淪落被抹除的下場。他沉重地告訴我：「他們有很多藉口。例如他們會說這是**溝通失誤**。」當初彩虹邨的作品被破壞的時候，官方就是搬出這個說法。鍾燕齊確實「破壞」了作品，但這麼做都是為了好好保護作品。

此外，鍾燕齊向我透露，現在看到的部分還只是他計畫最新的進度。十年來，他借助試算表，有計畫地緩慢讓九龍皇帝那些被油漆隱沒的作品重現光明。他小心翼翼地刮除最上層的油漆，仔細地修復它們，然後再次刷上油漆。他說他已經修復了六件作品，而且動工時間都挑九龍皇帝過世週年前後，每年修復一件。他正在建造一個只有他知道的、九龍皇帝作品的祕密博物館。這是我見過最古怪、最神祕，也最令人驚奇的保護行動。

我不知道該如何查核這個計畫是否為真，但在離開前，鍾燕齊和我分享了另外兩件作品的位置，一件露出了一部分，另一件是完整的。兩個地方我都去了，作品的狀態跟他說的一模一樣。第一個地點是在山頂纜車的車站——他剝下一塊白色的油漆，露出底下的九龍皇帝作品，彷彿在逗弄著路人。這件作品被人發現，還上了報紙，劉建威甚至跟我分享過。我將這件事告訴鍾燕齊，他滿意地笑了笑。另一件作品比較大片，地點位在觀塘警署對面的水泥牆上。五年多前，我曾去過那裡，但什麼也沒找到。這一次，我看到牆上一大面的油漆被刮掉了，整幅書法字就橫臥在牆上，大大小小的漢字相互擠在一起，甚至還有羅馬數字。旁邊一個排水管塞了一把舊舊的油漆刮刀，這是鍾燕齊在這裡工作的證據。

像這樣破壞和修復的循環，每一天都在這座城市的牆上反覆上演。香港的牆壁和柱子上，總是布滿新塗上的灰色方塊，這些灰色方塊常常又被疊上白色、黑色、深灰色的方塊。電車站的廣告牌子被保護用的塑膠布包裹著，結果塑膠布依然沒能逃過被人用黑色油漆亂塗鴉的下場，彷彿剛剛有個發脾氣的巨嬰路過。然後政府當局就會找人塗掉這些政治性塗鴉，因為他們認為這些塗鴉不應該出現在公眾視野。有時候，政府承包商非常仔細地塗鴉將這些字一個一個塗掉，但這麼做反而讓每個字變得更加顯眼。人們依然可以讀得出，原本高速公路分隔島上寫的是「光復香港，時代革命」，也依然隱約可以辨識出，原本電車站台上寫的是「香港人」。他們讓我想起了街頭塗鴉大師巴斯奇亞曾說過一句話。他說：「我塗掉文字，是為了讓你們看到更多。」[41]香港的統治者從來學不會這個教訓。打從九龍皇帝的時代開始，他們就一直沒搞懂過。

後記

若我們真是有罪，那麼我們的罪名就是在香港這艱難的時刻仍敢於去散播希望。入獄，我不懼怕，也不羞愧。若這苦杯是不能挪開，我會無悔地飲下。

——戴耀廷

中環那裡有一堵牆，一堵毫不起眼的黃灰色石牆，一百公尺高，二十五公尺長，歷經了幾十年的人來人往，牆面磨損得相當嚴重。我時常路過它，並沒有注意到什麼特別之處。直到某一天，有人告訴我這堵牆的奧祕。某個剛下過暴雨的悶熱午後，這堵牆宛如被施了魔法，幽靈一般的字跡在昏暗的光線下若隱若現。

已故的九龍皇帝在這條長長的牆面上留下了一封信，主張自己才是領土的擁有者。想當然，這些字跡很快就被政府的工作人員蓋上一層油漆，跟其他地方一樣，但是這個地方卻發生了一件意想不到的事。原來九龍皇帝在這裡使用的墨汁，是鍾燕齊特別調製而成的，他添加了壓克力顏料或油，使得墨汁變得非常黏稠。長年的風吹日曬帶走了九龍皇帝的字跡，在斑駁的淺灰色牆面留下深色的字形印記。這些印記在平時並不明顯，但是每當下雨過後，九龍皇帝的字跡會像照相底片一樣，隱隱約約地又浮現出來。

二〇一五年我發現了這堵牆，還帶陳淑莊去現場看。陳淑莊是一位律師和立法會議員，也是公民黨的創黨人之一。她的外型亮麗如明星，堅定又自信，總是積極主動地與選民互動，並常以引人注目的行動表達政治立場，像是某一次為了抗議中國強加選舉規則，她剃光了自己的頭髮。二〇一〇年，她曾要求立法會對公共空間現存的九龍皇帝作品進行正式調查，並且譴責政府沒有妥善保護他的作品。[1]我跟她約喝咖啡，地點就在那面牆附近，我告訴她那面牆的故事，她眼睛立刻亮了起來，表示想要立刻去看看。

那天剛剛下過雨，牆面摸起來潮濕而溫暖，天氣悶熱濕度又高，牆面幾乎在冒蒸氣。

陳淑莊不顧自己今天穿著高跟鞋，和印有橙色、粉紅色花朵的潔白裙子，直接跪在人行道上，湊近牆面仔細查看九龍皇帝的真跡。「這邊有個『大』字，」她興奮地叫出來，「還有『天』！有趣！」一群西裝筆挺的商人恰好從旁邊走過去，他們正忙著講電話，經過我們的時候放慢了腳步，疑惑地看著這位有名的政治人物正蹲在地上，對著一堵光禿禿、空無一物的牆面尖叫。

陳淑莊每天在她辦公室和立法會之間往返，不知經過這堵牆多少次，卻從沒有注意到過。中環是香港政治和經濟的心臟，九龍皇帝竟有如此能耐，將自己的作品隱藏在這樣繁華矚目的地段。他的遺產早已深深地織進了這座城市，跟那些抗爭口號一樣，成為這座城市精神的一部分。他的作品是否被人看見，已經不再重要。「這幅作品是香港歷史的一部分，」陳淑莊撫摸著牆面上遺留的字跡說道，「它是我們的一部分。」

自從我們一起探索那堵牆之後的幾年裡，陳淑莊的生活發生了許多變化。她當選了立法會議員，但後來因參與占中，被控以公眾妨擾等罪名，與陳健民、戴耀廷一同列為占中九子，不過由於她長了一顆比乒乓球還大的腦瘤，需要接受手術，所以並沒有入獄。[2] 陳淑莊曾經寫過一本書，書名是《邊走邊吃邊抗爭》，但後來，這本洋紅色的平裝書突然就被圖書館下架了。[3]

二〇二〇年六月三十日午夜之前，香港實施了嚴峻的《國安法》，當時也是一年一度紀念香港回歸週年的示威遊行前夕。陳淑莊的書是第一批受害者。新的法律禁止煽動叛亂、顛覆、恐怖主義、與外國勢力勾結，但這些罪行究竟如何定義，並沒有任何明確的指導方針。它推翻了現行的「小憲法」《基本法》，還針對危害國家安全的犯罪制定單獨的法律框架，理論上允許嫌疑人在中國大陸受審。這是北京對二〇一九年大規模抗議運動的回應。當初引爆運動的導火線就是送中問題。

《國安法》制定的方式，本身就顯示北京對香港人持續的漠視。這件事已經非常清楚，北京不會遵守讓香港維持五十年不變的承諾。三年前，北京輕率地否認了當初歷經兩年漫長談判、非官守議員為此備受煎熬的《中英聯合聲明》。中國外交部發言人不屑一顧地稱，這是一份不具有任何現實意義的歷史文件。[4]然而這一次，《國安法》在生效之前，沒有任何香港人看過內容，就連林鄭月娥本人也沒有。這部法律就這樣直接列在《基本法》的附件中，讓北京可以完全無視香港體制，以及他們要求的正當程序。

人們都說，這是第二次主權移交，也是真正的移交，香港人最擔心的事情終於發生了。自香港人大規模抗議《基本法》第二十三條立法之後，北京等待香港制訂自己的國家安全法，已經等了十七年，如今他們已經失去耐性。在法案生效之後，中國恐怖的國安機構立刻在深夜時分徵用了一家旅館，作為中央人民政府駐香港特別行政區維護國家安全公署的辦公室。港版《國安法》落地第一天，就有十名參加七一遊行的民眾因涉嫌違反《國安法》被捕，包括一名揮舞香港獨立旗幟的十五歲女孩，和一名在摩托車後面掛上「光復香港，時代革命」布條的騎士。[5]這名摩托車騎士後來成為《國安法》首宗罪名成立的案件。自那天起，原本最受歡迎的抗議口號變成了違法的行為，少數還留著的連儂牆也被匆忙地拆除。我曾在街上看到有人高舉白紙抗議。人行道上站著八個人一字排開，每個人手上高舉著一張空白的紙，那個景象一直深深記在我腦海裡。這些人只能這樣表達對審查制度的不滿，因為這是他們能安全「喊出」那八字口號的唯一方式。語言也開始被消失了。

幾天後，圖書館的書籍也消失了，包括陳淑莊的書。她並不知道是什麼原因，但她懷疑跟中文書名《邊走邊吃邊抗爭》有關。「到底是因為**抗爭**這個詞有問題，還是因為我的名字陳淑莊，還是《國安法》之後我整個人的存在也成了問題？我沒有答案。」[6]法律上的模稜兩可，讓人根本無法自我保護，愈來愈多人跟她有同樣的擔憂。「你不知道什麼時候會踩進這些陷阱，甚至不知道什麼時候會觸碰這些紅線，因為紅線到處都是，而且不斷移動。」[7]某所大學裡有一面牆名叫「民主牆」，但是上面卻空白一片，還被人用塑膠路障圍了起來，象徵寓意令人不寒而慄。民主事實上已經成了一個禁區。這片空白正愈擴愈大，不僅吞噬了文字和書籍，還吞噬了思想和人們的思維方式。

北京的最終目標是拿到全面主控權。它撕下了虛假的面具，做出的事情都在摧毀自己提的一國兩制方案。北京強加施行《國安法》，一舉破壞它曾經承諾給香港的高度自治，排擠了香港的司法機關，還取消了香港的法治。這就像建築工人為了修理一個漏水的水管，不僅拆掉了整個房子，還犁平了地基下的土地。

接下來，政府以防疫安全為由，禁止超過兩人的聚會，並將立法會選舉延後了一年，希望避免重演二〇一九年區議會選舉泛民主派取得壓倒性勝利。港府加快了逮捕速度，法律有時甚至溯及既往。光是高喊抗議口號，就會被視為「發表煽動文字」。[9]遊說外國對香港和中國實施制裁，會被控以「勾結外國或境外勢力」。[10]有時候，當局似乎正在對語言本身發動戰爭，而且戰場擴及全球；北京堅持它將在全世界執行《國安法》，甚至指控非香港居民，或甚至不在香港的社運人士。

此舉造成的影響非常劇烈而且立竿見影。我之前是數十個Telegram群組的一員。香港人在這些群組裡溝通和計畫抗議行動，訊息通知從沒有停過，我的手機無時無刻都在嗡嗡作響，但如今，全部都安靜了下來。人們非常害怕中國的網路監控能力，紛紛關閉了自己的帳戶，並要求聯絡人刪除他們的聊天紀錄。他們擔心自己在臉書和推特上發布的內容觸法，開始刪除這些發文。這比自我審查還嚴重。在這個數位時代，竟然開始出現大規模的自我取消行為。

更棘手的事情還在後頭。一直以來，港府官員被認為是沒有色彩但能幹的官僚，他們備受尊重和信任，他們出色的行事效率讓這座城市能夠運轉順暢。但是如今，最高層級的官員在新聞發布會上經常講出荒謬、無恥、明顯捏造的謊言，上梁不正就莫怪下梁會歪了。

最差勁的代表非林鄭月娥莫屬，她每次的公開聲明都充斥著謊言。[11]二〇一九年十二月，明明警方出手禁止民眾舉行示威遊行，她依然堅稱香港的自由沒有任何一點受損。二〇二〇年九月，她甚至認為香港的行政、立法和司法並不是「三權分立」，而是「三權分工」。[12]香港中學生教科書當然不是這麼寫的，但是林鄭月娥卻說這些教科書需要重新編寫，才能糾正這持續多年的誤解。[13]二〇二一年三月，北京直接改寫了香港的選舉制度，不僅大幅減少直選席次，還允許警方國安處對選舉候選人進行審查，而林鄭月娥本人卻認為這是朝更民主的目標邁進。[14]香港不僅面臨過去歷史被修改的困境，就連當下真實發生的現實也遭到改寫。

她很清楚自己說的話不是事實，而且她知道每個人都知道她在說謊。現實上演的大規模煤氣燈效應，赤裸裸地展現權力，迫使人們吞下明顯自相矛盾的說法。而且不光如此，這些行為都是在企圖混淆香港人對自我的認知，讓香港人開始對現實和知識的本質產生懷疑。這是威權政府慣用的手法，而且歷史告訴我們這很有效。過去中國共產黨就改寫了一九八九年六月四日天安門大屠殺，如今類似的狀況也正在發生，著實令人驚駭。

當年，中共曾發動一系列大規模的宣傳活動，試圖一步一步地改變敘事。首先，共產黨不斷向民眾宣傳，當天晚上不是和平抗議，而是一場反革命暴亂，明明大批民眾都親眼目睹了實況，它仍試圖重寫那一刻的記憶。然後隨著時間推移，宣傳單從圖書館漸漸消失，電視台也不再播放逮捕逃犯的場景。沉默噤聲主宰了整個社會，先是慢慢侵蝕了那些植入的記憶，然後將這些記憶徹底抹去。

黨國體制在這方面成效驚人，許多年輕的中國人對一九八九年六月四日發生的事情一無所知。我在撰寫《重返天安門》那本書的時候，才赫然發現同一天在成都也發生了血腥鎮壓。但是這段歷史卻鮮少人知曉，跟香港在一八九九年發生的六日戰爭一樣都被抹除了。我知道這種抹除歷史的手法，在共產主義的中國司空見慣。但我從未想過，同樣的過程會發生在香港。尤其香港人普遍教育程度高，與世界的互動相當頻繁，是個相當全球化的城市。

香港反送中運動展開的時候，我本來並不想將它與天安門鎮壓相提並論，可是我不斷看見相似之處。比如最開始的時候，林鄭月娥將大部分和平示威活動描述為「暴動」[15]，就讓我想起了一九八九年那篇《人民日報》的著名社論，將學生抗議稱為「動亂」。這些定調的行為，儒家稱為「正名」，也就是要確保一個事件有正確的名稱，以此表明正確的政治立場。當香港官員抨擊那些抗議活動的幕後黑手是境外敵對勢力，我注意到「黑手」這個詞就是從天安門事件來的。雖然沒有軍隊壓境向人民開火，但是警察以警棍毆打抗議者，讓我想起了成都抗議遭受的恐怖鎮壓。當年成都的抗議活動不是以坦克鎮壓收場，而是由「人民武警部隊」持著警棍、動用高壓水槍進行暴力鎮壓。而在香港街頭，警方的武器升級了，動用的是噴出藍色化學液體的水砲、聲波砲，和大量的催淚瓦斯。雖然警方的武器裝備不可同日而語，但是戰術如出一轍，同樣都會暴力毆打抗議群眾。

反送中發起的一年後，我在墨爾本參加了由香港社群舉辦的六四燭光悼念活動。主辦者搭建螢幕投影一段集錦，其中閃現了一九八九年北京和二〇一九年香港的國家暴力場景。我看見一名香港警察輕易地折斷一名躺在地上的抗議者的手臂，然後下一幕是大規模逮捕場景，一排排年輕人跪在人行道上，雙手被綁在背後。然後你會聽到棍子擊打肉身的碰撞聲，警察正用警棍猛烈地攻擊抗議者的頭部。那個時刻實在令人作嘔，但也是在那個瞬間我突然意識到，這些場景我都寫過，都是我採訪的目擊者與我分享過的，在成都發生的事。現在，一樣的場景也在香港上演，連續好幾個月，日日夜夜不斷重複。

香港，一直是中國境內唯一可以舉辦六四紀念活動的地方。二〇二〇年，香港六四燭光晚會首次被禁止了，理由是為了防疫。但儘管如此，當天依然有香港人到場，因為每年的集體悼念已經根深柢固，成了一種本能，除此之外他們不知道還能做些什麼。他們邁著步子來到維多利亞公園，一群一群維持社交距離，安靜地坐在地上；也有人相偕到社區的公園，不同地方的人自發地集結在一起共同哀悼。這是個巨大的轉變，因為近年來許多香港年輕人拒絕參加六四燭光晚會，因為他們認為，中國那麼久以前發生的事情與他們的生活沒有關係。但是如今無可否認地，三十多年前發生的事，對香港人來說成了一個恐怖的警鐘。陳健民這麼告訴我：「現在我們也面臨類似的鎮壓。一九八九年只花一個晚上，但在香港，我們用了九個月的時間經歷鎮壓。這不再只是一段歷史，而是現在正在發生的事。」

在那次的守夜活動上，我第一次聽到一個新口號：「香港獨立！唯一出路！」這個運動正在推翻所有過去神聖不可侵犯的觀念。幾乎沒有人認為香港有辦法獨立，但是話語的力量在於他們表達出團結、對抗和拒絕共產中國。

到了二〇二一年，當局威脅參加悼念活動的人將面臨五年有期徒刑。但其實一些著名民主運動人士，早已因為出席二〇二〇年的維園六四燭光晚會，而被判處長達十個月的刑期。我的書也被列為敏感書籍，被人從公共圖書館的書架撤下，轉移到參考圖書館去，不再提供民眾借閱。現場部署了七千名警察，將公園團團包圍，防止人民進行任何集體紀念活動。這一次，香港人依然不願接受威脅。晚上八點九分，歷年來點燃蠟燭的時刻，群眾自發地到公園外圍集合，繞著公園走一圈，有些人還是拿出蠟燭，或是高高舉起自己的手機，亮起手機燈光。街頭也開始出現新的塗鴉，比如有人潦草地在大樓的支柱上寫下「六四」。有人在一面鮭魚色的牆面，噴上一幅黑色的蠟燭輪廓，下方寫著「民心不死」。後來雖然當局匆匆地蓋上黑色塑膠袋，但依舊無法完全遮掩住蠟燭的塗鴉，火焰並沒有熄滅。[16]

有時候我會想起，多年前我和一位律師朋友共進午餐，他在提到一位著名香港人的時候，用「異議人士」來指稱他，但話才剛說出口，他停頓了一下，然後修正自己的用詞，「不是異議人士，」他改口說，「是一位民選議員。」中國的各種行動已經讓許多香港人變成異議人士。這些行動不斷地製造出流亡者、政治難民，甚至更誇張的還有船民。第一個案例是十二名年輕人，最年輕的只有十六歲，他們因涉嫌參與抗議活動被捕，於保釋期間試圖搭快艇逃往台灣。這些逃亡者在中途就被中國海警攔截，並送往中國拘留數月，然後被指控非法越境。香港，過去是一個為越南船民和天安門學生領袖提供庇護的避難所，現在卻成了人們逃離的地方。

這一切變化的速度太快，快到我們幾乎來不及記錄下來，又有更糟糕的事件發生。立法機關的命運就是很好的例子。四名溫和的民主派議員因呼籲美國應以捍衛人權為由對中國官員實施制裁，結果遭到褫奪議席，理由是「危害國安」。[17]其餘十五位民主派議員為表抗議，隨後也宣布集體辭職。[18]就這樣，反對派自此消失了，立法會徹底改變。林鄭月娥發表施政報告時，議會台下異常的安靜，議席上的議員都來自親港府派，有的在座位上打瞌睡，或是看著別人打瞌睡的照片。有人甚至利用空檔跟餐廳訂了昂貴的大閘蟹晚餐。香港的政治結束了，原本充滿活力的立法會，如今成了一個橡皮圖章。為了做到萬無一失，北京大改香港的選舉制度，確保只有「愛國者」可以競選，規定候選人須經過警隊國安處的審查，並且減少了直選席位的數量。一名政治人物評論道，北京現在有「百分之百的把握」，可以在香港取得自己想要的結果。[19]

很快地，隨之結束的是香港的新聞自由。七十多歲的《蘋果日報》創辦人黎智英，背負著危害國家安全等罪名出現在法庭上，他不只雙手被上銬，腰上還纏繞著鐵鍊。[20]他的罪名之一是「勾結外國或者境外勢力危害國家安全」，據稱證據是他在社群媒體上的發文，以及接受外國媒體的採訪。[21]二〇二一年六月，《蘋果日報》一批包括社論主筆在內的高層，因涉嫌危害國家安全被逮捕，爾後報社資金又遭凍結，被迫宣布停刊。它印刷的最後一份報紙，頭版頭條寫著：「港人雨中痛別，我哋撐蘋果」[22]，標題底下是一張照片，照片中的人群湧向報社，揮動手中的手機燈光，向大樓內正在製作「訃聞」的報社員工致意。這座城市人口七百五十萬人，這最後一份報紙總共印刷了一百萬份，並且全數售罄。第二天，報社在網路上的所有資料都消失了。北京動用武力牢牢控制了敘事，其他對歷史的不同觀點或解釋，如今處境都變得非常危險。

網路自由逐漸在收緊，一些網站被以國家安全為由關閉。[23]現在的公務員得宣誓效忠政府，過去一向受珍視的中立性全都在此告終。[24]學校有老師被判終身不得任教，有人是因為在課堂上「扭曲」歷史，有人是被控在教材中散布「港獨」訊息。[25]各種自由不是被蠶食或侵蝕，而是被粗暴和見獵心喜地推倒和踐踏。人們試圖尋找集體退出的方法，同時資本也在外逃。

在法令的要求下，香港被中國鋪天蓋地的國家安全需求吞噬了。一個原本相當自由的社會，在一夕之間變成了威權主義社會。

每一天都收到更壞的消息。身邊的朋友和受訪者一個接一個被逮捕，速度快得驚人。曾經發生一天之內有超過五十人被圍捕和拘留，原因是他們參與由民主派舉行的立法會選舉初選。他們遭遇了通宵達旦的馬拉松式審訊，期間無法進食，結果有八名被告不支倒地被緊急送醫。中國法律研究專家孔傑榮（Jerome Cohen）在一篇文章中抨擊，這是一場「令人髮指的，對司法正義的嘲弄」。[26]最終結果是四十七人被控「串謀顛覆國家政權」，一旦罪名成立可判終身監禁。[27]這一切都在在顯示了，在中共的眼中，香港的體制和受體制保障的各種自由，已對其國家安全構成了威脅，因此它試圖利用《國安法》來拆除這些自由。

這四十七人之中，有占中發起人戴耀廷，和一直站在警察和抗議者之間的政治家楊岳橋。其中一些人出庭的時候，還持續拿著抗議標語。他們在這場危險的遊戲中失去了一切，唯獨只剩下思想自由，這是即使坐牢也無法被拿走的東西。戴耀廷二〇一八年在占中九子案的法庭上做結案陳詞，如今依然適用於新一代的政治犯：「若我們真是有罪，那麼我們的罪名就是在香港這艱難的時刻仍敢於去散播希望。入獄，我不懼怕，也不羞愧。若這苦杯是不能挪開，我會無悔地飲下。」[28]

一名立法會議員因使用大聲公呼喊，導致警察耳朵不適，被裁定襲警罪成立。[29]一名公車司機在抗議期間，對著警察按喇叭，被控「涉嫌危險駕駛」，須進行一百小時的社區服務。[30]五名語言治療師因出版了包括《羊村守護者》在內的繪本，被以「串謀刊印、發布、分發、展示或複製煽動刊物」的罪名起訴。[31]這些指控有時荒謬得可笑，但是當我在社群媒體河道上不斷看見熟悉的面孔，一臉茫然而蒼白的被護送上警車，就一點都笑不出來。

國家安全教育大行其道，緊緊掐著各級校園的課程規劃，就連生物科和地理科也有國家安全教育課程框架。歷史書籍被改寫，一路改寫至西元前二二〇年，就為了強調香港自古以來就是中國領土的一部分。那些勇敢站出來質疑官方立場的教師，都被取消教師資格。親北京的政客和企業大亨愈來愈常出來呼籲，所有課程應該都用普通話教學，否則世界局勢發展迅速，中國經濟發展不可能停下來等香港。[32]曾參與組織二〇一九年大規模抗議運動的民間人權陣線，於二〇二一年宣布解散。警務處處長聲稱，將調查其二〇一九年的抗議活動是否違反《國安法》，但明明《國安法》是二〇二〇年才生效[33]，這項法律似乎可以完全不顧時空脈絡。這場針對香港文化的戰爭正如火如荼，快速且猛烈地全面性攻陷香港，徹底打擊香港人的意志和反抗能力。

香港不再是一個同時存在兩個世界的城市，而是一個人們集體逃離的城市。二〇二一年八月，香港新修「入境條例修訂案」生效，港府可以限制任何人從香港出境。現在就連離開的自由也沒有了。對香港人來說，每一天都在面臨一連串大大小小的失去，但是其中最毀滅性的，莫過於他們失去了未來。過去很長一段時間，香港一直是個無拘無束的城市，只要你能想像得到的，它幾乎都能做到，而且總是不斷地在發展，不斷地填海造陸向外擴張，不斷地蓋起高樓大廈與天空競逐。在政治上也是如此。香港的政治局勢一直是個不可能的思想實驗，但它卻奇蹟般成功地運作了一段時間，直到它開始瓦解。從小到大我們總是認為自己擁有中西兩個世界的優勢，現在我們卻被困在完全另一個宇宙之中。我們想像了這個不可能存在的城市，並且將它變成現實，但如今我們難以想像它的未來將會如何。回家的路已然幻滅；家已經不存在了。

那段在街頭遊行的日子改變了我們。夏日的熱氣蒸騰，正午的太陽從高樓大廈的玻璃窗折射過來，我們將六車道的快速道路擠得水洩不通。每個人都大汗淋漓，並且感受到集體想像力化為現實的力量。即便結局已經有人幫我們寫好，我們依然勇敢地書寫自己的故事。那段上街抗議的日子，如今回想起來，宛如一場狂熱的夢境，既美麗又恐怖的令人難受。

某一天，我在一個盒子裡找到一個紀念品，是我早期遊行的時候買的。我將它展開來看，眼前的圖像讓我的心中一震。那是一面奶油色的旗幟，上頭印著鳥兒飛翔在藍綠色雲彩之間的圖案，旗幟的中央以黑色塗鴉風格字樣，大大寫著「百分之百的自由」。旗幟的右下角寫著一段英文字「Let us stand up as Hong Kongers.」（讓我們以香港人的身分站起來。）我感覺，這面旗幟在對我說話，對我的記者身分說話。站起來吧，而不是跪著或是蹲著，也不是拿著報導中立當方便的擋箭牌。在道德要求表明立場的情況下，一味抬著中立的大旗，是一種懦弱。好比一個出海捕魚的漁夫，不可能對著眼前逐漸逼近的颱風保持中立吧；他若想保住自己和自己的小船，必須想辦法不讓自己被滔天巨浪給吞噬。但是，只有他愈靠近風暴，才愈能描述真實的情況，比如呼嘯的狂風、刺骨的暴雨，以及海浪上下翻騰令人暈得想吐，並且見識到那股摧毀一切的巨大力量。

我在英國廣播公司工作時，我們經常談論「旁觀式報導」（standback pieces）的價值。記者不帶有任何個人意見，以置身事外的方式進行採訪報導。但是無論是身在何處的香港人，沒有人可以置身事外。他們根本無法逃避，只能恐懼地目睹自己的家園被摧毀。在面對香港政治動盪時袖手旁觀，背叛了我身為香港人的責任，但是站出來表達立場，則背叛了我身為記者的職責。因為精心拿捏距離以及保持中立，是身為新聞工作者的職業道德。然而，真要說哪一個才是最誠實的方式，我還是選擇站了出來。

這種時刻，我早已放棄了我原初抱持的新聞使命。在我踏上九龍皇帝的追尋之旅後，那些曾經對我至關重要的原則問題，都變得不重要了。我至今仍不確定，九龍皇帝究竟是否有精神疾病，我也完全無法證實，他主張自己擁有土地的這件事是真是假。對我來說，九龍皇帝宣示土地主權，在道德上是合理的，又極有象徵意義。他的領土主張內容為何並不重要，重要的是這個虛構主張後來如何化為真實。我們這位瘋狂的老皇帝，擁有無比的想像力，他的想像力延展在郵筒、路燈、路緣、牆壁這些我們時常忽略的地方，幫我們把潛藏在我們意識之下的情感表達出來。

他的想像力也成了我們的想像力，因為我們把他變成了他夢想成為的君主。我們為他書寫頌詞和訃聞，將他寫進詩歌之中，將他的作品融入壁紙設計和威士忌的品牌。即使變成了商品，無論是印著他字跡的時尚運動鞋，還是星巴克牆上的偽墨寶，他那顛覆性的主張依然對著我們喃喃低語，持續影響著我們。

九龍皇帝憑藉強大的意志，宣布自己擁有香港的主權，我們也開始被逼著思考自己如何看待主權的問題。但如今我們的夢想違背了法律，我們的國歌和口號都被禁止，我們的想法在萌芽之前就被扼殺。現在我們所有人都是九龍皇帝，我們被剝奪了身分和歸屬，只留下失落和惆悵。

話說回來，大眾其實對九龍皇帝的作品看法依然眾說紛紜。香港耗資數百萬美元打造的M＋美術館，終於在二〇二一年十一月開幕，首個專題展的第一件作品就是寫在兩扇大木門上的九龍皇帝的塗鴉。策展人彭綺雲表示，之所以展出這兩扇木門，是因為它們代表了香港的視覺文化。寫給媒體的公關稿以親中的角度，將九龍皇帝的作品描述成「對英國殖民統治的抵抗行動」，然而這樣的解讀卻根本無視且不尊重九龍皇帝一輩子都在主張領土所有權。

某一次，在抗議運動發生前幾年，我拜訪了一位著名的香港藝術家，他自認為是九龍皇帝的追隨者。他告訴我，九龍皇帝是他的英雄。我問他，他從九龍皇帝身上學到了什麼？「決心，」他說，「身為一個人，而不是藝術家。他是一個為自己深信的東西行動的人，這麼多年來始終如一。我沒看到有人能比得上他。」

另一位九龍皇帝的追隨者，給了我不同的答案。我問他，他從九龍皇帝那裡學到什麼，他回答我：「作為一個香港人，我向其他人講述我的故事。我向其他人講述香港的故事。」

回想起那個午後，那個在炎熱的屋頂上我拿起畫筆加入繪製抗議標語行列的午後，原本陷入了道德兩難的我最終也想通了，我並沒有違背任何原則，我只是九龍皇帝的另一個追隨者。這場九龍皇帝追尋之旅注定沒有結果，但打從我開始踏上這條路，我已經接手了這位老拾荒者的意念。即便我依然摸不透他那成謎的身世，他的故事依然激發我寫下我自己的故事，關於反抗和失去的故事，以及我身為香港人所見證的香港故事。

回到澳洲後，我一直在思考那位追隨者說的話。我在澳洲跟一群香港博士生組了一個讀書小組，一起研究香港的身分認同。疫情之下的墨爾本歷經了長時間的外出限制，我們約定每週一次在Zoom上討論相關的學術論文。某一次正好碰上了《國安法》頒布。在那之後，我們不再開會，不再閱讀論文，完全停止討論香港身分認同的議題。就連香港那間我一直有打算再回去住的公寓，也在法律生效的隔天就掛上了待出售的牌子。如今在香港，人們面臨被任意拘留的風險，許多國家很快會開始將香港列入旅遊警示的名單；但問題不僅僅如此，我的直覺還告訴我，香港不再是一個適合養育孩子的地方。

我們完全沒想到，所有人都成了流亡者，即使是我們之中還待在香港的人。我們讀書小組研究的議題變得無關緊要。畢竟，一個光是表達出來就可能犯罪的事情，到底該怎麼研究呢？當時的情況非常混亂，讓人很難集中注意力，我的朋友一個接一個地申請了休假。他們接到父母的電話，警告他們不要回家。一位朋友在網飛上看了《出走布魯克林》（*Unorthodox*）這部影集後，拋了一個問題在群組：「我們香港人也跟大屠殺後的猶太人一樣了嗎？為了讓我們都活下去，在海外生小孩變成我的責任了嗎？」

幾個月過去了，墨爾本終於解封，我們研究小組又開始碰面。我們在公園裡吃著又甜又黏的芒果片，陽光太亮了，我們的眼睛很不適應，全都瞇成了一線。餐廳重新開放內用，我們一起分享滿桌熱氣騰騰的水餃。聖誕節的時候，我們一邊聽著粵語流行音樂，一邊將蓮藕和魚丸扔進正滾著的火鍋裡煮。用餐到一半，有新的客人加入，帶來了溫暖的雞蛋糕。我們像捧著聖餐一樣，將雞蛋糕傳下去給在座的每個人。大家都小心翼翼地掰著那幾口柔軟Q彈的麵糊，小口小口地嚐著家鄉的味道，懷念著屬於我們自己的香港記憶，香甜的思鄉之情突然帶了點苦澀。

在香港，現在幾乎沒有可以想像何謂香港人的空間了。連儂牆消失了，網路監控愈來愈嚴格，曾經隨處可見的抗議貼紙，如今變成了地下刊物，只能私下鎖起門來偷偷地流傳。《蘋果日報》已經不復存在。過去一段時間，它曾經是反抗的窗口，香港人透過一些方式提高報社收益，來表達對這份報紙的支持，例如購買黎智英公司的股票，或是在報紙上刊登個人廣告。這些廣告會被印成不同顏色像棋盤一樣的排列出來，宛如報紙版的連儂牆。我聽著人們一遍又一遍地喊著「我哋真係好撚鍾意香港」，這句口號是現在少數比較安全的口號了。

有一天，某家骨董珠寶店刊登了一個滿版且正反兩面的廣告。第一面幾乎完全空白，只放了一張老式幻燈片的照片。照片上是一面灰色的磚牆，牆上曾經寫了字，但已被人抹去，徒留下四個黑色的汙漬。照片的上方寫著一句話：「夜再黑，也阻不了光。」廣告的另一面同樣幾乎一片空白，中間以鏡像的方式，呈現了四個顛倒的黑色塗鴉中文字樣。如果你將這張紙舉起來對著太陽，你會看到宛如九龍皇帝隱藏的真跡再現：陽光穿透灰色的牆面，原本被塗黑的四塊影子褪了顏色，透出底下的四個大字：「香港重光」。

誌謝

這本書得以完成，全都要感謝香港人，感謝他們一直與我分享他們的時間和故事，然而愈到近期，做這些事情的風險急劇上升，我希望我能對得起他們交予我的信任。書中有許多人無法具名，但我不會忘記他們的善良和支持。

這麼多年來，我一直在追九龍皇帝的事情，我感謝所有配合我並鼓勵我不斷探索他故事的人。我特別要提三個人，三個九龍皇帝身邊的「書僮」：吳文正、劉建威和鍾燕齊，我很感謝他們跟我分享他們多年來累積的故事、收藏和祕密。

我要感謝曾銳生，他主持的香港訪談是我第四章的主要基幹。我花了很多時間泡在韋斯頓圖書館裡，探索這個資料寶庫，這裡的檔案資料非常豐富，讓我找到更多細節，每一次來訪都讓我驚喜。前香港總督麥理浩在一九八八年外交部的一封加密信件中寫道：「這樣的紀錄，可能未來的歷史學家會很感興趣。」他在信件中還預測，香港政府的紀錄大概就沒那麼有啟發性。他這兩點都說對了。我非常感謝博德利圖書館特別館藏（Bodleian

Library's Special Collections）的圖書館員，他們耐心地回答我的問題，還協助我掃描，特別是Lucy McCann、Sam Sales和Angie Goodgame。

我花了漫長的五年攻讀博士學位，研究香港的報紙如何將九龍皇帝塑造成偶像。那些年裡，感謝Gloria Davies慷慨耐心地提供我許多學術上的幫助，這本書的每一頁都有她的提點。感謝Johan Lidberg和Mia Lindgren這對強大的雙人組，他們給予我堅定的支持和充滿智慧的引導，支撐著我走到終點。與他們交流和諮詢的過程，每每都讓我感到無上的喜悅和充實，平衡了我攻讀博士期間所歷經的枯燥和艱辛。

這本書能長成現在的樣子，要歸功於出版社Riverhead Books的Becky Saletan堅定可靠的引領，她給了我信心，讓我克服了書寫這本書時的心魔。我也要很感謝Riverhead的Catalina Trigo、L. Huang、Helen Yentus、Glory Plata、Lavina Lee、Anna Jardine、Raven Ross、Michael Brown和Eric Wechter提供的所有支援。感謝我的經紀人Peter與Amy Bernstein，他們給了我超大的協助，不僅對九龍皇帝的故事很有信心，還幫忙形塑了這本書的提案。非常感謝華志堅（Jeff Wasserstrom）的引薦，以及多年的友誼和志同道合的分享。

我在不同階段獲得了很多人的幫助，其中我深深感謝許田波、戴大為（Michael C. Davis）、戴安通（Antony Dapiran）、Edouard Perrin以及梁永光，他們仔細地閱讀了這本書的各種草稿。感謝陳嘉麗（Kelly Chan）沉著地扛起事實查核的艱鉅工作，感謝Patrick

Cummins挖出許多令人讚嘆的照片供我使用。

香港方面，我非常感謝瑞凱德（Keith Richburg）邀請我成為香港大學新聞及傳媒研究中心（JMSC）的駐校作家，我受到了整個研究中心團隊的熱情接待。我由衷感謝這些年來讓我和我的孩子在他們的公寓留宿的朋友們，特別是Yuen Chan、沙美智（Mishi Saran）、Scott Keller、Gerry Mullany、Georgia Davidson和Tara Duffy。

我要向Ilaria Maria Sala致意，無論是在我自己寫的文章，還是在我們一起寫的文章當中，她都給了我許多寶貴的建議，規劃文章的發展方向。我也很感激我的《小紅播客》夥伴史林（Graeme Smith），感謝他的友誼、募款能力，而且很樂意隨時飛過來香港。這些年來，我們有幸採訪了一群非凡的香港人。我還要感謝Julia Bergin、Andy Hazel、Xu Cheng Chong、鄺穎華、Gavin Nebauer以及Sarah Logan對《小紅播客》的貢獻。

我感謝墨爾本的Lucy Smy、Natasha Mitchell、Jo Chandler、Vanessa O'Neill和Licho López，他們是世界上最棒的團隊，總是在我最需要的時候一直在那裡。同樣感謝Kathleen McLaughlin、Denis Muller、Govin Ruben、Niccolò Pianciola、Alex Dukalskis、Austin Ramzy以及Adam Vise，我們常在威士忌的微醺中展開討論，很謝謝他們的支持。我要特別感謝我的讀書小組，特別是Hugh Davies、陳嘉麗、Katy Chan、Joyce Cheng、Christa Tom與Nikki Lam，他們提供了許多靈感、PDF文件、香港的點心，並且在一些極度黯淡的時刻，彼此相互扶持。我很幸運能為Andrew Dodd工作，他讓我有辦法請假暫停教課，讓我可以專心寫好這本書，也謝謝Rachel Fensham、Peter Otto和Jennifer Milam批准了我的申請。我感謝我的同事，包括Jeff Sparrow、Liam Cochrane、Sami Shah、Rachel Fountain、Tim Stoney與Paul Connolly，謝謝他們的協助和支持。

這本書的一些部分，我曾以不同形式發表在不同新聞媒體。我感謝所有曾委託我撰寫香港文章的編輯，包括《紐約時報》的Jyoti Thottam和Yaya Bayoumy；《衛報》的Robert Yates、Paul Webster、Yohann Koshy、Jonathan Shainin、David Wolf、Bonnie Malkin與Emma Graham-Harrison；《華盛頓郵報》的Mili Mitra；《金融時報》的Lorien Kite；《新政治家》的India Bourke，以及《外交政策》雜誌的James Palmer。我也很榮幸能為香港筆會文集《香港二十：反思回歸廿載》（*Hong Kong 20/20: Reflections on a Borrowed Place*）做出貢獻，該文集由何麗明（Tammy Ho Lai-Ming）、Jason Y. Ng、沙美智、Sarah Schafer、黃裕邦等人所編輯。

我在澳洲時，曾到位於風光明媚的藍山（Blue Mountains）的「Varuna, the National Writers' House」駐村，雖然我曾幾次中途離開，每次在這裡的收穫都是滿載而歸。謝謝Veechi Stuart兩次迅速地提供協助，幫我化解了難題，謝謝Carol Major驚人的理解力，協助我實現寫作的目標，也謝謝Amy Sambrooke及整個Varuna團隊。我曾參與澳洲非營利組織Writers' Victoria舉辦的「在牢房寫作計畫」（Cells for Writers program），這本書的某些部分就是在墨爾本古老的監獄中完成的。我每天都在想念我住的那間鬧鬼的牢房。

我要感謝我的母親Patricia Lim，她以前常拖著我們幾個小孩穿梭在研究室和位於新界的圍村之間，雖然我們不是很心甘情願，但我認為這本書的種子是在那段時光裡播下的。我母親總是有源源不絕的好奇心，做事持之以恆，我從她身上學到好多。我感謝我的父親林寶財，雖然他很明顯不是太看好我寫這本書的計畫，但依然毫不動搖地支持著我。我好愛我世界上最好的姐妹林素蓮（Emma Lim）及林美蓮（Jo Lim），謝謝她們總是鼓勵我，並且照顧我的孩子，也感謝她們的伴侶Rick Fielding及Kingsley Evans。最後，這本書得以存在都是因為我的孩子馮雨和馮月，他們本來不想搬到香港，但後來兩人都愛上了這座城市。總有一天，我們會再回來。

Class on Sino-British Opium War 'Too Harsh,' Some Parents Say," *South China Morning Post*, November 30, 2020.

26. Timothy McLaughlin, "What the Hong Kong Protesters' Trial Reveals about Beijing," *The Atlantic*, March 23, 2021.
27. Helen Davidson, "Hong Kong: 47 Key Activists Charged with Subversion and Face Life if Convicted," *The Guardian*, March 1, 2021.
28. "Closing Submission of Benny Tai Yiu-ting," *Citizen News*, December 13, 2018.
29. RTHK, "Ex-Lawmaker Au Nok-Hin Guilty of Loudhailer Assaults," April 6, 2020.
30. Rhoda Kwan, "Horn-Honking Hong Kong Driver Guilty of Careless Driving during 2020 Protests," *Hong Kong Free Press*, June 8, 2021.
31. "Five Arrested for 'Inciting Young Children's Hatred,'" RTHK, June 22, 2021.
32. "All Schools Should Teach in Mandarin: Ronnie Chan," RTHK, June 10, 2021.
33. "CHRF Rallies May Have Violated NSL: Police Chief," RTHK, August 13, 2021.

13. Jennifer Creery, "No Separation of Powers in Hong Kong Says Chief Exec. Carrie Lam, Despite Previous Comments from Top Judges," *Hong Kong Free Press*, September 1, 2020.
14. Jeffie Lam, "Hong Kong Can Still Move Towards Greater Democracy after Changes to Electoral System, Carrie Lam says," *South China Morning Post*, March 8, 2021.
15. Louisa Lim and Graeme Smith, "Hong Kong and the Tiananmen Playbook," in *China Dreams: China Story Yearbook 2019*, ed. Jane Golley et al. (Australia: ANU Press, 2020).
16. Louisa Lim, "This Is How Much China's Communist Party Fears the Power of Public Memory," *Washington Post*, June 4, 2021.
17. "Hong Kong Disqualifies Legislators for 'Endangering Security,'" Al Jazeera, November 11, 2020.
18. Lily Kuo and Helen Davidson, "Hong Kong Opposition Lawmakers All Quit after Four Members Ousted," *The Guardian*, November 12, 2020.
19. Austin Ramzy and Tiffany May, "How Beijing Will Control Hong Kong's Elections," *New York Times*, March 30, 2021.
20. Emma Graham-Harrison, "Hong Kong Democracy Campaigner Jimmy Lai Denied Bail," *The Guardian*, December 12, 2020.
21. "Citing Tweets and Op-Eds, Hong Kong Police Charges Media Tycoon Jimmy Lai with Foreign Collusion," The Stand News, December 15, 2020.
22. "Hong Kongers Bid a Painful Farewell in the Rain; 'We Support Apple Daily,'" *Apple Daily*, June 24, 2021.
23. Zen Soo, "Hong Kong Internet Firm Blocked Website over Security Law," Associated Press, January 14, 2021.
24. Candace Chau, "Video: Hong Kong Civil Servants Take Oaths Pledging Loyalty to Gov't," *Hong Kong Free Press*, December 16, 2020.
25. Ho-him Chan, "Lifetime Ban for Hong Kong Teacher Who Taught Distorted

P201001130222.htm.

2. Chris Lau and Sum Lok-kei, "Four of Nine Occupy Leaders Jailed for Up to 16 Months over Roles in Hong Kong's 2014 Umbrella Movement," *South* China *Morning Post*, April 24, 2019.
3. Laura Westbrook, "National Security Law: Hong Kong Libraries Pull Books by Some Localist and Democracy Activists for Review," *South China Morning Post*, July 4, 2020.
4. Reuters staff, "China Says Sino-British Joint Declaration on Hong Kong No Longer Has Meaning," Reuters, June 30, 2017.
5. "Hong Kong: First Arrests under 'Anti-Protest' Law as Handover Marked," BBC, July 1, 2020.
6. Ted Jeffery, "China Strips Hong Kong Libraries of Pro-Democracy Books and Forces Nursery Pupils to Learn Law," *Daily Express*, July 6, 2020.
7. Haley Ott, "Hong Kong Politician Whose Book Was Yanked from Shelves Says, 'I Don't Know How I Can Protect Myself,'" CBS News, July 24, 2020.
8. 城市大學的民主牆目前處境：https://twitter.com/antd/status/1301083972546355200.
9. Agence France Presse, "Hong Kong Activist Tam Tak-Chi Arrested for 'Uttering Seditious Words,'" *Hong Kong Free Press*, September 6, 2020.
10. Reuters staff, "Hong Kong Media Tycoon Jimmy Lai Charged under National Security Law," December 11, 2020.
11. Kris Cheng, "Hong Kong's Freedom Has Not Been Eroded, Says Leader Carrie Lam as US Passes Law in Support of Protestors," *Hong Kong Free Press*, December 3, 2019.
12. Tony Cheung and Chris Lau, "Hong Kong Leader Carrie Lam Sides with Education Chief on No 'Separation of Powers' in City, Defends Move to Delete Phrase from Textbooks," *South China Morning Post*, September 1, 2020.

31. Suzanne Sataline, "The Other China Emergency," *The Atlantic*, May 24, 2020.
32. Rosie Perper, "Behind the Barricades: Hong Kong Protesters Share What Happened During the Violent Clashes with Police on University Campuses," *Insider*, December 24, 2019.
33. Sarah Clarke, "Hong Kong's Carrie Lam: Protesters Now People's Enemy," Al Jazeera, November 11, 2019.
34. Jeffie Lam, Sum Lok-kei, and Ng Kang-chung, "Hong Kong Elections: Pro-Democracy Camp Wins 17 out of 18 Districts While City Leader Says She Will Reflect on the Result," *South China Morning Post*, January 25, 2019.
35. 跑馬地選舉結果參考：https://en.wikipedia.org/wiki/Happy_Valley_(constituency).
36. Alex Lo, "Why the 'Yellow Economic Circle' Is Immoral," *South China Morning Post*, December 31, 2019.
37. Kris Cheng, "Hong Kong Gov't Bans Dry Goods, Including Satirical Items, at Lunar New Year Fairs," *Hong Kong Free Press*, November 7, 2019.
38. Lilian Cheng, "Lunar New Year Market Stalls in Victoria Park Shut Down by Officials over Hong Kong Protest Displays," *South China Morning Post*, January 20, 2020.
39. 警方推特發文：https://twitter.com/hkpoliceforce/status/1215840598663426048.
40. Elisa Luk and Sharon Pun, "Collect the Past, Inspire the Future," *The Young Reporter*, April 2017.
41. Sotheby's, "Sotheby's Evening Auction: Jean-Michel Basquiat, Tuxedo," 2012.

後記

1. Hong Kong Government, "Lcq12: Mr Tsang Tsou-Choi's Ink Writing," news release, January 13, 2010, www.info.gov.hk/gia/general/201001/13/

Demo, in Second Move to Limit Protests This Week," *Hong Kong Free Press*, July 26, 2019.

19. Mary Hui, "In Hong Kong, Almost Everyone, Everywhere—Including Pets—Is Getting Tear Gassed," *Quartz*, August 8,2019.
20. Antony Dapiran, *City on Fire: The Fight for Hong Kong* (Australia: Scribe, 2020), 5.
21. Simon Parry, "The Truth About Tear Gas: How Hong Kong Police Violated All Guidelines for the 'Non-Lethal Weapon,'" *South China Morning Post*, August 16, 2019.
22. Human Rights Foundation, "Complaint Concerning Johnson (Ching-Yin) Yeung," New York, 2020.
23. "Who Wrote 'Glory to Hong Kong'?" *South China Morning Post*, video, https://www.youtube.com/watch?v=bLooysg9idY.
24. 香港人的身分認同民調詳情可參考：www.pori.hk/pop-poll/ethnic-identity/q001/chinese.
25. Geremie Barme, "I Am Brian Leung: They Cannot Understand; They Cannot Comprehend; They Cannot See," *China Heritage*, August 20, 2019.
26. Suzanne Sataline, "Hong Kong's Worsening Press Climate," October 11, 2019.
27. SCMP Reporters, "As It Happened: Hong Kong Protester Shot in Chest, Six Live Rounds Fired on National Day," *South China Morning Post*, October 1, 2019.
28. Helen Regan and James Griffiths, "Man Shot with Live Round in Major Escalation of Hong Kong Protests," CNN, October 2, 2019.
29. Tripti Lahiri, "The Teen Protester Shot by Hong Kong Police Faces Charges of Assault and Rioting," *Quartz*, October 3, 2019.
30. Jasmine Siu, Brian Wong, and Chris Lau, "97 Protesters Hauled to Court over Sunday's Clashes on Hong Kong Island, with Prosecutors Accused of Rushing Charges," *South China Morning Post*, October 2, 2019.

Post, April 6, 2019.

8. Statista, "Average Living Space of Public Rental Housing Tenants in Hong Kong from 2007 to 2020" (2020).
9. Kelvin Chan, "Trouble in Hong Kong? Beijing Summons Tycoons," Associated Press, September 25, 2014.
10. Leung Po-lung, "Hong Kong Political Strikes: A Brief History," *Lausan*, August 3, 2019.
11. Ng Kang-chung and Christy Leung, "Eleven Arrests, Double the Tear Gas Fired During Occupy Movement and 81 Injured: Police Chief Paints Disturbing Picture of Hong Kong Extradition Bill Protests," *South China Morning Post*, June 13, 2019.
12. 此處「香港民族」的定義借鑑自方志恒的著作：Brian C. H. Fong, "Stateless Nation within a Nationless State: The Political Past, Present, and Future of Hongkongers, 1949–2019," *Nations and Nationalism* 26, no. 4 (2020)，「民族」的定義則取自Michael Keating, *Nations against the State: The New Politics of Nationalism in Quebec, Catalonia, and Scotland*, 2nd ed. (Basingstoke, Hampshire, UK: Palgrave, 2000).
13. Christopher DeWolf, "How Did Christianity Become So Influential in Hong Kong?" *Zolima CityMag*, August 21, 2019.
14. Carrie Gracie, "Hong Kong's Carrie Lam: 'I Am No Puppet of Beijing,'" BBC, June 21, 2017.
15. 牆上遺言的照片出自：https://twitter.com/RealHKNews/status/1145016582013431808.
16. 梁繼平衝進立法會的演講影片：https://twitter.com/dlachina_lau/status/1147491671543668736.
17. Chapman Chen, "Washington Univ. Ph.D. Student-Occupier of HK Legco on Hong Kong Nationalism," *Hong Kong Bilingual News*, June 10, 2020.
18. Holmes Chan, "Hong Kong Police Restrict Sunday's Anti-Police Violence

Financial Times, April 26, 2017.

16. Sampson Wong, "When Everything Becomes 'Sensitive.' 當一切都變成「好敏感」" The Stand News, July 1, 2017.

第八章

1. Stephen Vines, "In Hong Kong, Public Consultations Are Effective—at Keeping the Public at Bay," *South China Morning Post*, October 24, 2018.
2. Tony Cheung and Shirley Zhao, "Hong Kong's Artificial Islands Plan 'Not Ignoring Land Task Force and Public Consultation,' Minister Says, Defending HK$500 Billion 'Lantau Tomorrow Vision,'" *South China Morning Post*, October 12, 2018.
3. Shirley Zhao, "Land Supply Consultation 'Rigged,' Ex-Hong Kong Planning Official Says of Public Exercise to Tackle City's Housing Crisis," *South China Morning Post*, September 22, 2018.
4. Holmes Chan, "'Jumping the Gun': Barristers, Scholars and Democrats Oppose Update to Hong Kong Extradition Law as Consultation Ends," *Hong Kong Free Press*, March 5, 2019.
5. Sum Lok-kei and Ng Kang-chung, "Estimated 130,000 ProtestorsJoin March against Proposed Extradition Law that Will Allow the Transfer of Fugitives from Hong Kong to Mainland China," *South China Morning Post*, April 28, 2019.
6. Sum Lok-kei, Su Xinqi, and Alvin Lum, "Hong Kong Government Condemns 'Disorderly and Uncontrollable Conditions' after Legco Chaos Halts Meeting of Committee Reviewing Extradition Bill," *South China Morning Post*, May 19, 2019.
7. Alvin Lum and Sum Lok-kei, "'Record 3,000' Hong Kong Lawyers in Silent March against Controversial Extradition Bill," *South China Morning*

4. Louisa Lim, "The Thugs of Mainland China," *New Yorker*, October 8, 2014.
5. Johannes Chan, "A Storm of Unprecedented Ferocity: The Shrinking Space of the Right to Political Participation, Peaceful Demonstration, and Judicial Independence in Hong Kong," *International Journal of Constitutional Law* 16, no. 2 (2018).
6. Lin Jing, "Hong Kong Police Clear Last Pro-Democracy Protests as Leaders Vow Movement Will Continue," Radio Free Asia, December 15, 2014.
7. Human Rights Watch, "China: Release Abducted Swedish Bookseller," news release, October 17, 2016, www.hrw.org/news/2016/10/17/china-release-abducted-swedish-bookseller.
8. 感謝詩人何麗明提供這首詩。
9. Michael Forsythe and Paul Mozur, "A Video, a Wheelchair, a Suitcase: Mystery of Vanished Tycoon Deepens," *New York Times*, 2017.
10. Kris Cheng, "Teachers Warned They Could Lose Qualifications for Advocating Independence in Schools," *Hong Kong Free Press*, August 15, 2016.
11. Joyce Ng and Shirley Zhao, "Occupy Central Founder Benny Tai Banned from Supervising Researchers for Three Years Following HKU Donation Scandal," *South China Morning Post*, August 26, 2015.
12. Alan Wong, "Joshua Wong and 2 Others Jailed in Hong Kong over Pro-Democracy Protest," *New York Times*, August 17, 2017.
13. Chris Lau, "Nine Key Occupy Figures—Including Co-Founders Benny Tai, Chan Kin-Man and Chu Yiu-Ming—Chant Slogans with Hundreds of Supporters at Hong Kong Court Just before Public Nuisance Trial Begins," *South China Morning Post*, November 18, 2018.
14. Graeme Smith and Louisa Lim, "Resignation Syndrome? Democracy and Jail in Post-Umbrella Hong Kong," *The Little Red Podcast*, April 8, 2019.
15. Alice Woodhouse, "Two Disqualified Hong Kong Legislators Arrested,"

Apple Daily, July 27, 2007, A26.

32. Chip Tsao, "Living in Catalogues, King of Kowloon Edition/Tsang the Survivor," *Ming Pao*, July 29, 2007.
33. "MC Yan: The First Person to Use HK Streets as a Canvas," *Ming Pao*, July 26, 2007.
34. He Jiamin, Peng Bice, Chen Pei, "The Emperor Sleeps Quietly at Wo Hop Shek," *Ming Pao*, August 7, 2007.
35. William Tang, "Brocade Journal," *Hong Kong Economic Journal*, August 7, 2007.
36. Minnie Wong, Howard Tang, and Vivienne Tsang, "From Local Identity to the Pursuit of Independence: The Changing Face of Hong Kong Localism," *Hong Kong Free Press*, November 11, 2016.
37. Lee Yee, "Commentary: The Emperor Has Gone, Can the Queen Remain?" *Apple Daily*, July, 28, 2007, A8.
38. Joshua Wong and Jason Y. Ng, *Unfree Speech: The Threat to Global Democracy and Why We Must Act, Now* (New York: Penguin Books, 2020).
39. Louisa Lim, "For Hong Kong and Mainland, Distrust Only Grows," NPR, March 23, 2012.
40. Wong and Ng, *Unfree Speech*, 34.

第七章

1. 有關該決議的細節可參考：www.basiclaw.gov.hk/en/basiclawtext/images/basiclawtext_doc23.pdf.
2. Antony Dapiran, *City of Protest: A Recent History of Dissent in Hong Kong* (Australia: Penguin Random House, 2017).
3. Chris Buckley, Austin Ramzy, and Edward Wong, "Violence Erupts in Hong Kong as Protesters Are Assaulted," *New York Times*, October 3, 2014.

14. Hans Ulrich Obrist, "Foreword: A Protest against Forgetting," in *King of Kowloon*, ed.David Spalding, 4.
15. *King of Kowloon*, 236.
16. Details of the Venice Biennale's Zone of Urgency are here: http://universes-in-universe.de/car/venezia/bien50/zou/english.htm.
17. Spalding, *King of Kowloon.*
18. Joel Chung, *Post No Bills* (Hong Kong: CUP Magazine Publishing, 2009).
19. Lau Kin-wai, "The Media Is Out of Control," *Apple Daily*, August 7, 2007.
20. Chip Tsao, "Chip Tsao Writes: Tsang Tsou-choi's First Family Under Heaven," *Apple Daily*, July 28, 2007.
21. Li Bafang, "Walls Have Ears: Emperors Show with No Family," *Apple Daily*, July 31, 2007.
22. Chip Tsao, "Another King," *Apple* Daily, July 29, 2007.
23. Li Bafang, "Walls Have Ears: Searching for the Emperor's Ink Relics," *Apple Daily*, July 28, 2007.
24. Chip Tsao, "Grandpa Tsang Tsou," *Apple Daily*, July 27, 2007, E05.
25. "Respecting Wishes, Government Agrees to Leave the King's Ink Treasures," *Singtao Daily*, July 27, 2007, A08.
26. 香港行政長官支持度民調，詳情參：www.hkupop.hku.hk/english/popexpress/ceall/cerq/poll/poll_chart.html?cat=poll&str=2&end=249.
27. "Save the Queen: Calling for People Power; 3 Days Movement to Stop Destruction," *Apple Daily*, July 27, 2007, A08.
28. Xiao Hua, "Seeking: King of Kowloon, he always kept his head down," *Apple Daily*, July 27, 2007, A26.
29. Chan Ye, "The Emperor's Legacy," *Apple Daily*, July 30, 2007, E8.
30. "Real person's story becomes 'Hooligan Emperor,'" *Apple Daily*, July 26, 2007, A04.
31. Xiao Hua, "Seeking: King of Kowloon, he always kept his head down,"

Trip Down Memory Lane," *South China Morning Post*, July 2, 2017.

2. Elson Tong, "Reviving Article 23 (Part I): The Rise and Fall of Hong Kong's 2003 National Security Bill," *Hong Kong Free Press*, February 17, 2018.
3. "HK Needs Laws to Protect National Security by Secretary for Security, Mrs Regina Ip," news release, January 28, 2003, www.basiclaw23.gov.hk/english/focus/focus5.htm.
4. "Huge Protest Fills HK Streets," CNN, July 2, 2003.
5. Louisa Lim and Julia Bergin, "Inside China's Audacious Global Propaganda Offensive," *The Guardian*, December 7, 2018.
6. Eric Guyot, "Tung Chee Hwa Admits China Aided His Shipping Firm in '80s," *Wall Street Journal*, October 24, 1996.
7. S. C. Yeung, "Cosco Takeover of Orient Overseas Fits a Pattern," *EJ Insight*, July 11, 2017.
8. Keith Bradsher, "Beijing Asserts New Control over Election Laws in Hong Kong," *New York Times*, April 6, 2004.
9. Victor Mair, February 25, 2017, https://languagelog.ldc.upenn.edu/nll/?p=31255.
10. Johnny Tam and Stuart Lau, "Education Bureau Rapped over Cantonese 'Not an Official Language' Gaffe," *South China Morning Post*, February 2, 2014.
11. Rey Chow, "Between Colonizers; Hong Kong's Postcolonial Self-Writing in the 1990s," *Diaspora, a Journal of Transnational Studies*, vol.2, no. 2 (Toronto: University of Toronto Press, Fall 1992), 155.
12. Louisa Lim, *The People's Republic of Amnesia: Tiananmen Revisited* (New York: Oxford University Press, 2014), 84.
13. Hou Hanru, "How to Remember Tsang Tsou-choi?" in *King of Kowloon: The Art of Tsang Tsou-choi*, ed.David Spalding (Bologna, Italy: Damiani, 2013), 124.

6. Dimbleby, *The Last Governor*, 161.
7. Dimbleby, *The Last Governor.*
8. Lu Pan, "Writing at the End of History: Reflections on Two Cases of Graffiti in Hong Kong," *Public Art Dialogue* 4, no. 1 (2014).
9. "I don't see any artistic value": Keith Richburg, "Words of Calligrapher Perplexing Hong Kong," *Washington Post*, May 12, 1997.
10. David Spalding, ed., *King of Kowloon: The Art of Tsang Tsou-choi* (Bologna, Italy: Damiani, 2013), 215.
11. Oscar Ho Hing-kay, "The Betrayal of the King," *Artlink* 34, no. 1 (2014).
12. Richburg, "Words of Calligrapher Perplexing Hong Kong."
13. *Sze-yuen* Chung, *Hong Kong's Journey to Reunification: Memoirs of Sze-Yuen Chung* (Hong Kong: Chinese University Press, 2001), 273。鍾士元在書中寫道，經新加坡總理吳作棟提醒，新任行政長官董建華才注意到座位的安排。
14. Agence France Presse, "Words of a Prince and a President: Continuity, Change and Assurances," *New York Times*, July 1, 1997.
15. 有關區旗和區徽的相關法案，可參閱：www.legco.gov.hk/yr97-98/english/bills/bills03/bills03.htm.
16. a written account for friends: Agence France Presse, "Prince Charles Wins Diary Battle," *ABC Australia*, December 21, 2006.
17. 江澤民的演講內容，可參閱：www.fmprc.gov.cn/mfa_eng/wjdt_665385/zyjh_665391/t24924.shtml。
18. 李柱銘的演講內容，可參閱：www.martinlee.org.hk/July1Declaration.html。

第六章

1. Cliff Buddle, "Hong Kong's First Chief Executive Tung Chee-Hwa Takes a

115. Chung, *Hong Kong's Journey to Reunification*, 101.
116. Roberti, *The Fall of Hong Kong*, 98.
117. 曾銳生訪問鍾士元爵士的文字記錄，頁164，回憶錄，頁118。
118. 曾銳生訪問鍾士元爵士的文字記錄，頁168。
119. Joyce Ng, " ' Godfather of HK Politics' Chung Sze-yuen Once Described by Top British Advisor as 'Not Reliable,'" *South China Morning Post*, January 14, 2019.
120. 曾銳生訪問鍾士元爵士的文字記錄，頁223。
121. 曾銳生訪問鍾士元爵士的文字記錄，頁350。
122. Roberti, *The Fall of Hong Kong*.
123. The Joint Declaration can be seen here:www.cmab.gov.hk/en/issues/jd2.htm.
124. Roberti, *The Fall of Hong Kong*, 116.
125. 曾銳生訪問鍾士元爵士的文字記錄，頁283。
126. Cottrell, *The End of Hong Kong*, 173.
127. Chung, *Hong Kong's Journey to Reunification*, 77.
128. 曾銳生訪問鍾士元爵士的文字記錄，頁162。
129. 曾銳生訪問鍾士元爵士的文字記錄，頁287。

第五章

1. 《基本法》內容參閱：www.basiclaw.gov.hk/en/basiclawtext/index.html。
2. 曾銳生訪問鍾士元爵士的文字記錄，1989-1990，MSS.Ind.Ocn. s. 328，頁225，英國牛津大學韋斯頓圖書館。
3. Chris Patten, *East and West* (London: Macmillan, 1998), 58.
4. Jonathan Dimbleby, *The Last Governor: Chris Patten and the Handover of Hong Kong* (London: Little, Brown & Co., 1997).
5. Christine Loh, *Underground Front: The Chinese Communist Party in Hong Kong* (Hong Kong: Hong Kong University Press, 2010), 180.

15d5cbb1e3fe45dbec9b4.ssl.cf1.rackcdn.com/840116%20no.10%20cnv%20PREM19-1262%20f119.pdf.

98. Youde Telegram to FCO ("Future of Hong Kong: Consultation with Exco"), March 29, 1984, PREM19-1263, f16, Margaret Thatcher Foundation, www.margaretthatcher.org/document/139893.
99. No 10 Record of Conversation (MT, Howe, Michael Havers, Luce, Acland, Cradock, Youde, SY Chung) ["Meeting with the Unofficial Members of Exco"], April 6, 1984, PREM19-1264 f197, p. 6, https://ee9da88eff6f462f2d6b-873dc3788ab15d5cbb1e3fe45dbec9b4.ssl.cf1.rackcdn.com/840406%20no.10%20cnv%20PREM19-1264%20f197.pdf.
100. UKE Beijing telegram to FCO ("Future of Hong Kong: call on Zhou Nan on 13 April") [Howe in China; MT: "seems as if the Unofficials were right in their judgement"], April 13, 1984, PREM19-1264 f146, www.margaretthatcher.org/document/139737.
101. Chung, *Hong Kong's Journey to Reunification*, 85–86.
102. Chung, *Hong Kong's Journey to Reunification*, 86.
103. Chung, *Hong Kong's Journey to Reunification*, 88.
104. 曾銳生訪問鍾士元爵士的文字記錄，頁228。
105. 曾銳生訪問麥理浩爵士的文字記錄，頁558。
106. Chung, *Hong Kong's Journey to Reunification*, 88.
107. Chim Lo, "The Last Stand of Colonialism?" 385.
108. Roberti, *The Fall of Hong Kong*, 90.
109. Chung, *Hong Kong's Journey to Reunification*, 90.
110. Roberti, *The Fall of Hong Kong*.
111. 曾銳生訪問鍾士元爵士的文字記錄，頁227。
112. Chung, *Hong Kong's Journey to Reunification*, 95.
113. 曾銳生訪問鍾士元爵士的文字記錄，頁2。
114. Chung, *Hong Kong's Journey to Reunification*, 101.

80. Cradock, *Experiences of China*, 111.
81. Cradock, *Experiences of China*, 184.
82. Cradock, *Experiences of China*, 185.
83. Ngok Ma, "The Sino-British Dispute over Hong Kong: A Game Theory Interpretation," *Asian Survey* 37, no. 8 (1997): 741.
84. No 10 Record of Conversation (MT, Youde, Cradock, Donald, Haddon-Cave, SY Chung) ["Record of a meeting between the Prime Minister and unofficial members of the Executive Council], September 27, 1982, PREM19-0790, f108, p. 7, Margaret Thatcher Foundation, https://839d6adc517f14a0ad6a-b9527bc5dce0df4456f4c5548db2e5c2.ssl.cf1.rackcdn.com/820927%20no.10%20cnv%20PREM19-0790%20f108.pdf.
85. 曾銳生訪問羅保爵士的文字記錄，頁145。
86. 曾銳生訪問羅保爵士的文字記錄，頁42。
87. 曾銳生訪問羅保爵士的文字記錄，頁141。
88. Cottrell, *The End of Hong Kong*.
89. 曾銳生訪問羅保爵士的文字記錄，頁143。
90. 曾銳生訪問鍾士元爵士的文字記錄，頁224。
91. UKE Beijing telegram to FCO ("Future of Hong Kong: Calls on Chinese Leaders"), December 9, 1983, PREM19-1059 f168, p. 3, Margaret Thatcher Foundation.
92. Chung, *Hong Kong's Journey to Reunification*, 75.
93. Cradock, *Experiences of China*, 191.
94. 曾銳生訪問李福和的文字記錄，頁108。
95. 曾銳生訪問羅保爵士的文字記錄，頁195。
96. 曾銳生訪問羅保爵士的文字記錄，頁196。
97. No 10 Record of Conversation (MT, Howe, Luce, Acland, Cradock, Evans, Youde, SY Chung/Exco), January 16, 1984, PREM19-1262 f119, p. 5, Margaret Thatcher Foundation, https://ee9da88eff6f462f2d6b-873dc3788ab

64. Roberti, *The Fall of Hong Kong*.
65. Mark, "Decolonising Britishness?"
66. 曾銳生訪問羅保爵士的文字記錄，頁103。
67. 曾銳生訪問羅保爵士的文字記錄，頁93–94。
68. 曾銳生訪問李福和的文字記錄，頁58。
69. Mark, "Decolonising Britishness?"
70. 曾銳生訪問麥理浩爵士的文字記錄，頁554。
71. 曾銳生訪問羅保爵士的文字記錄，頁175–76。
72. No 10 Record of Conversation (MT, Youde, Cradock, Donald, Haddon-Cave, SY Chung) ["Record of a meeting between the Prime Minister and unofficial members of the Executive Council"], September 27, 1982, PREM19-0790 f108, Margaret Thatcher Foundation, https://839d6adc517f14a0ad6a-b9527bc5dce0df4456f4c5548db2e5c2.ssl.cf1.rackcdn.com/820927%20no.10%20cnv%20PREM19-0790%20f108.pdf.
73. Youde Minute to No 10 (meeting with Umelco), September 26, 1982, PREM19-788 f95, Margaret Thatcher Foundation, accessed February 16, 2021, https://839d6adc517f14a0ad6a-b9527bc5dce0df4456f4c5548db2e5c2.ssl.cf1.rackcdn.com/820926%20youde%20min%20PREM19-0788%20f95.pdf.
74. Chung, *Hong Kong's Journey to Reunification*, 58.
75. Chung, *Hong Kong's Journey to Reunification*, 60–62.
76. Chung, *Hong Kong's Journey to Reunification*, 61.
77. No 10 Record of conversation between the Prime Minister and SY Chung CBE, December 10, 1982, PREM 19/1059 f199, Margaret Thatcher Foundation, accessed February 16, 2021, https://839d6adc517f14a0ad6a-b9527bc5dce0df4456f4c5548db2e5c2.ssl.cf1.rackcdn.com/821220%20no.10%20cnv%20PREM19-1053%20f199.pdf, Accessed February 16, 2021.
78. 曾銳生訪問鍾士元爵士的文字記錄，頁205。
79. Transcript of interviews with Sir Sze-yuen Chung.

40. Ezra F. Vogel, *Deng Xiaoping and the Transformation of China* (Cambridge, MA: Belknap Press of Harvard University Press, 2011).
41. Roberti, *The Fall of Hong Kong*.
42. Tsang, *A Modern History of Hong Kong*.
43. Tsang, *A Modern History of Hong Kong*.
44. Cottrell, *The End of Hong Kong*.
45. Cradock, *Experiences of China*, 166.
46. 曾銳生訪問麥理浩爵士的文字記錄，頁518。
47. 曾銳生訪問麥理浩爵士的文字記錄，頁517。
48. Cottrell, *The End of Hong Kong*.
49. Cottrell, *The End of Hong Kong*, 495.
50. Chung, *Hong Kong's Journey to Reunification*, 25.
51. Roberti, *The Fall of Hong Kong*.
52. 曾銳生訪問麥理浩爵士的文字記錄，頁504。
53. 曾銳生訪問麥理浩爵士的文字記錄，頁506。
54. 曾銳生訪問麥理浩爵士的文字記錄，頁504。
55. 曾銳生訪問鍾士元爵士的文字記錄，頁151。
56. 曾銳生訪問鍾士元爵士的文字記錄，頁264。
57. Roberti, *The Fall of Hong Kong*.
58. 曾銳生訪問鍾士元爵士的文字記錄，頁153。
59. 曾銳生訪問鍾士元爵士的文字記錄，頁150。
60. 曾銳生訪問鍾士元爵士的文字記錄，1990，MSS.Ind.Ocn.s.405，頁84，英國牛津大學韋斯頓圖書館。
61. 曾銳生訪問鍾士元爵士的文字記錄，頁280。
62. Mark Chi-kwan, "Decolonising Britishness? The 1981 British Nationality Act and the Identity Crisis of Hong Kong Elites," *Journal of Imperial and Commonwealth History* 48, no. 3 (2020).
63. Cottrell, *The End of Hong Kong*.

19. an estimated 213,000 Vietnamese: Carina Hoang, "Vietnamese Boat People Crisis in Hong Kong" presentation at Curtin University, Lecture at Curtin University, July 2018, https://businesslaw.curtin.edu.au/wp-content/uploads/sites/5/2018/07/Vietnamese-boat-people-crisis-in-HKG-Carina-Hoang.pdf.
20. 曾銳生訪問李福和，1990，MSS.Ind.Ocn. s. 334，頁25，英國牛津大學韋斯頓圖書館。
21. 曾銳生訪問麥理浩爵士，1989-1991，MSS.Ind.Ocn. s. 377，頁508，英國牛津大學韋斯頓圖書館。
22. FCO papers 1988-FCO 40-2581 334 p10.
23. 曾銳生訪問麥理浩爵士的文字記錄，頁118。
24. 曾銳生訪問麥理浩爵士的文字記錄，頁361。
25. 曾銳生訪問麥理浩爵士的文字記錄，頁298。
26. 曾銳生訪問麥理浩爵士的文字記錄，頁350。
27. 曾銳生訪問麥理浩爵士的文字記錄，頁371。
28. 曾銳生訪問李福和的文字記錄，頁55。
29. 曾銳生訪問安子界的文字記錄，MSS.Ind.Ocn. s. 332，頁15，英國牛津大學韋斯頓圖書館。
30. 曾銳生訪問麥理浩爵士的文字記錄，頁492。
31. 曾銳生訪問麥理浩爵士的文字記錄，頁494。
32. 曾銳生訪問麥理浩爵士的文字記錄，頁494。
33. 曾銳生訪問麥理浩爵士的文字記錄，頁389–90。
34. 曾銳生訪問麥理浩爵士的文字記錄，頁580。
35. 曾銳生訪問麥理浩爵士的文字記錄，頁616。
36. Steve Tsang, *A Modern History of Hong Kong: 1841–1997* (London: I. B. Tauris & Company, 2007), 212.
37. 曾銳生訪問麥理浩爵士的文字記錄，頁616。
38. Cottrell, *The End of Hong Kong*.
39. Tsang, *A Modern History of Hong Kong*.Cradock, *Experiences of China*, 166.

2. Percy Cradock, *Experiences of China*, new ed.(London: John Murray, 1999), 179.
3. Thatcher, *The Downing Street Years*, 261–62.
4. China: No 10 Record of Conversation, September 24, 1982, Thatcher MSS (Churchill Archive Centre): THCR 1/10/39-2 f52, Margaret Thatcher Foundation, www.margaretthatcher.org/document/122696.
5. Thatcher, *The Downing Street Years*, 87, 91–92, 93, 94, 95, 259–62, 466.
6. John Major, *John Major: The Autobiography* (New York: HarperCollins, 1999), 118–19, 495, 506, 507.
7. Hong Kong Archive, Weston Library, University of Oxford, UK.
8. Robert Cottrell, *The End of Hong Kong: The Secret Diplomacy of Imperial Retreat* (London: John Murray, 1993).
9. Chim Lo Yui, “The Last Stand of Colonialism? The Unofficial Members of the Executive and Legislative Councils and the Sino-British Negotiations over Hong Kong, 1982–1984,” *Journal of Imperial and Commonwealth History* 48, no. 2 (2020): 371.
10. Sze-yuen Chung, *Hong Kong's Journey to Reunification: Memoirs of Sze-Yuen Chung* (Hong Kong: Chinese University Press, 2001), 25.
11. 曾銳生訪問鍾士元爵士的文字記錄，1989-1991，MSS.Ind.Ocn. s. 328，頁60，英國牛津大學韋斯頓圖書館。
12. Mark Roberti, *The Fall of Hong Kong: China's Triumph and Britain's Betrayal*, revised and updated ed.(New York: John Wiley & Sons, 1996).
13. 曾銳生訪問鍾士元爵士的文字記錄，頁282。
14. 曾銳生訪問鍾士元爵士的文字記錄，頁167。
15. 曾銳生訪問鍾士元爵士的文字記錄，頁158。
16. 曾銳生訪問鍾士元爵士的文字記錄，頁166。
17. 曾銳生訪問鍾士元爵士的文字記錄，頁167。
18. 曾銳生訪問鍾士元爵士的文字記錄，頁419。

75. 一八九九年事件的資料大多參考自 Hase, *The Six-Day War of 1899*。以及 Peter Wesley-Smith, "Unequal Treaty, 1898–1997: China, Great Britain, and Hong Kong's New Territories" (Revision of thesis [PhD], University of Hong Kong, 1976, 1980).
76. Hase, *The Six-Day War of 1899*, 56.
77. Hase, *The Six-Day War of 1899*, 47.
78. Hase, *The Six-Day War of 1899*.
79. Hase, *The Six-Day War of 1899*, 128.
80. Wesley-Smith, "Unequal Treaty, 1898–1997," 83.
81. Liu, *An Outline History of Hong Kong*.
82. "1912 Attempt to Assassinate Governor," from the *International Herald Tribune*100, 75, 50 Years Ago, *New York Times*, July 4, 2012.
83. Wesley-Smith, "Anti-Chinese Legislation in Hong Kong."
84. Esther Morris, *Helena May: The Person, the Place and 90 Years of History in Hong Kong* (Hong Kong: Helena May Institute, 2016), 9.
85. David M. Pomfret, "Raising Eurasia: Race, Class, and Age in French and British Colonies, "*Comparative Studies in Society and History* 51, no. 2 (2009): 324.
86. Hase, *The Six-Day War of 1899*, 46–47.
87. Hase, *The Six-Day War of 1899*, picture plate 17.
88. Lam Yik-fei, *Woh Yuhng: Photographs from the 2019 Hong Kong Protests* (Hong Kong: Brownie Publishing, 2020), picture plate 35.
89. Hase, *The Six-Day War of 1899*, 187.

第四章

1. Margaret Thatcher, *The Downing Street Years* (London: HarperCollins, 1993), 259.

Kowloon: With 19 Guided Walks (Oxford: Oxford University Press, 2002); Patricia Lim, *Discovering Hong Kong's Cultural Heritage: The New Territories* (Hong Kong: Oxford University Press, 2002).

55. Lim, *Forgotten Souls*.
56. Louisa Lim, "Deaths Tell the Story of Life in Early Hong Kong," NPR, August 21, 2012.
57. Lim, *Forgotten Souls*.
58. Joseph Ting Sung-pao, "1860–1898: The Establishment of Entrepot Trade" in *History of the Port of Hong Kong and the Marine Department*, ed. Chin-pang Lau (Hong Kong: Marine Department, 2017).
59. Lim, *Forgotten Souls*, 175.
60. Law Wing-sang, *Collaborative Colonial Power: The Making of the Hong Kong Chinese* (Hong Kong: Hong Kong University Press, 2009).
61. Lim, *Forgotten Souls*.
62. Munn, *Anglo-China*, 1.
63. Lim, *Forgotten Souls*, 167.
64. Edward Barrington de Fonblanque, *Niphon and Pe-Che-Li: Or, Two Years in Japan and Northern China* (London: Saunders, Otley, 1862).
65. De Fonblanque, *Niphon and Pe-Che-Li*.
66. De Fonblanque, *Niphon and Pe-Che-Li*, 128.
67. De Fonblanque, *Niphon and Pe-Che-Li*, 196.
68. Tsang, *A Modern History of Hong Kong*.
69. Eitel, *Europe in China*, 358.
70. Welsh, *A History of Hong Kong*, 226.
71. De Fonblanque, *Niphon and Pe-Che-Li*, 262–63.
72. Tsang, *A Modern History of Hong Kong*.
73. Wesley-Smith, "Anti-Chinese Legislation in Hong Kong."
74. Tsang, *A Modern History of Hong Kong*.

China。

38. 許多有關第一筆土地買賣的資訊出自於 Roger Nissim, *Land Administration and Practice in Hong Kong*, 4th ed.(Hong Kong: Hong Kong University Press, 2016).
39. Patrick H. Hase, *The Six-Day War of 1899: Hong Kong in the Age of Imperialism* (Hong Kong: Hong Kong University Press, 2008), 58.
40. 土地買賣資訊出自 Nissim, *Land Administration and Practice in Hong Kong*。
41. Lovell, *The Opium War*, 245.
42. "The History of Tai Kwun" (2019).
43. Hal Empson, *Mapping Hong Kong: A Historical Atlas [Hsiang-Kang Ti T'u Hui Chih Shih]* (Hong Kong: Government Information Services, 1992).
44. Munn, *Anglo-China* , 111.
45. Tsang, *A Modern History of Hong Kong* .
46. Details regarding Pottinger are from George Pottinger, *Sir Henry Pottinger: First Governor of Hong Kong* (New York: St. Martin's Press, 1997).
47. Pottinger, *Sir Henry Pottinger*, 196.
48. Perdue, "The First Opium War."
49. Munn, *Anglo-China*, 37.
50. Munn, *Anglo-China*, 131.
51. Jan Morris, *Hong Kong: Epilogue to an Empire*, final ed.(London: Penguin, 1997), 88.
52. Peter Wesley-Smith, "Anti-Chinese Legislation in Hong Kong," in *Precarious Balance: Hong Kong between China and Britain, 1842–1992*, ed.Ming K. Chan and John D. Young (Armonk, NY: M. E. Sharpe, 1994).
53. 有關黃泥涌峽被徵收的資訊細節來自 Patricia Lim, *Forgotten Souls: A Social History of the Hong Kong Cemetery* (Hong Kong: Hong Kong University Press, 2011), 7–8。
54. Patricia Lim, *Discovering Hong Kong's Cultural Heritage: Hong Kong and*

National Archives, Kew.

21. Liu Shuyong, *An Outline History of Hong Kong* (Beijing: Foreign Languages Press, 1997), 30.
22. Letter from C. Elliot to Ch'i Shan, January 16, 1841, FO682/1974/21, UK National Archives, Kew.
23. Liu, *An Outline History of Hong Kong*, 30.
24. Eitel, *Europe in China*, 124.
25. Tsang, *A Modern History of Hong Kong*, 11.
26. K. J. P. Lowe, "Hong Kong, 26 January 1841: Hoisting the Flag Revisited," *Journal of the Hong Kong Branch of the Royal Asiatic Society* 29 (1989).
27. Eitel, *Europe in China*, 124.
28. Liu, *An Outline History of Hong Kong*, 31.
29. George H. C. Wong, "The Ch'i-Shan–Elliot Negotiations Concerning an Off-Shore Entrepôt and a Re-Evaluation of the Abortive Chuenpi Convention," *Monumenta Serica* 14, no. 1 (1949).
30. Wong, "The Ch'i-Shan–Elliot Negotiations."
31. Hong Kong Government, "Speech by FS at Asian Financial Forum Cocktail Reception," news release, 2010, www.info.gov.hk/gia/general/201001/20/P201001200262.htm .
32. Wong, "The Ch'i-Shan–Elliot Negotiations," 570.
33. Christopher Munn, *Anglo-China: Chinese People and British Rule in Hong Kong* (Richmond, Surrey, UK: Curzon, 2000), 25.
34. Lovell, *The Opium War*.
35. Fan Shuh-ching, *The Population of Hong Kong* (Committee for International Coordination of National Research in Demography, 1974).
36. R. L. Jarman, *Hong Kong: Annual Administration Reports 1841–1941* (Cambridge: University of Cambridge, 1996).
37. 英國人對香港傳統土地所有制的誤解，許多細節都來自Munn, *Anglo-*

Hong Kong," University of Hong Kong, 2018.

4. 一九八九至一九九一年曾銳生訪問麥理浩爵士的文字記錄，MSS.Ind. Ocn. s. 377，頁285，英國牛津大學韋斯頓圖書館（Weston Library）。
5. Dung Kai-cheung, *Atlas: The Archaeology of an Imaginary City* , ed.Anders Hansson and Bonnie S. McDougall (New York: Columbia University Press, 2012), xi.
6. *Encyclopaedia Britannica*, "Convention of 1898."
7. Julian Gewirtz, "'Imperial Twilight' Review: An Explosive Mix of Trade and Politics," *Wall Street Journal* , May 17, 2018.
8. Frank Welsh, *A History of Hong Kong* (New York: HarperCollins, 1993), 27.
9. Peter Perdue, "The First Opium War: The Anglo-Chinese War of 1839–1842," in Visualizing Cultures, Massachusetts Institute of Technology, 2010.
10. Stephen R. Platt, *Autumn in the Heavenly Kingdom: China, the West, and the Epic Story of the Taiping Civil War* (New York: Vintage Books, 2012), 352.
11. Julia Lovell, *The Opium War: Drugs, Dreams, and the Making of China* (Sydney: Picador, 2011), 66.
12. Platt, *Autumn in the Heavenly Kingdom.*
13. Steve Tsang, *A Modern History of Hong Kong: 1841–1997* (London: I. B. Tauris & Company, 2007), 10.
14. Welsh, *A History of Hong Kong*, 106.
15. Lovell, *The Opium War*, 133.
16. Ernest John Eitel, *Europe in China: The History of Hong Kong from the Beginning to the Year 1882* (Oxford: Oxford University Press, 1983), 121.
17. Lovell, *The Opium War*, 132.
18. Platt, *Autumn in the Heavenly Kingdom*, 404.
19. Letter from C. Elliot to Ch'i Shan, January 11, 1841, FO682/1974/12, UK National Archives, Kew.
20. Letter from Ch'i Shan to C. Elliot, January 15, 1841, FO682/1974/20, UK

China Morning Post, August 31, 2018.

50. Muhammad Cohen, "How the Venetian Made Macau Great Again," *South China Morning Post*, August 28, 2017.
51. Devin O'Connor, "Macau Visitor Volume Sets Record, 39m People Traveled to Enclave in 2019," Casino.org, January 2, 2020.
52. Niall Fraser, "Macau Poised to Become Richest Place on the Planet by 2020," *South China Morning Post*, August 8, 2018.
53. Raquel Carvalho, "Macau's Youngest Lawmaker Sulu Sou, Suspended from Office and Found Guilty over 2016 Protest, Hopes to Retake His Seat," *South China Morning Post*, June 2, 2018.
54. 香港政府：《認識・粵港澳大灣區》展覽，二〇一九年九月二十七日新聞。www.info.gov.hk/gia/general/201909/27/P2019092700692.htm .
55. Stuart Heaver, "When Hong Kong Was a Way Station on the Maritime Silk Road—New Exhibition Showcases Recent Discoveries About City's Trading Past," *South China Morning Post*, Spetember 4, 2018.
56. Anja Ziegler, "Hong Kong Incarnated" (master's thesis), 7.
57. Roland Barthes, *Mythologies*, trans.Annette Lavers (New York: Noonday Press, 1972).

第三章

1. Vicky Lee, "The Code of Silence across the Hong Kong Eurasian Community (ies)," in *Meeting Place: Encounters across Cultures in Hong Kong, 1841–1984*, ed.Elizabeth Sinn and Christopher Munn (Hong Kong: Hong Kong University Press, 2018), 40.許多關於歐亞社群的資訊都來自於此。
2. Thomas Macaulay, "Minute by the Hon'ble T. B. Macaulay, dated the 2nd February 1835."
3. Allan Pang, "Manipulating the Past: History Education in Late-Colonial

Investigations and Landscape Reconstruction (Hong Kong: Hong Kong University Press, 2016), 6.
31. Atha and Yip, *Piecing Together Sha Po* .
32. Liu, *An Outline History of Hong Kong*, 2.
33. Atha and Yip, *Piecing Together Sha Po*, 39.
34. Atha and Yip, *Piecing Together Sha Po*, 47.
35. Atha and Yip, *Piecing Together Sha Po*, 40.
36. Kung, "Guanfu Salt Farm."
37. Kung, "Guanfu Salt Farm."
38. Liu, *An Outline History of Hong Kong*, 11.
39. Kung, "Guanfu Salt Farm."
40. Daniel Finn, *Archaeological Finds in Lamma Near Hong Kong* (Hong Kong: University of Hong Kong, 1958), 147.
41. Finn, *Archaeological Finds in Lamma Near Hong Kong*, 143.
42. Allan Pang, "Manipulating the Past: History Education in Late-Colonial Hong Kong," University of Hong Kong, 2018.
43. Gary Cheung, "New Hong Kong Story Museum Exhibits Include Controversial Events from the 1967 Riots to the July 1 March to Occupy," *South China Morning Post*, November 24, 2018.
44. Cheung, "New Hong Kong Story Museum."
45. "All Going to Plan in FT's latest Zone," *China Daily*, December 7, 2015.
46. Louisa Lim, "Beijing's Building Revolution," BBC, March 9, 2004.
47. Christele Harrouk, "Construction Begins on OMA's CMG Qianhai Global Trade Center in Shenzhen, China," *ArchDaily* , May 11, 2020.
48. Eric Cheung, "Launch of HK-China High-Speed Rail Link Goes Smoothly, but Fears Remain," CNN, September 23, 2018.
49. Denise Tsang and Alvin Lum, "Mainland China Will Only Be Charged HK$1,000 Per Year for Hong Kong High-Speed Rail Terminus," *South*

10. Dung, *Atlas*, xi.
11. *Chinese Language Yr 7*, ed.Jinan University Chinese Department (Jinan, China: Jinan University Press, 2007).
12. *Chinese Language Yr 7*, 7.
13. Liu, *An Outline History of Hong Kong*.
14. Liu, *An Outline History of Hong Kong*.
15. Liu, *An Outline History of Hong Kong*, 15.
16. Liu, *An Outline History of Hong Kong*, 6–7.
17. Liu, *An Outline History of Hong Kong*, 13.
18. 香港藝術博物館展場牆面上的說明。
19. Kai-wing Chow, *A General History of Hong Kong: Ancient Times* 香港通史：遠古至清代 (Hong Kong: Joint Publishing Co., 2017).
20. Oscar Ho Hing-kay, "Lo Ting: Hong Kong's Lantau Mythology 盧亭：大嶼山的香港神話."
21. 林東鵬官網：www.lamtungpang.com.
22. Patrick H. Hase, "Beside the Yamen: Nga Tsin Wai Village," *Journal of the Hong Kong Branch of the Royal Asiatic Society* 39 (1999).
23. Hase, "Beside the Yamen," 1.
24. Christopher DeWolf, "Hong Kong's Salty History: Rebellion, Smuggling and Shrimp Paste," *Zolima CityMag*, September 7, 2017.
25. Hase, "Beside the Yamen."
26. Hase, "Beside the Yamen."
27. Liu, *An Outline History of Hong Kong*, 11.
28. Patrick H. Hase, *Forgotten Heroes: San On County and Its Magistrates in the Late Ming and Early Qing* (Hong Kong: City University of Hong Kong Press, 2017).
29. Liu, *An Outline History of Hong Kong*, 6.
30. Mick Atha and Kennis Yip, *Piecing Together Sha Po: Archaeological*

July 10, 2019.

15. "Lennon Wall Message Wall in Fanling Set on Fire by Arsonist," *Dimsum Daily*, July 14, 2019.
16. Kris Cheng, "Busloads of Pro-Government Activists Vandalise Tai Po Lennon Wall Message Board at 2am, Pasting Ads for Saturday Rally," *Hong Kong Free Press*, July 19, 2019.
17. Elizabeth Cheung, "Fight over Lennon Wall Leaves Two Men Injured as Tensions Escalate between Anti-Government Protestors and Opponents," *South China Morning Post*, September 29, 2019.
18. Victor Ting, "Three Hong Kongers Stabbed after Revealing Political Views," *Inkstone News*, August 20, 2019.

第二章

1. Hal Empson, *Mapping Hong Kong: A Historical Atlas* (Hong Kong: Government Information Services, 1992).
2. Liu Shuyong, *An Outline History of Hong Kong* (Beijing: Foreign Languages Press, 1997), 6.
3. Empson, *Mapping Hong Kong*, 85, 86.
4. Empson, *Mapping Hong Kong*, 96.
5. Empson, *Mapping Hong Kong*, 18, 87.
6. Empson, *Mapping Hong Kong*, 21.
7. Empson, *Mapping Hong Kong*, 94.
8. Cecile Kung, "Guanfu Salt Farm and Hong Kong in the Song Dynasty (960–1279)," *Social Transformations in Chinese Societies*, May 17, 2020.
9. Dung Kai-cheung, *Atlas: The Archaeology of an Imaginary City*, ed.Anders Hansson and Bonnie S. McDougall (New York: Columbia University Press, 2012), xii.

11. Chris Lau and Sum Lok-kei, "Four of Nine Occupy Leaders Jailed for up to 16 Months over Roles in Hong Kong's 2014 Umbrella Movement," *South China Morning Post*, April 24, 2019.

第一章

1. Simon Leys, "One More Art," *New York Review of Books*, April 18, 1996.
2. Qian Gang, "Keeping to the Script," January 6, 2019, https://chinamediaproject.org/2019/01/06/keeping-to-the-script.
3. Leys, "One More Art."
4. David Spalding, ed., *King of Kowloon: The Art of Tsang Tsou-choi* (Bologna, Italy: Damiani, 2013), 236.
5. "Emperors in China Have Always Been Calligraphers," *Colors*, October 2005.
6. Spalding, *King of Kowloon*, 208; "'Kowloon King' Is an Emperor without Male Offspring. He Constantly Bears in Mind the Prosperity of His Country and the Peace of His People," *Ming Pao Evening News*, July 7, 1970.
7. Spalding, *King of Kowloon*, 210.
8. Joanne Shen and Martin Egan, *King of Kowloon* television documentary, 1998.
9. Joel Chung, "The Art of Treason," *CUP Press, Hong Kong* (2007).
10. "Emperors in China Have Always Been Calligraphers."
11. Dawn Delbanco, "Chinese Calligraphy," *Heilbrunn Timeline of Art History*, April 2008.
12. *Memories of King Kowloon* exhibition catalog, Island East, Hong Kong Creates, 2011.
13. M. A. Abbas, *Hong Kong: Culture and the Politics of Disappearance* (Minneapolis: University of Minnesota Press, 1997), 7.
14. Kris Cheng, "Dozens of Police in Riot Gear Remove Flyers with Officers' Personal Information from Tai Po Lennon Wall," *Hong Kong Free Press*,

注釋

前言

1. Sheridan Prasso, "Millions in Hong Kong Have Been Exposed to Tear Gas since June," *Bloomberg*, November 5, 2019.
2. *The Lancet*, "The Lancet: Study Suggests Mental Health Impact of Ongoing Social Unrest in Hong Kong," news release, January 9, 2020.
3. *Memories of King Kowloon* exhibition catalog, Island East, Hong Kong Creates, 2011.
4. Lin Zhaorong, "Exhibition of Optimism: Mourning the King of Kowloon," *Ming Pao*, July 29, 2007; Deng Jinghao, "Farewell to the King of Kowloon Tsang Tsou-choi," *Ming Pao*, August 4, 2007.
5. Li Chunen, "The Idiot Is the Way," *Apple Daily*, August 2, 2007, A21.
6. Jinghao, "Farewell to the King of Kowloon Tsang Tsou-choi."
7. "The King of Kowloon's Ink Treasures," *Singtao Daily*, July 27, 2007, A32.
8. "Finding a Successor for the King," *Hong Kong Economic Times*, August 1, 2007.
9. Fung Man-yee, "King of Kowloon: In Memory of the Last Free Man in Hong Kong「九龍皇帝」街頭御筆捍衛記," *City Magazine*, May 2009.
10. Chin Wan, "Remembering Tsang Tsou-Choi's Significance 紀念曾灶財的意義," in *Post No Bills* 禁止標貼, ed. S. Y. Chung (Hong Kong: CUP Magazine Publishing, 2009).

中國觀察 47

香港不屈：不能被磨滅的城市

Indelible City: Dispossession and Defiance in Hong Kong

作　　者　林慕蓮（Louisa Lim）
翻　　譯　廖珮杏
編　　輯　邱建智
校　　對　魏秋綢
排　　版　張彩梅

企劃總監　蔡慧華
出　　版　八旗文化／遠足文化事業股份有限公司
發　　行　遠足文化事業股份有限公司（讀書共和國出版集團）
地　　址　新北市新店區民權路108-2號9樓
電　　話　02-22181417
傳　　真　02-22188057
客服專線　0800-221029
信　　箱　gusa0601@gmail.com
Facebook　facebook.com/gusapublishing
Blog　gusapublishing.blogspot.com
法律顧問　華洋法律事務所／蘇文生律師

封面設計　蕭旭芳
印　　刷　前進彩藝有限公司
定　　價　460元
初版一刷　2023年11月
初版四刷　2024年5月
ISBN　978-626-7234-73-0（紙本）、978-626-7234-71-6（PDF）、978-626-7234-72-3（EPUB）

國家圖書館出版品預行編目（CIP）資料

香港不屈：不能被磨滅的城市／林慕蓮（Louisa Lim）著；廖珮杏譯.
-- 初版. -- 新北市：八旗文化：遠足文化事業股份有限公司, 2023.11
面；　公分. --（中國觀察；47）
譯自：Indelible city: dispossession and defiance in Hong Kong.
ISBN 978-626-7234-73-0（平裝）

1. CST：社會運動　2. CST：歷史　3. CST：香港特別行政區

673.82　　112015773